陈寅恪合集

史集

陈寅恪 著

金明馆丛稿二编

译林出版社

图书在版编目（CIP）数据

陈寅恪合集．史集．金明馆丛稿二编 / 陈寅恪著
．—南京：译林出版社，2023.7
ISBN 978-7-5447-9700-9

Ⅰ.①陈⋯　Ⅱ.①陈⋯　Ⅲ.①陈寅恪（1890−1969）
−文集 ②文史哲−中国−文集　Ⅳ.①C52

中国国家版本馆CIP数据核字（2023）第 075214 号

陈寅恪合集：史集
金明馆丛稿二编　陈寅恪／著

合集选编	江奇勇
出版创意	王训海
特约编审	徐海燕　徐　麟
责任编辑	韩继坤
特约编辑	胡　莉　吕冰心
装帧设计	朱赢椿　杨杰芳
责任校对	蒋　燕
特约校对	时舒敏　徐佩兰
责任印制	颜　亮

出版发行	译林出版社
地　　址	南京市湖南路 1 号 A 楼
邮　　箱	yilin@yilin.com
网　　址	www.yilin.com
市场热线	025−86633278
排　　版	南京展望文化发展有限公司
印　　刷	南京新世纪联盟印务有限公司
开　　本	880 毫米×1280毫米　1/32
印　　张	12.5
版　　次	2023 年 7 月第 1 版
印　　次	2023 年 7 月第 1 次印刷
书　　号	ISBN 978-7-5447-9700-9
定　　价	88.00 元

陈寅恪合集

《陈寅恪合集》 前言

东汉以后学术文化，其重心不在政治中心之首都，而分散于各地之名都大邑，是以地方大族盛门乃为学术文化之所寄托。中原经五胡之乱，而学术文化尚能保持不坠者，固由地方大族之力，而汉族之学术文化变为地方化及家门化矣。故论学术，只有家学之可言，而学术文化与大族盛门常不可分离也。

陈寅恪《崔浩与寇谦之》

陈寅恪（一八九○年至一九六九年），出身世家，幼承家学。陈氏义宁之学肇始于祖父陈宝箴，形成于父亲陈三立，兴盛并终结于陈寅恪。

一九○二年春，未满十二周岁的陈寅恪遵父命走出陈氏家塾，随长兄衡恪东渡日本，以听讲生身份就读于东京弘文学院；一九○四年，与其兄隆恪同时考取官费留日，仍留弘文学院读高中；一九○五年秋，插班考入上海复旦公学，一九○九年暑期肄业。随后，陈寅恪开始了在西方的游学生涯。他先后在德国柏林大学、瑞士苏黎世大学、法国巴黎高等政治学校（巴黎政治学院）、美国哈佛大学、德国柏林大学研究院求学研究，历十五年，虽未获取学位，但因博学盛名，于一九二五年受聘为清华学校研究院导师，与梁启超、王国维、赵元任并称"清华四大导师"。在中国学术界，陈寅恪被誉为"公子的公子，教授之教授"（郑天挺语），与吕思勉、陈垣、钱穆并称"史学四大家"（严耕望语）。经历之传奇，影响之巨大，震动学界。

一九九五年十二月，陆键东所著《陈寅恪的最后二十年》由北京三联书店出版，后成为畅销书。自此，学院派教授陈寅恪由学界推入民间，并成为话题。其中，陈寅恪撰《清华大学王观堂先生纪念碑铭》中"独立之精神，自由之思想"意义的抉发阐述引发了公众的特别关注，陈著也风行一时。二〇〇一年，三联书店出版《陈寅恪集》十三种十四册，排版依陈寅恪一贯要求，繁体字竖排。

三联版《陈寅恪集》，虽经多次再版重印，刊行的数字始终与社会关注的热度相去甚远。耐人寻味的是，由陈寅恪弟子万绳楠教授根据听课笔记整理出版的《陈寅恪魏晋南北朝史讲演录》却畅销起来，至今不衰。究其原因，大概是繁体字竖排版式不合现代读者的阅读习惯，反倒是用简体字横排的由陈寅恪学生整理的听课笔记更平易近人。繁体竖排显然不利于陈著的传播，更不利于读者全面了解陈寅恪的学术成就。

二〇二〇年，陈寅恪著作权进入公有领域，我们精心选编了简体字横排版《陈寅恪合集》，让更多读者接近陈寅恪，阅读其著，体悟其思。

"综观陈寅恪的一生，有令人羡慕之才华与家学，亦有令人扼腕之失明与膑足。"（汪荣祖语）因此，陈著前后阶段表现出两种气象。我们遵其不同，分别以"史集"和"别集"呈现，以"陈寅恪合集"统摄之。

《陈寅恪合集》的内容，以陈寅恪生前审定的上海古籍版《陈寅恪文集》八种九册为基干，增补三联版《陈寅恪集》中含两晋南北朝课的《讲义集》，形成"史集"五册，"别集"五册，计九种十册。书目如下：《金明馆丛稿初编》《金明馆丛稿二编》《讲义集》《隋唐制度渊源略论稿》《唐代政治史述论稿》《元白诗笺证稿》《寒柳堂集》《柳如是别传》《诗存》。

全书内容调整和编辑体例如下：

一、全书内容除《讲义集》以三联版《陈寅恪集》为底本外，其余均以上海古籍版《陈寅恪文集》为底本。在编辑过程中，我们尽可能地对底本文字做了勘对，径改了其中存在的文字讹误。

二、所收内容略有调整。将三联版《讲义与杂稿》中杂稿部分调整至《寒柳堂集》，书名改作《讲义集》。将上海古籍版《寒柳堂记梦未定稿》与三联版《寒柳堂记梦未定稿（补）》合并为《寒柳堂记梦未定稿（增补）》，仍附《寒柳堂集》。《诗存》增加若干诗篇。

三、全书采用简体字横排。对异体字，除陈氏征引文献中的人名、地名、古籍名中的之外，均改用通行正字。

四、全书依据二〇一一年十二月发布的国家标准《标点符号用法》，对底本的原标点做了必要的调整和补充，尤其是考籍核典，尽可能全面、正确地添加了书名号。括号的使用参照上海古籍版，（）内文字仍为陈寅恪注，〔〕内文字仍为蒋天枢补。

值此陈寅恪先生逝世五十周年、诞辰一百三十周年之际，我们选编出版《陈寅恪合集》以表纪念。先生所撰《清华大学王观堂先生纪念碑铭》之结语，今实可为先生之铭词："先生之著述，或有时而不章。先生之学说，或有时而可商。惟此独立之精神，自由之思想，历千万祀，与天壤而同久，共三光而永光。"

全书由徐海燕女士主持编辑校对，朱嬴椿先生主持装帧设计，王训海先生力主促成之厚谊，在此一并表示衷心感谢。

二〇一九年十月江奇勇敬识

《陈寅恪合集》总目

史集

金明馆丛稿初编

金明馆丛稿二编

讲义集

隋唐制度渊源略论稿

唐代政治史述论稿

元白诗笺证稿

别集

寒柳堂集

柳如是别传

诗存

编者注："史集"中，《隋唐制度渊源略论稿》《唐代政治史述论
稿》合为一册；"别集"中，《柳如是别传》分上、中、下三册。

史集出版记言

本史集主要收录陈寅恪中年学术研究高峰期所撰著的唐史三稿及其他重要论文和讲义，侧重展现先生的学术创见。

陈寅恪早期史学研究的重点在于充分利用他所掌握的语文工具，研究"塞外之史，殊族之义"。陈氏这一阶段的重要著述在本史集中均予以收录。二十世纪三十年代以后，陈氏史学研究的重点逐渐移向魏晋至隋唐。他自言："寅恪不敢观三代两汉之书，而喜谈中古以降民族文化之史。"（《陈垣〈元西域人华化考〉序》）究其缘由，吴宓有言："寅恪尝谓唐代以异族入主中原，以新兴之精神，强健活泼之血脉，注入于久远而陈腐之文化，故其结果灿烂辉煌，有欧洲骑士文学之盛况。而唐代文学特富想象，亦由于此云云。"（《空轩诗话》）

陈寅恪在概述"晋至唐文化史"讲习方法时说："本课程讲论晋至唐这一历史时期的精神生活与物质生活之关系。……在讲论中，绝不轻易讲因果关系，而更着重条件"；"本课程学习方法，就是要看原书，要从原书中的具体史实，经过认真细致而实事求是的研究，得出自己的结论，一定要养成独立精神、自由思想、批评态度。"［《陈寅恪先生编年事辑》（增订本）一九三二年谱］在上"晋至唐史"第一课时，陈先生说明讲课要旨："本课程是通史性质，虽名为'晋至唐'，实际所讲的，在晋前也讲到三国，唐后也讲到五代。因为一个朝代的历史不能以朝代为始终。"他认为："必须对旧材料很熟悉，才能利用新材料。因为新材料是零星发现的，是片断的。旧材料熟，才能把新材料安置于适宜的地位。正像一幅已残破的古画，必须知道这幅画的大概轮廓，才能将其一山一树置于适当地位，以复旧观。"〔《陈寅恪先生编年事辑》（增订本）一九三五年谱〕赵元任亦回忆道："寅恪总说你不把基本的材料弄清楚了，就急着要论微言大义，所得的结论还是不可靠的。"（《忆寅恪》）

俞大维认为陈寅恪研究历史的目的"是在历史中寻求历史的教训。他常说：'在史中求史识。'"（《怀念陈寅恪先生》）一九五一年陈氏在发表《论唐高祖称臣于突厥事》一文的开篇写道："吾民族武功之盛，莫过于汉唐。然汉高祖困于平城，唐高祖亦尝称臣于突厥，汉世非此篇所论，独唐高祖起兵太原时，实称臣于突厥，而太宗又为此事谋主，后来史臣颇讳饰之，以至其事之本末不明显于后世。夫唐高祖太宗迫于当时情势不得已而出此，仅逾十二三年，竟灭突厥而臣之，大耻已雪，奇功遂成，又何讳饰之必要乎？兹略取旧记之关于此事者，疏通证明之，考兴亡之陈迹，求学术之新知，特为拈出此一重公案，愿与当世好学深思读史之有心人共参究之也。"在文章的结尾他发出感慨："呜呼！古今唯一之'天可汗'，岂意其初亦尝效刘武周辈之所为耶？初虽效之，终能反之，是固不世出人杰之所为也。又何足病哉！又何足病哉！"全篇用古典以述今事，盖有深意存焉。可见陈寅恪无时不"在历史中寻求历史的教训"，且以"了解之同情"品评史实和古人，这篇论文便是其中一例。

我因编辑《李泽厚十年集》，与李泽厚先生结交二十余年，曾听他高度评价陈氏的《魏晋南北朝史讲演录》。二〇一〇年在与刘绪源的对话中，他更加明确地表达了自己的观点："陈寅恪先生治史，所用的材料也是不多的。他材料看得极多极熟，但用的时候，只把关键的几条一摆就定案。他主要是有 insight，洞见。有见识、史识。……真正能代表陈寅恪治学水平和治学方法的，还是他的《唐代政治史述论稿》《隋唐制度渊源略论稿》那些书。"（《该中国哲学登场了?》）

陈寅恪一九四四年八月十日致陈槃信中自述："弟近草成一书，名曰'元白诗笺证'，意在阐述唐代社会史事，非敢说诗也。弟前作两书，一论唐代制度，一论唐代政治，此书则言唐代社会风俗耳。"（《陈寅恪集·书信集》）本史集以该书殿后，取"以诗证史"的代表作来承启下面的"别集"，以引领读者步入陈氏晚年史学研究领域。

二〇一九年十月江奇勇敬识

史

集

金明馆丛稿二编

目
次

论李栖筠自赵徙卫事

《白氏文集》六一《唐故虢州刺史赠礼部尚书崔公墓志铭并序》略云：

> 公讳玄亮，字晦叔。汉初始分为清河、博陵二祖，故其后称博陵人。公济源有田，洛下有宅，劝诲子弟，招邀宾朋，以山水琴酒自娱，有终焉之志。无何，又除虢州刺史。大和七年七月十一日遇疾薨于虢州廨舍。公之将终也，遗诫诸子，其书大略云："自天宝已还，山东士人皆改葬两京，利于便近。唯吾一族，至今不迁。我殁，宜归全于滏阳先茔，正首丘之义也。"夫人范阳卢氏先公而殁，以九年四月二十八日用大葬之礼，归窆于磁州昭义县磁邑乡北原。迁卢夫人而合祔焉，遵理命也。
>
> 铭曰：
>
> 滏水之阳，鼓山之下。吉日吉土，载封载树。乌乎！博陵崔君之墓。

寅恪案：大唐帝国自安史乱后，名虽统一，实则分为两部。其一部为安史将领及其后裔所谓藩镇者所统治，此种人乃胡族或胡化汉人。其他一部统治者，为汉族或托名汉族之异种，其中尤以高等文化之家族，即所谓山东士人者为代表。此等人群推戴李姓皇室，维护高祖、太宗以来传统之旧局面，崇尚周孔文教，用进士词科选拔士人，以为治术者。自与崇尚弓马、以战斗为职业之胡化藩镇区域迥然不同。河北旧壤为山东士人自东汉魏晋北朝以降之老巢，安史乱后已沦为胡化藩镇之区域，则山东士人之舍弃其祖宗之坟墓故地，而改葬于李唐中央政府所在之长安或洛阳，实为事理所必致，固无足怪也。

吾国中古士人，其祖坟住宅及田产皆有连带关系。观李吉甫，即后来代表山东士族之李党党魁李德裕之父所撰《元和郡县图志》，详载其祖先之坟墓住宅所在，是其例证。其书虽未述及李氏田产，而田产当亦在其中，此可以中古社会情势推度而知者。故其家非万不得已，决无舍弃其祖茔旧宅并与茔宅有关之田产而他徙之理。此又可不待详论者也。由是观之，崔玄亮虽如其他天宝后山东士人有田宅在济源、洛下，但仍欲归葬于滏阳先茔。此为当日例外之举动，所以乐天撰其墓志，特标出之，又于铭中不惮烦复，大书特书重申此点也。至于崔玄亮"自天宝已还，山东士人皆改葬两京"之言，乃指安史乱后，山东士人一般情形。此可以今日洛阳出土之唐代墓志证之。如李德裕一家其姬妾子妇诸墓志即是其例（见罗振玉《贞松老人遗稿·石交录》并拙著《李德裕贬死年月及归葬传说辨证》）。更考李德裕一家在未葬洛阳之前，实有先徙居卫州汲县之事。其徙居之时代复在天宝安史之乱以前，则其中必别有未发之覆。兹略取李氏一家徙居史料释论之。其他山东士族，亦可据以推知也。

《新唐书》一四六《李栖筠传》略云：

> 李栖筠世为赵人。始居汲共城山下。〔族子〕华固请举进士，俄擢高第。〔代宗〕引拜栖筠为〔御史〕大夫。比比欲召相，惮〔元〕载辄止。栖筠见帝猗违不断，亦内忧愤卒，年五十八。

寅恪案：李栖筠者，吉甫之父，德裕之祖也。《新书》此传当取材于权德舆之文。据《权载之文集》三三《唐故银青光禄大夫御史大夫赠司徒赞皇文献公李公文集序》略云：

> 初未弱冠，隐于汲郡共城山下，营道抗志，不苟合于时。族子华，名知人，尝谓公曰："叔父上邻伊、周，旁合管、乐，声动律外，气横人间。"〔公〕感激西上，举秀才第一。病有司试赋取士，非化成之道，著《贡举议》。德舆先公与公天宝中修词射策，为同门生。

可知也。又据李德裕《会昌一品集》一八《请改封卫国公状》略云：

> 亡祖先臣曾居卫州汲县，解进士及第。倘蒙圣恩，改封卫国，遂臣私诚。

综合上引史料观之，有可注意者二事。一为李栖筠自赵迁卫之年代，二为李栖筠何以迁卫之后，始放弃其家世不求仕进之传统而应进士举。此二事实亦具有连带关系。兹姑依材料之性质，分别论之于下。

《金石萃编》九九《黄石公祠记》碑题：

> 布衣赵郡李卓撰。

碑阴有大历八年高阳齐嵩之题记。其文云：

> 所题赵郡李卓，即今台长栖筠。

《旧唐书》一一《代宗纪》略云：

> 〔大历六年八月〕丙午以苏州刺史浙江观察使李栖筠为御史大夫。
>
> 十一年〔三月〕辛亥御史大夫李栖筠卒。

然则栖筠年十八九岁时为开元二十四五年，适与权氏"未弱冠"之语符合。其时中国太平无事，号为唐代极盛之世。栖筠忽尔离弃乡邑祖宗历代旧居之地，而远隐于汲县之共城山，必有不得已之苦衷，自无可疑。此事当于李唐一代河北地域在安史乱前求其解释，亦即玄宗开元时代河北地域政治社会之大变动所造成之结果也。寅恪于拙著《唐代政治史述论稿·上篇》已详言之，兹仅移录最有关之材料一条于下，而略论释之，读者更取拙著其他有关部分参之可也。《旧唐书》一九四上《突厥传上》（《新唐书》二一五上《突厥传》同）云：

〔开元〕四年默啜又北讨九姓拔曳固，战于独乐河，拔曳固大败。默啜负胜轻归，而不设备，遇拔曳固迸卒颉质略于柳林中，突出击默啜，斩之。

同书同卷下《突厥传下》卷首云：

西突厥本与北突厥同祖。

寅恪案：吾国旧史所谓北突厥，即东突厥，自颉利可汗败灭后，未几又复兴。默啜可汗之世，为东突厥复兴后最盛时代。其大帝国东起中国之东北边境，西至中亚细亚，实包括东西突厥两大帝国之领域也。凡与吾国邻近游牧民族之行国，当其盛时，本部即本种，役属多数其他民族之部落，即别部。至其衰时，则昔日本部所役属之别部大抵分离独立，转而归附中国，或进居边境，渐入内地。于是中国乃大受影响。他不必论，即以唐代吐蕃为例。吐蕃始强盛于太宗贞观之时，而衰败于宣宗大中之世。大中之后，党项部落分别脱离吐蕃本部独立，散居吾国西北边境。如杨氏即戏剧小说中"杨家将"之"杨"，如折氏即说部中"佘太君"之"佘"，皆五代北宋初活动于西北边塞之部族也。至若西夏之拓拔氏则关系吾国史乘自北宋至元代者，至巨且繁，更无待论矣（见拙著《李德裕贬死年月及归葬传说辨证·附记丁》）。吐蕃之衰败时，其影响如是；突厥之衰败时，其影响亦然。盖自玄宗开元初，东突厥衰败后，其本部及别部诸胡族先后分别降附中国，而中国又用绥怀政策加以招抚。于是河北之地，至开元晚世，约二十年间，诸胡族入居者日益众多，喧宾夺主，数百载山东士族聚居之旧乡遂一变而为戎区。辛有见被发野祭于伊川，实非先兆，而成后果矣。夫河北士族大抵本是地方之豪强，以雄武为其势力之基础，文化不过其一方面之表现而已。今则忽遇塞外善于骑射之胡族，土壤相错杂，利害相冲突，卒以力量不能敌抗之故，惟有舍弃乡邑，出走他地之一途。当李栖筠年未弱冠之时，即玄宗开元之晚年，河北社会民族之情状如此，斯实吾国中古史之一大事，又不仅关系李栖筠一家也。

《旧唐书》一八上《武宗纪》"会昌四年十二月"条云：

〔李〕德裕曰："臣无名第，不合言进士之非。然臣祖（指李栖筠）天宝末（寅恪案：徐松《登科记考》七李栖筠为天宝七载进士。又权德舆言其父皋与栖筠'天宝中修词射策，为同门生'。故'天宝末'疑当作'天宝中'）以仕进无他伎（寅恪案：'伎'《新唐书》四四《选举志上》作'岐'。'岐''歧'通用字），勉强随计，一举登第。自后不于私家置《文选》，盖恶其祖尚浮华，不根艺实。"

寅恪案：李德裕所言其痛恶进士科之理由，盖承述其祖栖筠《贡举议》之说，自不待多论。但最可注意者，即谓其祖于天宝时"仕进无他伎"一语。考山东士族之兴起，其原因虽较远较繁，然其主因实由于东汉晚世董卓黄巾之变及西晋末年胡族之乱。当日政治文化中心之洛阳失其领导地位，而地方豪族遂起而代之。于是魏晋南北朝之门阀政治因以建立。虽隋唐统一中国，江左之贵族渐次消灭，然河北之地，其地方豪族仍保持旧时传统，在政治上固须让关陇胡汉混合集团列居首位，但在社会上依然是一不可轻视之特殊势力也。职此之故，河北士族不必以仕宦至公卿，始得称华贵，即乡居不仕，仍足为社会之高等人物。盖此等家族乃一大地主，终老乡居亦不损失其势力，自不必与人竞争胜负于京邑长安、洛阳也。考《国史补》中所载李德裕祖宗事迹云：

> 李载者，燕代豪杰。常臂鹰携妓以猎，旁若无人。方伯为之前席，终不肯任（寅恪案："任"疑当作"仕"）。载生栖筠，为御史大夫，磊落可观，然其器不及父。栖筠生吉甫，任相国八年，柔而多智。公惭卿，卿惭长，近之矣。吉甫生德裕，为相十年，正拜太尉，清直无党。

是栖筠之父载终身不仕，而地方官吏敬惮之如此。斯亦山东士族本为地方豪强，不必以仕宦而保持其地位势力之例证也。又参以《新唐书》七二上《宰相世系表》"赵郡李氏西祖"条所载，栖筠父名载，祖名肃然，皆无官爵。惟曾祖君逸下注"隋谒者台郎"，则知栖筠之祖肃然亦不仕进，其行事当与其子载相似。两世如此，足征其家固不必以仕宦保持其社会地位也。至栖筠曾祖君逸仕为隋谒者台郎，姑无论自隋末年至唐之中叶，其时代已颇久远，即就为谒者台郎一事，亦有可得而论者。《隋书》二八《百官志下》略云：

> 炀帝即位，多所改革。增置谒者、司隶二台，并御史为三台。

谒者台又置散骑郎从五品二十人，承议郎（正六品）、通直郎（从六品）各三十人，宣德郎（正七品）、宣义郎（从七品）各四十人，征事郎（正八品）、将仕郎（从八品）、常从郎（正九品）、奉信郎（从九品）各五十人，是为正员，并得禄当品。又各有散员郎，无员无禄。寻改常从为登仕，奉信为散从。

寅恪案：隋炀失政，命官猥多。谒者台之散员郎，疑即李君逸之所任。此等职名亦如后世小说中之所谓"员外"者，正是乡居土豪之虚衔耳，固未必常时寄居京邑也。李氏累代既为地方土豪，安富尊荣，不必仕宦，故亦不必与其他自高宗、武则天以降由进士词科出身之人竞争于长安、洛阳之间，作殊死之战斗，如元和以后牛李党派之所为者也。李栖筠既不得已舍弃其累世之产业，徙居异地，失其经济来源，其生计所受影响之巨自无待言；又旅居异地，若无尊显之官职，则并其家前此之社会地位亦失坠之矣。夫李氏为豪纵之强宗，栖筠又是才智不群之人，自不能屈就其他凡庸仕进之途径，如明经科之类，因此不得不举进士科。举进士科，则与其他高宗、武则天后新兴之士大夫阶级利害冲突。此山东旧族之李党所以与新兴词科进士阶级之牛党不能并存共立之主因。然非河北士族由胡族之侵入，失其累世之根据地，亦不致此。斯则中古政治社会上之大事变，昔人似未尝注意，故因李栖筠自赵徙卫事，略发其覆如此，以待治国史考世变之君子论定焉。

（原载《中山大学学报》一九五六年第四期）

李德裕贬死年月及归葬传说辨证

李卫公贬死年月及归葬传说二事，昔人已有论述。今所以复为此辨证者，意在指明《资治通鉴》纪事之有脱误，及清代学者检书之疏忽。故旧传史料之疑为伪造，及新出石刻之可资旁证者，皆讨论之。至若党项兴起之事迹，及玉谿行役之诗句，虽小有所解释，然非本篇主旨之所在也。兹以卫公贬死年月及归葬传说二事分为上下二章，依次讨论之。

（上）贬死年月

王鸣盛《十七史商榷》九一"李德裕贬死年月"条云：

会昌六年三月武宗崩。四月宣宗立。明年改元大中。故《旧书·李德裕传》："宣宗即位，罢相，出为东都留守。大中元年秋以太子少保分司东都，再贬潮州司马。明年冬又贬潮州司户。二年自洛阳水路经江淮赴潮州。其年冬至潮阳，又贬崖州司户。三年正月达珠崖郡。十二月卒。年六十三。"所谓"明年"者，大中二年也。其下文"二年"当作"三年"，"三年"当作"四年"，年"六十三"当作"六十四"，皆传写误也。《新书》本传"元年，贬潮州司马"之下，删去"潮州司户"一节，即书"明年贬崖州司户。明年卒。年六十三"云云。则似真以二年贬崖州，三年卒，而《旧书》非传写之误矣。此因删之不当，又据误本以成误者。《南部新书》卷戊云："以二年正月贬潮州司马。其年十月再贬崖州司户。三年十二月卒于贬所。年六十四。"所书贬官年月亦与《旧史》参错不合，而"年六十四"却是。考《李卫公别集》第七卷《祭韦相执谊文》："维大中四年月日，赵郡李德裕谨以蔬醴之奠，敬祭故相韦公之灵。公遘谗投荒，某亦窜迹南陬，从公旧丘"云云。末句云"其心若水，其死若休。临风敬吊，愿与神游"，盖德裕将终之语。执谊亦由宰相贬崖州司户，故云。然则为大中四年甚明。为误此一年，故以年六十四为六十三。《旧书》不过数目字误，《南部新书》乃传闻失实，而《新书》则武断已甚。

《容斋续笔》卷一载德裕手帖云："闰十一月二十日，从表兄崖州司户参军同正李德裕状。"此正是大中四年之闰十一月，发此书后至十二月而卒矣。洪迈亦因史文而误以为"三年"。

又岑建功本《旧唐书校勘记》五八《〈李德裕传〉校勘记》（寅恪案：据校勘目录，列传自卷一三三至二〇〇皆刘文淇校）引王鸣盛说竟（王氏说已见前），并附识云：

> 按《通鉴》二四八纪德裕之贬崖州在大中三年，其卒在四年，可证王说之确。

寅恪案：王说初视之似极精确，然考其根据约有二端：一为《旧唐书》一七四《李德裕传》中"明年冬又贬潮州司户"之一节，一为《李卫公别集》七《祭韦相执谊文》中"维大中四年月日"之一语。其实二者皆有可疑。请依次分别论之于后：

> 王氏诋《新唐书》之删去"明年冬又贬潮州司户"一节为不当，为武断已甚。今欲判明王说之当否及《新书》之是非，即以《旧书》所载李德裕贬崖州司户之诏书证之，可以决定。考《旧唐

书》一八下《宣宗纪》大中三年九月制略云：

> 守潮州司马员外置同正员李德裕，可崖州司户参军。所在驰驿
> 发遣，纵逢恩赦，不在量移之限！

据此，则李德裕在未贬崖州司户参军以前，仍是潮州司马。若如《旧唐书·李德裕传》所载，德裕在既贬潮州司马以后，未贬崖州司户参军以前，其间果尚有贬潮州司户一事者，则德裕贬崖州司户参军之诏书应称其官衔为潮州司户参军，而非潮州司马矣。今诏书既称其官衔为潮州司马，则其间无贬潮州司户参军之事，可以决言。《新唐书》一八〇《李德裕传》删去《旧传》中因上下文重复而传写衍误之"明年冬又贬潮州司户"一句，正足征其比勘精密，胜于旧史之文，复何武断之有？若王氏之臆改"二年"作"三年"，"三年"作"四年"，"六十三"作"六十四"，则诚可谓武断已甚耳。又《通鉴》二四八略云：

> 大中元年冬十二月戊午，贬太子少保分司李德裕为潮州司马。
> 大中二年秋九月甲子再贬潮州司马李德裕为崖州司户。（《唐大诏令集》五八亦载此制）

据其所书德裕由潮州再贬崖州之官衔为"潮州司马"，与《旧唐书·宣宗纪》所载者适相符合，亦足证德裕无贬潮州司户之事也。又《旧唐书》一七四《李德裕传》云：

> 大中二年自洛阳水路经江淮赴潮州，其年冬至潮阳。

而《旧唐书·宣宗纪》及《李德裕传》均载德裕于大中元年秋由太子少保分司东都再贬潮州司马。据《旧唐书·宣宗纪》，德裕贬崖州司户诏书有"所在驰驿发遣"之语，其贬潮州司马之诏

书，《两唐书》虽皆不载，但《唐大诏令集》五八尚存此制。其文亦有"仍仰所在驰驿发遣"之语。夫当宣宗初政，牛党诸人皆欲杀敌党党魁而甘心之时，德裕以万里严遣之罪人，转得从容濡滞，至于一岁有余之久，揆之情理，证以法例，皆无其事，可以断言。此《旧书·德裕传》显然讹误之处。而嘉定王氏及其他诸史家亦未致疑，如冯浩《玉谿生年谱》反据以为说，殊可异也。又《新唐书》一八〇《李德裕传》、《通鉴》、《南部新书》以及《旧唐书·李德裕传》俱系德裕贬崖州于大中二年。《唐大诏令集》五八载《李德裕崖州司户制》下亦注"大中二年九月"，独《旧唐书·宣宗纪》载其事于大中三年九月，此又《旧纪》之误，不待言也。

又考《旧唐书·宣宗纪》云：

大中三年十二月，追谥顺宗曰"至德弘道大圣大安孝皇帝"，宪宗曰"昭文章武大圣至神孝皇帝"。（依《通鉴》及《唐大诏令集》七八增"弘道""至神"四字）

崖州司户参军李德裕卒。

同书一七四《李德裕传》云：

至〔大中〕三年正月，方达珠崖郡。十二月卒。时年六十三。

《新唐书》一八〇《李德裕传》云：

明年（大中三年）卒，年六十三。

《通鉴》二四八《唐纪》云：

大中三年闰十一月丁酉，宰相以克复河湟，请上尊号。上曰："宪宗常有志复河湟，以中原方用兵，未遂而崩。今乃克成先志耳。其议加顺、宪二庙尊谥，以昭功烈。"

甲戌，追上顺宗谥曰"至德弘道大圣大安孝皇帝"，宪宗谥曰"昭文章武大圣至神孝皇帝"。仍改题神主。

己未，崖州司户李德裕卒。

《通鉴纪事本末》三五下"朋党之祸"条云：

〔宣宗大中〕三年闰冬十一月己未，崖州司户李德裕卒。

寅恪案：《通鉴》书己未崖州司户李德裕卒，于甲戌追上顺、宪二宗谥号之后。《通鉴目录》二四亦书"上辞尊号，加顺、宪谥"于李德裕卒之前。可知温公元本即已如此，并无误写。但甲戌追上顺、宪二宗谥号，既上承（大中三年）闰十一月丁酉宰相以克复河湟请上尊号之纪载，故"己未，崖州司户李德裕卒"一语，依文义次序，自应系于闰十一月。此《通鉴纪事本末》所以直书"〔宣宗大中〕三年闰冬十一月崖州司户李德裕卒"也。然检刘羲叟《长历》及陈垣氏《二十史朔闰表》，大中三年闰十一月辛巳朔，十二月庚戌朔，据《旧唐书·宣宗纪》追上顺、宪谥号在大中三年十二月，则《通鉴》所系追上顺、宪二宗谥号之上，脱去"十二月"三字。其甲戌乃十二月甲戌，即十二月二十五日也。十二月二十五日既为甲戌，则同月之内，己未之干支只能在甲戌之前，不能在甲戌之后。以十二月庚戌朔推之，则己未为十二月十日。此与《南部新书》卷戊之"李太尉以大中三年十二月十日卒于贬所"之语适合。是年闰十一月朔日既为辛巳，无论如何，其月内不能有己未之日。

故《通鉴》应将"己未，崖州司户李德裕卒"一语，移于甲戌追上顺、宪谥号之前，又应于甲戌之前，补书"十二月"三字，方合事实。若《通鉴纪事本末》之书"（宣宗大中）三年闰冬十一月己未，崖州司户李德裕卒"实依据《通鉴》元本脱误之记载，而不悟其月日之不可通。又冯浩《玉谿生诗详注》补采徐德泓、陆鸣皋合解之说，以为"己未当入明年正月"，其为不可能，更不待辨也。

又王氏谓德裕手帖之闰十一月正是大中四年之闰十一月。洪迈亦因史文而误以为三年。寅恪检古今人所编长历，惟大中三年有闰十一月，大中四年并无闰月之可能。此正容斋之不误，而西庄之大误也。遍检《通鉴》及《通鉴目录》《纪事本末》等书，其纪李德裕之卒皆在大中三年，无一在大中四年者。刘氏所见宁有异本？盖与王氏之误以闰十一月属之大中四年者，同一检书疏忽所致。而此清代二学人一则以为洪说之误，一则以为王说之确。由今观之，不亦大可笑耶？

王氏所以持李德裕卒于大中四年之说，其最重要之根据实为德裕《祭韦执谊文》所记年月。考《李卫公别集》七《祭韦相执谊文》云：

> 维大中四年月日，赵郡李德裕谨以蔬醴之奠，敬祭于故相韦公仆射之灵。

寅恪案：《旧唐书》一四《宪宗纪》云：

> 永贞元年十一月（寅恪案："十一月"三字元本阙，今据《新唐书》七《宪宗纪》、六二《宰相表》及《通鉴》二三六补）壬申，贬正议大夫中书侍郎平章事韦执谊为崖州司马。（寅恪案：《旧唐书》一三五《新唐书》一六八《韦执谊传》俱作

"崖州司户参军"。而与韩愈《顺宗实录》五、《两唐书》宪宗纪、《新唐书·宰相表》、《通鉴》及《太平广记》一五三引《感定录》等之作"崖州司马"者不同。《唐大诏令集》五七《贬降门上》载有《韦执谊贬崖州司马制》，故作"崖州司马"当不误。而《两唐书》执谊传之作"崖州司户参军"者，岂初贬司马，其后再贬司户参军耶？以《旧唐书·李德裕传》误书德裕再贬潮州司户之例观之，疑《两唐书》执谊传之作"司户参军"者误也。）

据此，可知韦执谊一生所历最高之官阶为正议大夫中书侍郎。考《旧唐书》四二《职官志》略云：

从第二品。

尚书左右仆射。

正第四品上阶。

中书侍郎（旧正四品下阶。开元令加入上阶也）。

正议大夫（文散官也）。

据此，执谊最后所历官阶距仆射尚差二级。又据韩愈《顺宗实录》五云：

〔王〕叔文败后数月，乃贬执谊为崖州司马。后二年病死海上。

则是执谊死后之较短期间无追赠仆射之事可知也。大概死后追赠仆射可能之机会约共有三：一出自朝廷特恩昭雪。以常识言之，此节似不可能。盖自元和迄于大中，唐室继承诸帝悉为宪宗之子孙，无缘特翻永贞内禅之旧案，而追赠执谊以生前所未践历之官阶也。惟据范摅《云谿友议》中"赞皇勋"条（据涵芬楼影印铁琴铜剑楼本）云：

> 先是韦相公执谊得罪薨变于此（朱崖），今有韦公山。柳宗元
> 员外与韦丞相有龆年之好，三致书与广州赵尚书宗儒相公，劝
> 表雪韦公之罪，始诏归葬京兆，至今山名不革矣。赞皇感其远
> 谪不还，为文祭曰："维大中年月日，赵郡李德裕谨以蔬醴之
> 奠，敬祭于故相国韦公仆射之灵。"

寅恪案：范氏之言殊有可疑。据《柳河东集》三五载《上广州赵
宗儒尚书陈情启》又《贺赵江陵宗儒辟符载启》、三六载《上江陵
赵相公寄所著文启》，范氏所言自是指此三启，因《柳集》中别无
其他相当之文字也。其中《上广州赵宗儒尚书陈情启》系上赵昌，
而非上赵宗儒。盖元和元年赵昌以安南都护代徐申为岭南节度使，
至四年昌移荆南节度使，又迁太子宾客，然后赵宗儒代其荆南之
任。《旧唐书》一五一《新唐书》一七〇《赵昌传》及《旧唐书》
一六七《新唐书》一五一《赵宗儒传》皆可证明宗儒始终未尝镇
岭南。独昌先镇岭南，后徙荆南，昌对于宗儒之关系，实为荆南节
度之前后任（详见沈氏《唐书合参方镇年表》九〇"荆南"条、
九四"岭南"条及吴氏《唐方镇年表考证》下"荆南"条）。《柳
集》遂以此淆混致误。今《柳集》三启俱存，无一字涉及韦执谊，
此其最可疑者也。即使别有三书，不载今《柳集》中，然范氏仅言
"始诏归葬"，而不言赠官。夫归葬与赠官截然为不同之二事，观下
文所考李德裕之例即可知。德裕祭文何以称之为仆射？考《新唐
书》五九《艺文志·子部·小说家类》载范摅《云谿友议》三卷，
注云："咸通时，自称五云谿人。"则范氏乃咸通时人。其时韦执

谊子绚正为义武军节度使（详见下文），执谊之得追赠仆射，当即在此时，而决不能早在大中之初岁，此其又可疑者也。再退一步言，即使韦执谊果于元和初年即得赠仆射之衔，而德裕祭文复非伪作者，则今传世《李卫公别集》中《祭韦相执谊文》，即王氏用以为德裕卒于大中四年说之根据者，实从《云谿友议》采辑而来。今范氏书为"维大中年月日"，而非"维大中四年月日"。其"四"字乃原本所无，后人误增入者。故王氏立说之最后根据既已觅得之后，不但不能助成其说，反足以丧失其自身立足之凭借，然此岂王氏当日之所能料及者哉！二为执谊之子孙，请削己身之官阶以回赠其父祖，然此非通常追赠之例。若果有是者，则史家应于执谊传末附载其事，如《旧唐书》一二三及《新唐书》一四九《刘晏传》均附载晏子执经为太常博士，请削己官，回赠其父之例是也。今《两唐书》执谊传末无其子孙削官追赠其父祖之语，可知本无其事，非史家记载有所阙略也。三为执谊之子孙显达以后，如遇朝廷大礼庆典普恩追赠之时，即可依己身官爵，追赠其父祖，此为通常追赠之例。执谊若死后果蒙追赠为仆射者，则此例为最可能。然亦须执谊之子孙至迟必须在大中四年以前已历贵仕，始有此可能之机会也。考《新唐书》七四上《宰相世系表》"韦氏龙门公房"条载：

	曙。	
执谊。相顺、宪。	瞳。字宾之。郑州刺史。	
	昶。字文明。	布震。字熙化。
	旭。字就之。	

《新唐书》五九《艺文志·子部·小说家类》载：

> 韦绚《刘公嘉话录》一卷（绚，字文明，执谊子也。咸通义武军节度使。刘公，禹锡也。）
>
> （寅恪案：沈炳震《新旧唐书合参》本引此文"执谊"二字作"秘如"，未知何据。）

寅恪案：《新唐书·宰相世系表》所载执谊诸子虽无绚之名，但昶字文明，与《新唐书·艺文志》所载绚之字符合。且即以《嘉话录》言，亦可见其与刘禹锡交谊之深切。衡以韦、刘永贞同党之关系，《艺文志》所言虽未知何所依据，但绚为执谊之子，似可无疑。或者绚乃昶之改名耶？又考今传世《嘉话录》有绚自序一篇，末题：

> 时大中十年二月朝散大夫江陵少尹上柱国京兆韦绚序。

考《旧唐书》四二《职官志》略云：

> 从第五品下阶。
>
> 朝散大夫（文散官）。

《新唐书》四九下《百官志》略云：

> 西都、东都、北都、凤翔、成都、河中、江陵、兴元、兴德府尹各一人，从三品。少尹二人，从四品下。

据此，可推定韦绚于大中十年二月以前，无追赠其父仆射官阶之可能。又据孙星衍、邢澍《寰宇访碑录》四"直隶曲阳"云：

> 北岳庙有咸通六年二月易定观察使韦绚题名。

寅恪案：《旧唐书》一四一《张孝忠传》略云：

> 后定州刺史杨政义以州降，孝忠遂有易定之地。时既诛〔李〕

惟岳，分四州，各置观察使。〔王〕武俊得恒州，康日知得深、赵二州，孝忠得易州。以成德军额在恒州，孝忠既降政义，朝廷乃于定州置义武军，以孝忠检校兵部尚书，为义武军节度易、定、沧等州观察等使。沧州本隶成德军，既移隶义武，孝忠遣牙将程华往沧州，即令摄刺史事。及朱滔、王武俊称伪国，华与孝忠阻绝，不能相援。华婴城拒贼，一州获全。朝廷嘉之，乃拜华沧州刺史、御史中丞，充横海军使。仍改名曰华，令每岁以沧州税钱十二万贯供义武军。

《新唐书》六六《方镇表》略云：

建中三年置义武军。

贞元三年置横海军节度使，领沧、景二州，治沧州。

据此，则北岳庙咸通六年二月韦绚题名之官职为易定观察使，而《新唐书·艺文志》谓绚为咸通义武军节度使，殊信而有征。唐代节度使往往带检校尚书仆射之衔，则其追赠父祖以仆射之官，自有可能。然韦绚之任节度使，实在懿宗咸通中叶，上距宣宗大中四年，约有十五载之久。又据《刘公嘉话录·自序》，则韦绚于大中十年尚是江陵少尹之职，则大中四年李德裕在崖州时，尚不能称韦执谊为仆射也。至《宰相表》载执谊子瞳为郑州刺史，未审是何年月。但据《新唐书》六五《方镇表》略云：

乾元元年，淮南西道节度徙治郑州。乾元二年，废淮南西道节度使，置郑陈节度使，治郑州。是年，复置淮南西道节度使，治寿州。上元二年，废郑陈节度，以郑、陈、亳、颍四州隶淮西。

然则郑州虽一度曾为淮西及郑陈二节度使之治所，其时间极短，皆在肃宗之世。自此以后，即非节度使治所。韦瞻之任郑州刺史，以时代考之，自在肃宗之后。既在肃宗之后，则其郑州刺史无缘为节度使兼领之职。韦瞻既非节度使而兼领郑州刺史，则执谊亦不致因其子之为郑州刺史，而得受仆射之常例追赠，更可知矣。总之，执谊虽有受其子孙依例追赠仆射之可能，但在宣宗大中四年以前，则疑无其事也。

　　《南部新书》己云：

　　李太尉之在崖州也。郡有北亭子，谓之望阙亭。公每登临，未尝不北睇悲咽。有诗曰："独上江亭望帝京，鸟飞犹是半年程。青山也恐人归去，百匝千遭绕郡城。"今传太尉崖州之诗，皆仇家所作，只此一首亲作也。（寅恪案：《云谿友议》中及《唐语林》七亦载此诗。）

《唐语林》七云：

　　〔李德裕〕南贬，有甘露寺僧允躬者，记其行事，空言无行实，盖仇怨假托为之。（寅恪案：唐大中时，日本国求法僧圆珍《福州温州台州求得经律论疏记外书等目录》载有允躬录《南中李太尉事》一卷。）

寅恪案：《李卫公别集》乃后人缀辑而成。其卷七所收《祭韦相执谊文》，除《云谿友议》外，若《文苑英华》及《唐文粹》等总集皆未选录，大约即采自范氏之书。此文疑如《南部新书》所言，乃仇家伪作，故以仆射称韦执谊，致与大中四年以前之事实不符也。夫王氏"李德裕卒于大中四年"之说，其最强有力之证据，在此祭文。若此祭文为伪造，或虽非伪造，而其原本实无"大中四年"之"四"字，则其说之难成立，自不待详辨矣。

至李德裕享年之数，亦有可得而论者。若取正史所载与其自身引用材料或其他可信之材料，互相参校，莫不符会。野史小说之所记，则往往自相冲突，或与其他可信之材料不合。今取诸书违异之说，一一比勘，益足见王氏"李德裕享年六十四"之说之不可信也。

《两唐书》李德裕传同纪德裕之卒年为大中三年，其享年之数为六十三（见前所引）。

兹先以传文所载及德裕自著互勘，以见其符会与否。《旧唐书》一七四《李德裕传》载其自作之《穷愁志》中其《论冥数》略云：

> 及为中丞，闽中隐者叩门请见曰："公不早去，冬必作相，祸将至矣！若亟请居外，则代公者受患。"是秋出镇吴门，时年三十六岁。（寅恪案：今《李卫公外集》四、《太平广记》八四及《全唐文》七一〇等引此文皆无"时年三十六"一句。今日殊无理由可以疑《旧传》此句为增入者。或原本此句为自注小字，其他诸本皆以传写略去耳。）

寅恪案：其《论冥数》颇有可疑之处，不知是否真为德裕所作。但《旧唐书》德裕传之纪事则适与此论所言符合。如《旧唐书》一六《穆宗纪》云：

> 长庆二年九月癸卯，以御史中丞李德裕为润州刺史兼御史大夫、浙江西道都团练观察处置使。

据此，德裕自言于长庆二年岁次壬寅其年三十六岁。则上数至贞元三年岁次丁卯德裕始生，下数至大中三年岁次己巳为六十三岁。是传文与传所认为之德裕自著符会之一证。

又《旧唐书·李德裕传》云：

> 开成二年五月，授扬州大都督府长史、淮南节度副大使、知节度使事。五年正月，武宗即位。七月，召德裕于淮南。九月，授门下侍郎同平章事。初，德裕父吉甫年五十一出镇淮南，五十四自淮南复相。今德裕镇淮南，复入相，一如父之年，亦为异事。

寅恪案：《旧唐书》一四八《李吉甫传》(《新唐书》一四六《李吉甫传》同。又《新传》疑兼采王起所作《李赵公行状》，非如吴缜、赵翼所言据会昌重修《宪宗实录》也。俟考)云：

> 其年（元和三年）九月，拜检校兵部尚书兼中书侍郎平章事，充淮南节度使。〔元和〕五年冬，裴垍病免。明年（元和六年）正月，授吉甫金紫光禄大夫、中书侍郎平章事。元和九年冬，暴病卒，年五十七。

寅恪案：吉甫卒于元和九年，年五十七，则元和三年出镇淮南，其年为五十一。元和六年自淮南入相，其年为五十四。德裕卒于大中三年，年六十三。开成二年镇淮南，其年为五十一。开成五年自淮南入相，年五十四。凡此正史所纪，皆互相适合，无一参错者也。若观野史小说，则殊不然。兹移写数则于下，不待详辨，即可知其自相冲突，或与事实不合也。

《南部新书》戊云：

> 李太尉以大中二年正月三日贬潮州司马。当年十月十六日再贬崖州司户。大中三年十二月十日卒于贬所。年六十四。

寅恪案：钱希白既言其卒于大中三年，又言其享年六十四，则此二端自相冲突。盖据德裕自著之《论冥数》，长庆二年其年为三十六，则大中三年应为六十三，而非六十四也。

又《续前定录》略云：

太尉卫公为并州从事。到职未旬日，忽有王山人者诣门请谒，曰："某善按年也。"请虚正寝，备几案、纸笔、香水而已。因令垂帘静伺之。顷之，王生曰："可验矣！"纸上书八字甚大，且有楷注曰："位极人臣。寿六十四。"及会昌朝三行策，至一品，薨于海南，果符王生所按之年。

又《太平广记》一五六引《感定录》云：

李德裕自润州年五十四除扬州，五十八再入相，皆及吉甫之年。缙绅荣之。

又同书同卷同条引《补录记传》略云：

德裕为太子少傅分司东都时，尝闻一僧善知人祸福，因召之。僧曰："公灾未已，当南行万里。"德裕甚不乐。明日复召之。僧请结坛三日。又曰："公南行之期定矣。"德裕问："南行还乎？"曰："公食羊万口，有五百未满，必当还矣。"后旬余，灵武帅馈羊五百。大惊，召僧告其事，且欲还之。僧曰："还之无益，南行其不返乎。"俄相次贬降，至崖州掾。竟终于贬所，时年六十三。

寅恪案：《续前定录》及《补录记传》所言，皆属于小说家文学想象之范围，不可视同史家考信征实之材料，与之斤斤辩论也。但据此可知关于德裕享年之数，当时社会即有六十三及六十四不同之二说。其所以致此歧说者，殆因德裕大中三年之年终卒于海外，其死闻达至京洛、普传社会之时，必已逾岁，而在大中四年矣。此野史小说遂因有较正史迟一岁之记载，而以为卒于大中四年或享年六十四之故欤？至《感定录》所言年岁与史实不合，其误甚明，不待赘言。钱大昕《疑年录》一书"李文饶六十三，生贞元三年丁卯，卒大中三年己巳"，其下注云：

> 《续前定录》《南部新书》俱云"六十四"，王西庄据《卫公别集》有大中四年《祭韦丞相执谊文》，断为四年，卒六十四。今据本传。

寅恪案：钱氏虽不显言王氏之非，然其所依据仍从唐史本传。较之刘孟瞻之误检《通鉴》之纪年，复误信王西庄于大中四年之误置闰月者，其学识相去悬远，信为清代史学家第一人也。

（下）归葬传说

关于李德裕归葬之传说，《通鉴考异》所引关系此事之史料颇众，复论之已详。然鄙见与之颇有异同，兹节录涑水原文之要点于下。《通鉴考异》二三《唐纪》一五"懿宗咸通元年九月刘邺请赠李德裕官"条略云：

> 裴坦《李太尉南行录》载咸通二年九月二十六日右拾遗内供奉刘邺表，略云："子烨贬立山尉，去年获遇陛下惟新之命，覃作解之恩，移授郴县尉，今已没于贬所。"又曰："血属已尽，

生涯悉空。"又曰："枯骨未归于茔域，一男又陨于江湘。"又曰："其李德裕请特赐赠官。"敕依奏。《实录注》引《东观奏记》云："令狐相绹梦德裕曰：'某已谢明时，幸相公哀之，许归葬故里。'绹具为其子滈言之。滈曰：'李卫公犯众怒。又崔相铉、魏相謩皆敌人也，见持政，必将上前异同，未可言之也。'后数日又梦。既寤，谓滈曰：'向见卫公，精爽尚可畏。吾不言，必掇祸。明日入中书，且为同列言之。'既而于帝前论奏，许其子蒙州立山尉烨护丧归葬。"又是时柳仲郢镇东蜀，设奠于荆南，命从事李商隐为文曰："恭承新渥，言还旧止。"（张尔田氏《玉谿生年谱会笺》四大中九年末引此文，疑"止"或是"丘"之误。）又曰："身留蜀郡，路隔伊川。"邺奏乃云："枯骨未归茔域。"烨，懿宗初才徙郴县尉，未详，或者后人伪作之，非邺本奏也。《实录注》又云："白敏中为中书令时，与右庶子段全纬书云：'故卫公太尉，亲交雨散于西园，子弟蓬飘于南土。尝蒙一顾，继履三台。保持获尽于天年，论请爱加于宠赠。'全纬尝为德裕西川从事，故敏中语及云。"按此，似繇敏中开发，而数本追复赠官多连邺奏。德裕素有恩于敏中，敏中前作相，既远贬之，至此又掠其美，鄙哉。按刘邺表云："去年获遇陛下惟新之命，覃作解之恩。"则上此表在咸通元年，非二年也。《旧传》："邺为翰林学士承旨，以李德裕贬死朱崖，大中朝令狐绹当权，累有赦宥，不蒙恩例。懿宗即位，绹在方镇，属郊天大赦，邺奏论之。"《李太尉南行录》，邺此时未为翰林学士，因上此表，敕批"便令内养宣唤入翰林充学士，余依奏"。《金华子杂编》曰："宣宗尝私行经延资库，见广厦连绵，钱帛山积。问左右曰：'谁为此库？'侍臣对曰：'宰相李德裕执政日，以天下每岁备用之余尽实此。自是以来，边庭有急，支备无乏者，兹实有赖。'上曰：'今何在？'曰：'顷以坐吴湘狱贬于崖州。'上曰：'如有此功于国，微罪岂合深谴？'"由是刘公邺得以进表，乞追雪之。上一览表，遂许其加赠、归葬焉。按，宣宗素恶德裕，故始即位即逐之。岂有不知其在崖州而云"岂合深谴"？又刘邺追雪在懿宗时，此说殊为浅陋，今不取。

近岁洛阳出土墓志与德裕有关者，寅恪先后获见共有五石。兹节录其要语于后：

李潘撰《故郴县尉赵郡李君墓志铭》云：

维大中十四年，岁次庚辰，夏六月庚辰朔廿六日乙巳，故郴县尉赵郡李君享年三十有五，以疾终于县之官舍。明年夏四月，孤子庄士以使来告，请志于潘。君讳烨，字季常，赵郡赞皇人也。曾祖讳栖筠，皇任御史大夫京畿观察使，谥文献公。祖讳吉甫，皇任中书侍郎平章事，谥曰忠公。烈考讳德裕，皇任特进太子少保卫国公，赠尚书左仆射。君，卫公第五子也。会昌中，卫公自淮海入相，君已及弱冠，而谨畏自律，虽亲党门客罕相面焉。属姻族间有以利禄托为致荐，将以重赂之。答曰："吾为丞相子，非敢语事之私也。而又严奉导训，未尝顷刻敢怠。子之所言，非我能及。"繇是知者益器重之。始自浙西廉帅□公商辟从事，授校书郎。俄转伊阙尉，河南士曹。及卫公平回纥，夷上党。上宠以殊功，册拜太尉，特诏授君集贤殿校理。未几，汴帅仆射卢公钧辟奏上僚，兼锡章绶。昆弟二人朱衣牙简侍公之前，士林荣之。大中初，公三被遣逐，君亦谪尉蒙山十有余载。旋丁大艰，号哭北向，请归护伊洛。会先帝与丞相论兵食制置西边事，时有以公前在相位事奏，上颇然之，因下诏许归葬。君躬护显考及昆弟亡姊凡六丧，洎仆驭辈有死于海上者，皆辇其枢，悉还亲属之家。今皇帝嗣位之岁，御丹凤四赦，诏移郴县尉。自春离桂林，道中得瘴病。以咸通三年正月廿八日卜葬于河南县金谷乡张村先茔。夫人荥阳郑氏，前君七年殁于蒙州。长子庄士，次子庄彦，女曰悬黎。

李烨撰《大唐赵郡李烨亡妻荥阳郑氏墓志》云：

夫人讳珍，字玄之，荥阳之荥泽人也。以开成庚申岁八月望归于予家。洎于大中乙亥岁五月晦，盖五百五十二旬也。烨家罹时网，播迁岭外。予钟鞠凶，闻讣贬所，夫人号恸将绝，哀感中外。予衣服外除，再抵荒外。予长兄故尚书比部郎钟念少子曰褒，顾其靡识，危悸之际，令予子之。夫人鞠育勤到，至爱由衷，恩过所出。〔夫人〕大中九年乙亥岁五月廿九日丙子，遘疾终于蒙州之旅舍，享年廿九。以予方婴谴谪，子始孩提，无人护丧，权殡于蒙州紫极宫南。期予恩贷，自营葬事。岁月弥远，归日难期。粤以大中十三年岁次己卯十二月十五日，祔葬于河南府洛阳县金谷乡先兆，礼也。有子二人，曰庄士，曰庄彦。

寅恪案：《唐会要》五九"延资库使"条云：

会昌五年九月，敕置备边库，收纳度支户部盐铁三司钱物。至大中三年十月，敕改延资库，初以度支郎中判。至四年八月，敕以宰相判，右仆射平章事白敏中、崔铉相继判。其钱三司率送。初年，户部每年二十万贯匹，度支盐铁每年三十万贯匹。次年，以军用足，三分减其一。诸道进奉助军钱物，则收纳焉。（参考《新唐书》五二《食货志》）

《新唐书》一四九《刘晏传》附《孙瑑传》云：

> 瑑字仁泽。举进士，累官度支郎中。会昌初，擢给事中。以材为宰相李德裕所知。时回鹘衰，朝廷经略河湟，建遣瑑按边，调兵械粮饷，为宣慰灵夏以北党项使，始议造木牛运。宣宗立，德裕得罪，瑑贬朗州刺史。

《通鉴》二四八略云：

> 武宗会昌五年秋九月，李德裕请置备边库，以度支郎中判之。冬十月，韦弘质上疏言："宰相权重，不应更领三司钱谷。"德裕奏称："制置职业，人主之柄。弘质受人教导，非所宜言。"十二月，弘质坐贬官。
>
> 朝廷虽为党项置使，党项侵盗不已，攻陷邠宁盐州界城堡，屯叱利寨。宰相请遣使宣慰。上决意讨之。
>
> 六年二月庚辰，以夏州节度使米暨为东北道招讨党项使。
>
> 宣宗大中三年冬十月，改备边库为延资库。西川节度使杜惊奏取维州。

《通鉴》二四九略云：

> 宣宗大中四年秋八月，以白敏中判延资库。九月，党项为边患，发诸道兵讨之，连年无功，戍馈不已。右补阙孔温裕上疏

切谏，上怒，贬柳州司马。冬十二月，以凤翔节度使李业、河东节度使李拭并兼招讨党项使。

五年春正月，上颇知党项之反，由边帅利其羊马，数欺夺之，或妄诛杀，党项不胜愤怨，故反。乃以右谏议大夫李福为夏绥节度使。自是继选儒臣以代边帅之贪暴者，党项由是遂安。上以南山平夏党项久未平，颇厌用兵。崔铉建议，宜遣大臣镇抚。三月，以白敏中为司空同平章事，充招讨党项行营都统制置等使，南北两路供军使，兼邠宁节度使。四月，敏中军于宁州，壬子，定远城使史元破党项九千余帐于三交谷，敏中奏党项平。辛未，诏：平夏党项已就安帖。南山党项，闻出山者迫于饥寒，犹行钞掠。平夏不容，穷无所归。宜委李福存谕。秋八月，白敏中奏南山党项亦请降。时用兵岁久，国用颇乏，诏并赦南山党项，使之安业。冬十月，制以党项既平，罢白敏中都统，但以司空平章事充邠宁节度使。（党项事仅节录《新唐书·刘濛传》及《通鉴》之文，其余史籍有关之记载概从省略。）

寅恪案：唐宣宗之以白敏中平党项，适如清高宗以傅恒平金川，皆自欺欺人之举。宣宗宜因此有感于德裕之边功及置备边库之筹策。《李烨墓志》所谓"先帝与丞相论兵食制置西边事，时有以公前在相位事奏，上颇然之，因下诏许归葬"，实指此事无疑。然则《金华子杂编》之说虽有传述过甚之处，要为宣宗所以特许德裕归葬之主因，则可决言。温公以常识判其不足取，而不知千载之后冢墓遗文忽出人间，遂翻此一重公案也。此点关系唐末五代及宋辽金元之世局颇巨。盖吐蕃衰乱之后，党项乘之代兴。宣宗之初年虽因机会恢复河湟，一洗肃、代以来失地之大耻，然不能以武力平定西陲党项之叛乱，终出于粉饰敷衍苟安一时之下策。吾人于此不独可以窥见当日宣宗所感触之深，至于竟许素所甚恶之李德裕归葬，并可以推知后来北宋西夏相持并立之局势，彼时即已启其端。故华夏与党项两民族之盛衰，实非一朝一夕之故，其所从来者久矣。又烨志既有"君躬护显考及昆弟亡姊凡六丧，洎仆驭辈有死于海上者，悉还亲属之家"之语，而烨妻郑氏志复有"予衣服外除，再抵荒外"及"以予方婴谴谪，子始孩提，无人护丧，权殡于蒙州紫极宫南。期予恩贷，自营葬事。岁月弥远，归日难期。粤以大中十三年岁次己卯十二月十五日，袝葬于河南府洛阳县金谷乡先兆"之文，据以综合推之，则德裕之归葬出于特许，故烨可离蒙州贬所，护柩归洛阳营葬。并可乘此时机，同辇数丧，归自海外。计其葬迄复还蒙州之时，当已免除丧服矣。至若郑氏则死于烨由洛返蒙之后，非有恩贷，不能躬护其柩北归。侯至四年之久，犹无归望，故遣送其柩，还袝先茔也。烨志中阙字当是"卢"字。以《旧唐书》一七下《文宗纪》"开成二年五月辛未，以苏州刺史卢商为浙西观察使"（以代李德裕）。《新唐书》一八二及《旧唐书》一七六《卢商传》又皆有观察浙西之纪事，故可据补也。又《两唐书》德裕传书烨贬官皆作象州立山尉，《东观奏记》中作蒙州立山尉。

《唐语林》七"李卫公历三朝"条作"象州武仙尉"。据《旧唐书》四一《新唐书》四三上《地理志》、《通典》一八四《州郡典》、《元和郡县图志》三七等，立山属蒙州，不属象州。武仙则属象州。今证以墓志，知独裴庭裕书不误，而王说书则后人以意改之者也。又烨志载吉甫谥为忠公。今志仅云"忠公"，与《旧唐书》德裕传"父赵国忠公"之语同。钱氏《廿二史考异》一七下有论吉甫谥语，可以参证。又烨志盛称烨当父为相时避嫌守正之事，殆李潘特举此以刺令狐滴者（见《旧唐书》一七二《新唐书》一六六《令狐楚传》）。若果为实录，则季常信不陨其家风矣！凡此数端，除宣宗特许归葬一事之外，皆无关宏旨，可不讨论。惟一事尚须详辨者，即德裕之枢果于何年北返是也。

关于柳仲郢任东川节度之年月，近人吴廷燮氏《唐方镇年表考证》下"东川柳仲郢"条及张尔田氏《玉溪生年谱会笺》四"大中五年七月柳仲郢为东川节度"条所考者，皆较沈氏《唐书合参·方镇年表》及冯氏《玉溪生年谱》为精确，可依以为说。即大中五年仲郢已镇东川，而商隐亦辟为幕僚也。又次年夏杜悰由西川移镇淮南，吴张二氏亦有考证，均详上述同书同卷中，兹不备引。夫德裕卒于大中三年十二月。烨之除丧当在大中六年二月（大中四年闰十一月）。烨于其妻郑氏志自言"予衣服外除，再抵荒外"，则其归葬与除服二者相距之时间必不得甚长，即不得在大中六年以后，此德裕归葬时间最迟之限度也。柳仲郢之镇东川，据最近之考证，既确知为大中五年，《李义山文集》四《樊南乙集序》："七月尚书河东公守蜀东川，奏为记室。"及《李商隐诗集》上又有《悼伤后赴东蜀辟》《至散关遇雪五绝》，则商隐到东川幕时已是大中五年冬季，其为仲郢代作祭文又当更在其后。易言之，即不能在大中六年以前矣。此德裕归葬时间最早之限度也。据此最迟最早二时间之限度，则德裕之归葬必在大中六年。此取前后岁月推排比勘所得之结论，即不中，亦必不远者也。又据《全唐文》七七六李商隐文《为河东公（柳仲郢）复相国京兆公（杜悰）》，第一启略云：

伏承决取峡路，东指广陵。今遣节度判官李商隐侍御往渝州及界首已来，备具饩牵，指挥馆递。

又第二启云：

伏承凤诏已颁，鹢首期敫。日临端午，路止半千。

则是商隐实有大中六年夏间奉柳仲郢命往渝州迎候杜悰之一事。仲郢于荆南设奠路祭德裕归柩，令商隐为祭文。今其文不传，无从知其详。然其事之在大中六年，上文已证明无疑义矣。若《玉谿生年谱会笺》四以德裕归葬事附载大中九年之末，即张氏亦疑不能决。盖其成书之时李烨及其妻郑氏墓志尚未出土，固不足为病也。寅恪颇疑仲郢于大中六年夏间遣商隐于渝州迎送杜悰，并同时因水程之便利，即遣商隐径由渝州往江陵，致祭德裕之归槥，实不止令其代作祭文也。但此假设非有确据，不过依时日地理及人事之关系，推测其可能而已。姑备一说于此，以俟治玉谿生文学者之教正。寅恪平生读义山诗苦不能解，自不敢与古今为《锦瑟》《无题》作"郑笺"之颛家上下其议论也。尝见冯氏《玉谿生年谱》于大中二年创为义山巴蜀游踪之说，实则别无典据。其言云：

夫说诗之法，实则征其踪迹，虚则领其神情。

又云：

此段巴蜀之迹，水陆之程，章句朗然。余所得已费苦心，不能更苛责矣！

又冯氏《玉谿生诗详注》三《荆门西下（七律）》，浩曰：

> 此章移易数过，而究难定也。

又《风（五律）》，浩曰：

> 凡自东而西入蜀者，过荆门，至下牢，乃入西陵峡，经黄牛山。五六正与下章之"滩激黄牛"相贯，其为水程上巴峡审矣。乃结云"归舟"者又不可合，盖江波风信，行役常遭，其间细踪何由追核，只可就本诗玩味耳。

张氏《玉谿生年谱会笺》三"大中二年"条略云：

> 冯氏不知归洛在巴游之后，及解至《荆门西下》"天外归舟"句，而其说穷矣，余故不得不辨也。又案巴蜀之游，冯氏定为是年，说最精确。惟是巴蜀游踪，水陆仆仆，似乎心注成都，而留滞荆州。如《荆门西下》《岳阳楼》诸篇，则又似心注湘潭，是果属望何人欤？余详味诗隐，参互证之，则断其必为李回、杜悰也。李回方左迁湖南，义山穷途无依，固不能不望其援手也。《补编·为湖南座主陇西公贺马相公登庸启》事在五月，必义山于荆州与回相遇，为之代作。故"荆云回望夏云时"也。而《无题》一章，尤为此段行踪之关键。起曰"万里风波一叶舟，忆归初罢更夷犹"，言桂州府罢，尚有所待也。曰"碧江地没原相引"，言李回本同党，虽由西川左迁，未尝不可援引也。曰"黄鹤沙边亦少留"，言己与李回相遇荆州，为之少留也。中联引益德、阿童二典，虽无可征实，然以"益德报主"比卫公之乃心武宗，以王濬受厄王浑，功高得谤，比李回因党祸而贬官，不负卫公之知，词意均极明显。结则言李

回既不能携赴湖南，进既不可，归又不能。人生如此，徒使我怀古思乡，安能忍而与之终古乎？此所以留滞荆门之后又有巴蜀之游也。巴蜀之游，当是希望杜悰，而实未至成都，中道而回。冯谱于是年巴蜀之游，钩稽已费苦心。惟于一朝党局，未能参透。甚矣，读书不可不细也！

寅恪案：冯氏"巴蜀游踪"之说，固无依据，张氏"义山于大中二年五月遇李回于荆州"之说，亦非有佐证。冯氏解诗至《荆门西下》"天外归舟"，其说信穷矣。但张氏解《无题》"益德冤魂终报主"之句，谓指卫公。指卫公则诚是矣。然不悟此诗若果如张说，作于大中二年之夏，则距大中元年十二月卫公南贬潮州，不过数月之久，其时文饶尚健在，即使无生还之望，亦岂忍遽目之为"冤魂"耶？故张说匪独与诗人敦厚之旨不合，按其文理又不可通也。鄙见凡注家所臆创之大中二年巴蜀游踪，实无其事。其所指为大中二年往返巴蜀所作之诗，大抵大中六年夏间奉柳仲郢命迎送杜悰，并承命乘便至江陵路祭李德裕归柩之所作，或其他居东川幕中时代之著述。若依此解，则不仅无冯说《荆门西下》及"天外归舟"等地理上之滞碍，亦可免张氏"遇李回于荆州"说之不能标举证据，且不致有李德裕贬后止五月，即被呼为"冤魂"之惨也。兹试依此解，略释"万里风波一叶舟"无题，以证成此假设。又以此诗为此行关键，其中殊有易滋误会之语，不得不稍申述其意趣。总而言之，笺证李诗，非兹篇主旨。既有疏误，于德裕归葬传说之考定，亦无大变易也。《无题》云：

万里风波一叶舟，忆归初罢更夷犹。

此诗为商隐于江陵为李烨所赋。烨以舟载父及亲属诸枢北归，"初罢"者非"罢桂府"之"初罢"。考烨贬蒙州立山尉，于大中六年以前奉诏特许归葬，其时尚未除父丧也。其奉诏北归葬亲，既在父丧服未除中，必罢立山尉职。其过江陵时距罢立山尉职不久，故谓之"初罢"。盖宣宗当日止许烨北归葬父，事迄仍须返立山尉贬职。此据烨自撰其妻《郑氏墓志》推得之结论。烨虽急欲归洛阳，然于荆南却有逗留，故得邀之中途，因以设奠，此所谓"忆归初罢更夷犹"也。由此言之，江陵为商隐与烨会遇之交点。商隐之由西而东，抵于江陵，杜诗之"即从巴峡穿巫峡"也。烨之由南而北，发自江陵，杜诗之"便下襄阳向洛阳"也。以年月为经，以路线为纬，此无题之诗案于是始能判决矣。

碧江地没元相引，黄鹤沙边亦少留。

此二句不能得其确解。大约烨自湖南至荆南，其途中少有滞留，自所不免，恐亦欲于沿途所过之地方官吏及亲故中有所请乞耶？卢商曾为烨府主，然于大中三年已罢去。大中六年夏间之为岳鄂观察使者，当在韦损与崔瑶之间，其人既不可详考（参阅沈氏《新旧唐书合参》九三《方镇年表》及吴氏《唐书方镇年表考证》下），其事亦不必凿言矣。

益德冤魂终报主，阿童高义镇横秋。

若谓此诗作于大中六年夏间德裕归葬时，且在宣宗有感于"西边兵食制置事"特许其归葬之后，则与张氏之解此诗，谓作于大中二年时，去德裕贬潮州仅数月者，更于文理可通。德裕本为太尉，故商隐作《旧将军（七律）》追感其人亦有"李将军是旧将军"

之句。生前既以武功邀奇遇，死后复因边事蒙特恩，又曾任西川节度使，建维州之勋，其以益德为比，亦庶几适切矣。不必更求实典，恐亦未必果有实典，而今人不知也。至"阿童高义"句自指仲郢而言，若合二句并读之，即是东川节度柳仲郢遣使祭崖州司户参军李德裕之归柩也。较之以阿童比李回之因德裕党左迁为高义者，立说似更简便；两说相较，何去何从？读者自知抉择也。

> 人生岂得长无谓，怀古思乡共白头。

此二句极佳，不待详说。若仍欲加以解释，即诵《哀江南赋》"班超生而望返，温序死而思归"之句，以供参证可也。

若据此解释，则乾隆以来解释义山诗者相承所谓"大中二年巴蜀游踪"之说，果可成立乎？愿一承教于说诗解人颐之君子也。

又《旧唐书》一六六《白居易传》附从弟敏中传（《新唐书》一一九略同）略云：

> 武宗皇帝素闻居易之名，及即位，欲征用之。宰相李德裕言居易衰病不任朝谒，因言从弟敏中辞艺类居易。即日知制诰，召入翰林，充学士，迁中书舍人。累至兵部侍郎学士承旨。会昌末，同平章事。宣宗即位，李德裕再贬岭南，敏中居四辅之首，雷同毁誉，无一言伸理，物论罪之。

寅恪案：德裕之获许归葬，据李潘所作烨墓志，实由"先帝（宣宗）与丞相论兵食制置西边事"，自是可信之实录。夫当日敏中既判延资库，又为招讨党项行营都统制置使，则烨志所言之"丞相"，自非敏中莫属。故疑德裕之归葬，敏中实与有力焉。然则其后与段全纬书所言亦不致全掠他人之美，此则稍可为敏中辩解者也。

又懿宗即位，即以敏中代令狐绹为相，恩礼极隆。虽伤腰卧疾，迄不令去。至五表辞位，始以为中书令。（其事详见《两唐书》白居易传附从弟敏中传，及《旧唐书》一九《新唐书》九《懿宗纪》等。）《通鉴》二五〇纪此事略云：

咸通元年九月辛亥，以〔白〕敏中为司徒、中书令。

其后即接书刘邺请追赠李德裕官事，实顾及《唐实录》注"白敏中为中书令与右庶子段全纬书"云云中"白敏中为中书令"一语，以敏中为中书令必在邺奏请之前，于事理方合也。此点虽不甚关宏旨，亦可见温公排比时日，推勘先后，其用心精密如是。故表而出之，以告读《通鉴》者。

又裴庭裕《东观奏记》卷中纪德裕见梦于令狐绹事，《新唐书》德裕传采之，而略去崔铉、魏謩之名。详绎裴氏所述，须假定令狐、崔、魏三人同时在中书，然后始有可能，今姑不详考。即就《新唐书》六三《宰相表下》核之，此三人同在相位之时期为大中三年四月乙酉至大中九年七月丙辰之间。今既考定德裕归葬在大中六年，则宣宗之诏许必在其前一二年，是就时间论，尚无冲突。但德裕之是否见梦于绹，及其归葬之是否由绹所请，则无从判明。至《南部新书》庚亦载此事，而增"懿皇允纳，卒获归葬"之句，此与孙光宪《北梦琐言》一"刘三复记三生事"条末所载"其子邺敕赐及第，登廊庙，上表雪德裕，以朱崖神榇归葬洛中"等语正同，是皆以德裕归葬在懿宗即位以后。盖与《通鉴考异》所引裴旦《南行录》载刘邺咸通二年九月二十六日表中"枯骨未归于茔域"

之语，俱为后人伪传伪作之史料。今以《李烨墓志》证之，益明白无疑。《考异》谓"烨懿宗初才徙郴县尉。未详"。今据烨志及郑氏志，知烨虽获归葬德裕于洛阳，葬迄仍返蒙州贬所。至懿宗即位，始得援恩例，内徙郴县。德裕之归葬与烨之内徙及德裕之追赠元本各为一事，不相关涉。昔人之疑，今日可以释然也。

又烨志言"今皇帝（懿宗）嗣位之岁（大中十四年），御丹凤肆赦，诏移郴县尉。自（大中十四年）春离桂林，道中得瘴病"及"大中十四年夏六月廿六日以疾终于〔郴〕县之官舍"，其所谓"御丹凤肆赦"，自指《新唐书》九《懿宗纪》及《通鉴》二四九"大中十三年冬十月辛卯大赦天下"之事，其赦文即载《全唐文》八五，特附识于此，以备读本文者之检查。又德裕家属墓志近岁出土者，寅恪所见有五石。其子烨及烨妻郑氏志前已引证外，尚有德裕撰《滑州瑶台观女真徐氏墓志》。志为分书，不著书者姓名，当即德裕所自书，文词及书法俱佳。今《李文饶集》中亦佚此志文，弥足珍贵。兹节录其文于下：

徐氏，润州丹徒县人。名盼，字正定。疾亟入道，改名天福。大和己酉岁十一月己亥，终于滑州官舍，享年廿三。长庆壬寅岁，余自御史出镇金陵，徐氏年十六，以才惠归我。长育二子，勤劳八年。惟尔有绝代之姿，掩于群萃；有因心之孝，合于礼经。其处众也，若芙蓉之出蘋萍，随和之映珉砾；其立操也，若昌花之秀深泽，菊英之耀岁寒。仪静体闲，神清意远。固不与时芳并艳，俗态争妍。余自宦达，常忧不永。由是树檟旧国，为终焉之计。粤以其年十二月二十日葬于洛阳之邙山，

盖近我也。庶其子识尔之墓，以展孝思。一子多闻，早夭。次
子烨。

寅恪案：徐氏即烨之生母。后来德裕之裔，皆出自徐氏也。徐氏既
葬近德裕，近岁德裕家属墓志先后出土颇众，而德裕及其祖父埋幽
之石未闻于世。见存诸方志中名人冢墓一门，亦不著栖筠、吉甫及
德裕三世之墓。谅以制度较崇大，物藏较丰实，故亦较其家属卑小
之冢墓，先被发掘耶？呜呼，可哀也已！《乐府杂录》"望江南"
条云：

> 始自朱崖李太尉镇浙西日，为亡妓谢秋娘所撰。本名谢秋娘，
> 后改此名。亦曰《梦江南》。

据《新唐书》德裕传谓"〔德裕〕后房无声色娱"，李石（？）
《续博物志》乃谓"〔卫公〕采聘名姝，至百数不止"。甚矣小说之
多歧说也。惟段安节所记或亦有本。盖"秋娘"本唐代妇人习见之
名。杜仲阳即杜秋娘，而又为润州人，德裕复与之有一段交涉，几
至起大狱者。（详见《两唐书》德裕传、《南部新书》戊及杜牧
《杜秋娘诗》等。）徐氏为润州人，且德裕镇浙西时所纳之妾。及
其亡后，其自撰之志文赞为"绝代之姿"。然则其制曲以寄哀思，
当亦情之所可有。岂以徐盼之故，讹以传讹，致有斯说欤？此虽艺
林之故实，然与本篇辨证之主旨无关，姑从阙疑可也。

又有李尚夷撰《唐故赵郡李氏女墓志》云：

> 小娘子曾祖讳吉甫，门下侍郎同中书门下平章事，赠太师。祖
> 讳德修，楚州刺史兼御史中丞，赠礼部尚书。考讳从质，度支
> 两池榷盐使兼御史中丞。中丞不婚，小娘子生身于清河张氏。

以咸通十二年十二月二日遘疾于洛阳履信里第，享年卅有四。以其年十二月十九日归葬于北邙西金谷乡张村里，祔大茔，礼也。

寅恪案：《旧唐书》一六五《柳公绰传》附子仲郢传(《新唐书》一六三同）云：

> 大中朝，李氏无禄仕者。仲郢领盐铁时，取德裕兄子从质为推官，知苏州院事，令以禄利赡南宅。令狐绹为宰相，颇不悦。仲郢与绹书云："李太尉受责既久，其家已空，遂绝蒸尝，诚增痛恻。"绹深感叹，寻与从质正员官。

寅恪案：《新唐书》七二上《宰相世系表》赵郡李氏西祖房不载从质之名。《两唐书》柳仲郢传仅言"德裕兄子"，未详其亲属远近，此亦石刻可补史文之阙佚者也。又传文所谓"南宅"，当指德裕子孙，如烨等家属之在南者。至从质不婚，其养女亦不嫁，其故不能详。《会昌一品集》一八《请改封卫国公状》（参考《新唐书》德裕传）云：

> 臣今日蒙恩进封赵国公，承命哀惶，不任感涕。臣亡父先臣宪宗宠封赵国。先臣与嫡孙宽中小名三赵，意在传嫡嗣，不及支庶。臣前年恩例进封，合是赵郡，臣以宽中之故，改就中山。

《新唐书·宰相世系表》不著德修子孙。今据此状，可知从质虽为德修之子，但非长嫡，故可不婚耶？又德修事迹略见《新唐书》一四六《李栖筠传》附吉甫传末及七二上《宰相世系表》，皆未载其赠礼部尚书事。惟《东观奏记》上纪德修事迹较详。其文略云：

加赠故楚州刺史尚书工部侍郎李德修礼部尚书。时吉甫少子德裕任荆南节度使检校司徒平章事。上（宣宗）即位普恩，德裕当追赠祖父，乞回赠其兄，故有是命。

据《通鉴》二四八略云：

会昌六年夏四月壬申，以门下侍郎同平章政事李德裕同平章事，充荆南节度使。九月，以荆南节度使李德裕为东都留守，解平章事。（参阅《旧唐书》一八下《宣宗纪》）

则德修之得赠礼部尚书，当在此数月间，尚及德裕未贬潮州之前。否则李氏败后，无从邀此恩命矣。又出土李庄撰《唐故赵郡李氏女墓志》略云：

赵郡李氏女悬黎生得十三年，以咸通十二年七月十五日卒于安邑里第。曾祖讳吉甫，祖讳德裕，考讳烨，妣荥阳郑氏。未四岁，遇先府君忧，炼师陈氏实生余与尔。卜咸通十二年十一月廿四日归于榆林大茔吉墓。

寅恪案：据李烨及其妻郑氏志，烨卒于大中十四年六月廿六日，郑氏卒于大中九年五月廿九日。烨之卒而悬黎未四岁，则知悬黎之生在郑氏卒后矣。其生母陈氏志文称为"炼师"者，如烨生母徐氏之称为"女真"，盖皆入道之号，此为唐代之通俗也。长安安邑坊为吉甫、德裕第宅所在，吉甫且以安邑相公为称（见《新唐书》一四六《李吉甫传》）。今据此志，知咸通之末，李氏犹保有此宅。殆亦视同平泉之石，不敢以与人耶？又此志题云：

兄度支巡官将士郎试秘书省校书郎庄撰。

据烨志，烨二子，长庄士，次庄彦，一女悬黎。烨妻郑氏志亦载二子庄士、庄彦之名。此志撰人不知其为庄士抑庄彦也。据《唐书·宰相世系表》"烨生殷衡、延古。殷衡右补阙。延古司勋员外郎"，然则庄士、庄彦即殷衡、延古。《旧唐书》二〇下《哀帝纪》"天祐二年六月戊申"条及德裕传、《新唐书》德裕传、《通鉴》二六五"天祐二年六月时士大夫避乱多不入朝"条及《南部新书》乙等皆载延古事，而《旧五代史》六〇有李敬义即延古专传，所纪尤详，盖与司空图同为忠义之士也。传云：

> 李敬义，本名延古，太尉卫公德裕之孙。初（或"幼"之误）随父炜（"烨"之误）贬连州，遇赦得还。

寅恪案：薛史字误不必论。惟据《旧唐书》德裕传云：

> 烨咸通初量移郴州郴县尉。卒于桂阳。子延古。

《通典》一八三《州郡典》云：

> 桂阳郡。郴州。今理郴县。
> 连山郡。连州。今理桂阳县。

李烨志言烨"卒于县之官舍"，即郴县之官舍。《旧唐书》言烨"卒于桂阳"，此"桂阳"指桂阳郡，非桂阳县。盖烨任桂阳郡即郴州之郴县尉，非连山郡即连州之桂阳县尉也。薛史以郡为县，故有斯误也。

又《新唐书》德裕传云：

> 烨子延古，乾符中为集贤校理。

而《南部新书》乙云：

> 咸通九年正月，始以李赞皇孙延佑起家为集贤校理。

寅恪案："延佑"当是"延古"之误。"咸通九年"与"乾符中"

二者相距十年上下，未知孰是。据悬黎志题衔言之，其时为咸通十二年。其兄庄已为秘书省校书郎。若《新唐书》不误，则乾符中以集贤校理起家之延古必非此题志之"庄"也。《新唐书·宰相世系表》列殷衡之名于延古之前，依其次序，似殷衡为兄，延古为弟。然则作悬黎志之"庄"，乃"庄士"之省，亦即后来之殷衡耶？或者咸通九年以集贤校理起家者为殷衡，而钱氏误为延佑即延古耶？殊疑不能明也。

《五代史》六五《南汉世家》略云：

〔刘〕隐复好贤士，是时天下已乱，中朝士人以岭外最远，可以避地，多游焉。刘濬、李衡（"殷衡"省称"衡"，避宋讳）之徒，隐皆招礼之。濬，崇望之子，以避乱往。衡，德裕之孙，唐右补阙，以奉使往。皆辟置幕府，待以宾客。

吴任臣《十国春秋》五八《南汉烈宗世家》云：

开平二年冬十月辛酉，梁命膳部郎中赵光裔、右补阙李殷衡充官告使，诏王为清海、静海等军节度使，安南都护。王留光裔、殷衡不遣。

又同书六二《李殷衡传》略云：

李殷衡世为赵郡人，唐相德裕孙也。仕梁太祖，为右补阙。开平二年，充岭南官告副使。至则烈宗留之幕府，署节度判官，不时遣还。乾亨初，官礼部侍郎同平章事。居无何，终于其职。先是故唐宰相刘瞻者，殷衡姊婿也。有子赞，幼孤，而性不慧。殷衡教之读书，每督以棰楚。登进士第，梁时充崇政院学士，犹久念殷衡不忘。

寅恪案：《新唐书》一八一《刘瞻传》云：

> 刘瞻，字几之。其先出彭城，后徙桂阳。

据此瞻家本居桂阳，其与李氏婚姻，或与李烨任郴县尉一事不无关系。又韩偓《玉山樵人集》有《和孙肇（七律）》二篇。其题为：

> 奉和峡州孙舍人肇荆南重围中寄诸朝士二篇。时李常侍洵、严谏议龟、李起居殷衡、李郎中冉皆有继和。余久有是债，今至湖南，方暇牵课。

今《全唐诗》《文》皆不载殷衡之著作。据冬郎诗题，可知殷衡亦文学之士，不坠其家风者也。李烨二子殷衡、延古虽分处南北，然皆能自树立，传于后世。故不避叙述繁琐之讥，并附载其本末，以供考赞皇子孙亲属者之参证焉。

综合此篇上下二章考辨之结论如下：

（一）李德裕大中三年十二月十日卒于崖州。

（二）其枢于大中六年夏由其子烨护送北归，葬于洛阳。

《直斋书录解题》一六载耿秉直所辑《李卫公备全集》，元附《年谱》一卷，今已佚不传。他时若有补作《年谱》者，愿以兹篇献之，倘亦有所取材欤？非敢望也。

一九三五年三月三十一日

（原载一九三五年《历史语言研究所集刊》第五本第二分）

附　记

（甲）此文付印后，俞大纲表弟以李德裕妾刘氏墓志见示，以其可证明寅恪之所假定，特附录于后，借供参考。《唐茅山燕洞宫大洞炼师彭城刘氏墓志铭并序》云：

炼师道名致柔，临淮郡人也，不知其氏族所兴。和顺在中，光英发外，婉娈有度，柔明好仁。中年于茅山燕洞宫传上清法箓。悦诗书之义理，造次不渝；宝老氏之慈俭，珍华不御。言行无玷，淑慎其身，四十一年于兹矣。余三册正司，五秉旄钺，棨戟在户，轺车及门，出入宠光，无不尽见，艰难危苦，亦已备尝。幼女乘龙，一男应宿，人世之美，无所缺焉。脩短之间，奚足为恨。属久婴沉痼，弥旷六年，以余南迁，不忍言别，绵历万里，寒暑再期，舆峤拖舟，涉海居陋，无名医上药可以尽年，无香稻嘉蔬可以充膳。毒暑昼烁，瘴气夜侵，才及三时，遂至危亟。以己巳岁八月廿一日终于海南旅舍，享年六十有二。呜呼哀哉。有子三人，有女二人，聪敏早成，零落过半。中子前尚书比部郎浑，独侍板舆，常居我后。自母委顿，夙夜焦劳，衣不解带，言发流涕。其执丧也，加于人一等，可以知慈训孝思之所至也。幼子烨、钜，同感顾复之恩，难申欲报之德，朝夕孺慕，余心所哀。以某年某月某日，返葬于洛阳榆林，近二男一女之墓。余性直盗憎，位高寇至，道不能枉，世所不容，愧负淑人，为余伤寿。瞑目何报？寄怀斯文。铭曰：清泉一源，秀木孤根，惟子素行，不生朱门。操比松桂，粹如瑶琨，不扶自直，不琢自温。七子均养，人靡间言，百口无怨，加之以恩。生我三子，熊黑庆蕃，育我二女，素绚是敦。既毕婚嫁，亦已抱孙。念子之德，众姜莫援，诞于高族，可法后昆。昔我降秩，退居林园，平泉秋日，坐待朝暾。西岭高眺，南荣负暄，自兹而往，惆怅山樊。岩销寒桂，涧歇芳荪，舍我而去，伤心讵论。天池南极，谁与招魂？芒山北阜，将托高原，空留片石，千古常存。

第四男烨记：

大中戊辰岁冬十一月，烨获罪窜于蒙州立山县，支离顾复，恋切蓼莪，欲报之恩，昊天罔极。己巳岁冬十月十六日，贬所奄承凶讣，茹毒迷仆，岂复念□。匍匐诣桂管廉察使张鹭，请解官奔讣，竟为抑塞。荏苒经时，罪逆叠深，仍钟酷罚。呼天不闻，叩心无益，抱痛负冤，块然骨立。阴阳致寇，棣萼尽凋，藐尔残生，寄命顷刻。殆及再期，乃蒙恩宥，命烨奉帷裳还祔先兆。烨舆曳就途，饮泣前进。壬申岁春三月，扶护帷裳，陪先公旌旐发崖州，崎岖川陆，备尝险艰，首涉三时，途经万里，其年十月，方达洛阳。十二月癸酉迁祔，礼也。呜呼天乎，烨迫于谴逐，不能终养，劬劳莫报，巨痛终天，有生至哀，瞑目已矣。

先卫公自制志文，烨详记月日，编之于后，盖审于行事，不敢诬也。谨言。

（乙）罗振玉《贞松老人遗稿·石交录》四略云：

近年中州出太和己酉卫公撰《滑台观女冠徐氏墓志》、大中三年《茅山燕洞宫大洞炼师刘氏墓志》，二人皆公侍姬也。徐氏志作于公刺滑州时，刘氏则以大中三年卒于贬所，公但为之文。公亦以是年卒，其葬在大中六年。志之立，则出于公之嗣子也。二文均不见《会昌一品集》中，吉光片羽，至可珍矣。

与两志同时出土者，尚有李烨妻郑氏及烨志，乃卫公子妇及季子也。郑氏志为烨所撰，中叙门阀之盛衰，令人凄感。烨志载诏许卫公归葬，烨护显考及昆弟亡姊凡六丧，洎仆驭辈死海上者，皆辇其枢，悉还亲属。

（丙）据冯氏所定大中二年义山上峡、下峡诸诗之季节景物言之，则《荆门西下》诗云：

> 一夕南风一叶危，荆门回望夏云时。

乃下峡之时正值夏季，此可决定无疑者也。《风》云：

> 回拂来鸿急，斜催别燕高。已寒休惨淡，更远尚呼号。楚色分西塞，夷音接下牢。

及《摇落》略云：

> 人闲始遥夜，地迥更清砧。……滩激黄牛暮，云屯白帝阴。

下峡既在夏季，则此等秋季峡中诸诗必是上峡时所赋，又可推知。若依冯氏所说，义山必先上峡，后下峡。夫秋季上峡，夏季始下峡，则义山何以濡滞巴蜀几至一岁之久，而不往谒杜悰？此情理所不可通，冯氏亦难自圆其说也。若依鄙说，则大中六年夏季义山奉柳仲郢之命，下峡祭吊卫公之枢，因送至襄阳，事毕复命，还归东川，其上峡时已是秋深。如此假设，始于行程往复，季节先后，

李德裕贬死年月及归葬传说辨证　六五

皆能适合。冯氏编《汉南书事》一诗于大中二年，但据新旧《唐书》及《通鉴》等，宣宗赦党项羌在大中五年，义山此诗云：

哀痛天书近已裁。

大中六年义山送卫公枢至襄阳，在六年而指五年，故可言"近"。若依冯氏之说，此诗作于大中二年，义山岂非预言家乎？又据《通鉴》二四九《唐纪》"宣宗大中六年"略云：

党项复扰边。六月癸酉，除〔毕诚〕邠宁节度使。

然则义山此诗当是在襄阳有所闻而作，其所谓"书事"，即书此事也。总而言之，杜工部诗所谓"即从巴峡穿巫峡，便下襄阳向洛阳"者，正与义山此行相同。此意每于二十年来讲授时言及之，但以奔走衰病，未暇著之楮墨，今特补录于此。

复次，"益德冤魂终报主"之句，自来解释玉谿生诗者，皆不知其出处。考《隋书》三三《经籍志·史部杂传类》载："《冤魂志》三卷，颜之推撰。"此书久佚，近始见残本，其中未有益德事，岂此事即在所阙卷中耶？不敢确言，姑附记此疑，以俟博雅君子校正。

乙未春日寅恪记于广州河南瞑写斋

（丁）兹更有关于戏剧小说颇饶兴趣而与白敏中招降党项一事相涉者，可略论之。

《新唐书》二一六下《吐蕃传》云：

〔彝泰赞普〕死，以弟达磨嗣。达磨嗜酒，好畋猎，喜内，且凶愎少恩，政益乱。（可参《资治通鉴》二四六《唐纪》"文宗开成三年，吐蕃彝泰赞普卒，弟达磨立"条。）

大凡吐蕃或其他民族最盛强时，其所辖别部种类，必有与其中央主部不尽相同者。如突厥既衰，其所辖之胡部入主河北之例。拙著《论李栖筠自赵徙卫事》一文，可为例证。吐蕃主部之衰，汉族之张议潮于大中五年即以瓜、沙归还中国。其他邻近中国边境之党项，亦先后就中国之招引，令其守护北境也。

《宋史》四八五《夏国传》云：

> 唐末，拓跋思恭镇夏州，统银、夏、绥、宥、静五州地。

同书三三五《种世衡传》略云：

> 世衡建言，延安东北二百里有故宽州，请因其废垒而兴之，以当寇冲。朝廷从之，命董其役。

《通志》二八《氏族略》四"种氏"条略云：

> 本仲氏。或言仲山甫之后，因避难改为种。宋种放，长安人，望出河南。

《宋史》四九二《吐蕃传》云：

> 周广顺三年，始以申师厚为河西节度。师厚初至凉州，奏请授吐蕃首领折逋支等官，并从之。

同书二五三《折德扆传》云：

> 父从阮，自晋汉以来，独据府州，控扼西北。

《嘉庆一统志》一五二《保德直隶州·陵墓门》云：

> 〔宋〕折太君墓，在州城南四十里折窝村。杨业妻。

《通志》二九《氏族略五》"佘氏"条云：

> 〔佘〕音蛇，从示。唐开元有太学博士佘钦，南昌人。唐又有右司郎中佘珩，祖文集，隋考功主事，洛阳人。宋登科佘赞，

洪州人。佘刚，衢州人。佘赫，徽州人。

《宋史》二七二《杨业传》云：

> 杨业，并州太原人。父信，为汉麟州刺史。

夫拓跋思恭之自称为拓跋氏，不过自托于后魏之裔以自夸耀，近人乃混淆鲜卑族之拓跋与党项族之拓跋为同一族类，误矣。

种世衡世守延安之地，依《通志》所言，世衡之叔父为种放。放为洛阳人，自是不误。但有可疑者，《通志》言种氏本作仲氏，出仲山甫之后，如避难改为种等语，当是本于《种氏家谱》。自六朝以来，外族往往喜称出于中国名人之后，如沈炳震《唐书宰相世系表订讹》一书，苟取《后汉书》《三国志》《晋书》等证之，其讹舛立见。避乱改姓之说尤多，不再详举例证。鄙意"仲氏"之作"种氏"，实与"党项"不作"黨项"同例，盖所以表示其原非汉族之义。《集注分类东坡诗》四《赵成伯家有丽人仆忝乡人不肯开樽徒吟春雪美句次韵一笑》中"何如低唱两三杯"句自注云：

> 陶谷学士买得党太尉家妓。遇雪，陶谷取雪水烹团茶，调妓曰："党家应不识此。"妓曰："彼粗人，安有此？但能于红绡暖帐中，浅斟低唱，吃羊羔儿酒。"陶嘿然，惭其言。

据此东坡自注与《宋史》二六〇《党进传》原文，尤可证"党"字本应作"黨"字。检宋章定《名贤氏族言行类稿》（四库珍本影印文渊阁本）三九载有黨氏，四八复载有黨氏。下云：

> 本出西羌，姚秦有将军黨耐虎，自云夏后氏之后，代为羌家。

颇疑此卷之"黨"本作"党"。汪辉祖《史姓韵编》五十分"党"及"黨"为二，"党"下云：

党进。

熊在湄峻运《新纂氏族笺释》五云：

> 党，冯翊郡，系獯鬻氏，夏桀窜居獯鬻，其后支裔世居党项，
> 有降唐者赐姓党氏，宋党进。

汪、熊两氏关于党氏之文，均采《史记》一一〇《匈奴传》，
至章氏书"党"之作"黨"应为后人所改，非其原字也。史籍中
亦有作"黨"者，如《宋史》四九二《吐蕃传》中之党令支，殿
本"党"作"黨"之类，当是与文渊阁本章氏书同出清代文臣浅
陋之笔，不足据也。依《通志·氏族略》，折氏望出西河，宋为大
姓。佘氏望出南昌，北方土音读"折"为"佘"，故戏剧小说乃以
"折"为"佘"，其实两姓迥别也。

综合白敏中招降吐蕃境内党项诸部，除汉族张议潮外，其极西
之拓跋部不肯归附，以致北宋之世，西夏与契丹最为中国之大患。
故读史者于地域之方位、种族之区别，尤应特加注意也。世人喜谈
小说戏剧，而不知其与义山《汉南书事》诗有关，遂标出之如此。

复次，寅恪昔年于太平洋战后，由海道自香港至广州湾途中，
曾次韵义山"万里风波"《无题》诗一首，虽辞意鄙陋，殊不足
道，然以其足资纪念当日个人身世之感，遂附录之于下。诗云：

> 万国兵戈一叶舟，故邱归死不夷犹。袖中缩手嗟空老，纸上刳
> 肝或稍留。此日中原真一发，当时遗恨已千秋。读书久识人生
> 苦，未得崩离早白头。

一九六四年岁次甲辰五月五日陈寅恪书于广州金明馆

以杜诗证唐史所谓『杂种胡』之义

拙著《唐代政治史述论稿·上篇》论《旧唐书》二〇〇《安禄山传》（可参姚汝能《安禄山事迹》上"安禄山营州杂种胡也"之语）云：

> 安禄山，营州柳城杂种胡人也。

及同书同卷《史思明传》略云：

> 史思明，宁夷州突厥杂种胡人也。

证以《新唐书》二一七《回鹘传》（参《通鉴》二二六"建中元年八月甲午"条。但今通行本《通鉴》"突董"作"董突"）云：

> 始回纥至中国，常参以九姓胡，往往留京师，至千人，居资殖产甚厚。会酋长突董翳蜜施大小梅录等还国，装橐系道。

所言与《旧唐书》一二七《张光晟传》云"建中元年，回纥突董梅录领众并杂种胡等自京师还国，舆载金帛，相属于道"实同为一事。故"杂种胡"即中亚昭武九姓胡。唐人当日习称"九姓胡"为"杂种胡"。"杂种"之目非仅混杂之通义，实专指某一类种族而言也。凡杜工部诗中涉及安史之种族，除羯胡、柘羯等名已详于拙著前书者外，其有关杂种之字句，亦可与此互相发明。兹移录于下，或可为鄙说之一补证欤？

《杜工部集》二《留花门》云：

> 胡尘逾太行，杂种抵京室。

同书十《秦州见敕目三十韵》云：

> 杂种虽高垒，长驱甚建瓴。

同书一五《承闻河北诸道节度入朝欢喜口号绝句十二首》之二云：

> 社稷苍生计必安，蛮夷杂种错相干。

又同书十《收京三首》之三云：

杂虏横戈数，功臣甲第高。

此"杂虏"即"杂种"之互称也。总括言之，杜少陵与安、史为同时人，其以"杂种"目安、史，实当时称中亚九姓胡为杂种胡之明证。《旧唐书》多保存原始材料，不多改易词句。故在《旧唐书》为"杂种胡"，在《新唐书》则易为"九姓胡"。考宋子京改字之由，其意恐"杂种胡"一词颇涉通常混种之义，易启误会，遂别用"九姓胡"之名。史家遣辞明审，殊足令人钦服。然则唐史新旧两书，一则保存当时名称，一则补充其他解释。各有所长，未可偏废。观此一例，即可推知。后人往往轻议子京，亦由不明此义，因特为标出而论证之如此。

（原载岭南大学国文学会一九五〇年《南国》第二期）

书杜少陵《哀王孙》诗后

杜少陵《哀王孙》诗为世人所习诵，自来笺释之者众且详矣，何待今日不学无术、老而健忘者之饶舌耶？然于家塾教稚女诵此诗，至"朔方健儿好身手，昔何勇锐今何愚"之句，则瞠目结舌，不能下一语，而思别求一新解。考唐代安禄山叛变，玄宗幸蜀，肃宗即位灵武，而灵武者，朔方军节度使之治所也。肃宗遂专倚朔方军戡定大难，收复两京，唐室因得延续百五十年之祚而后亡。故朔方军为唐室中兴之关键。少陵平生于朔方军及其主帅郭子仪、李光弼诸公推崇赞美、形诸吟咏者不一而足，此固不烦举例者也。此诗为少陵在安氏将领统治长安时所作，岂有反詈朔方军士卒昔勇今愚之理？造意遣词狂悖至此，则与唐室附逆诸臣复何以异？释杜诗者，或以"朔方健儿"乃泛指安氏所统北方军队而言，则又不知"朔方"为军政区域固定之专名，不可用以泛指北方士卒。当天宝时，安禄山为平卢、范阳、河东三镇主帅，而与其结为兄弟之朔方节度使安思顺不睦，玄宗虽极宠任禄山，但亦兼用思顺，委以劲兵，盖所以防制禄山，维持均势，斯固英武之主用心所应尔。是复不可取与禄山宿构仇怨之朔方军一名，移指其所统三镇健儿。少陵作诗，绝不致昧于当日情势，文理不通，一至于此也。然则"朔方健儿"一词果何所指耶？鄙意实指同罗部落而言也。何以得知"朔方健儿"之名乃指同罗部落者？因同罗部落本属于朔方军，安禄山诱害其酋长阿布思，袭取其兵卒，而此种兵卒，后遂成为禄山所统军队之主力者也。兹略引有关史料，以释证之如下。

《新唐书》二一七下《回鹘传·同罗传》略云：

请内属，置龟林都督府。安禄山反，劫其兵用之，号"曳落河"者也。曳落河，犹言健儿云。

同书四三下《地理志》"关内道安北都护府龟林都督府"条
注云：

> 贞观二年，以同罗部落置。

《安禄山事迹》上云：

> 〔天宝〕十一载三月，禄山引蕃奚步骑二十万直入契丹，以报
> 去秋之役。朔方节度副使奉信王阿布思率同罗数万以会之，布
> 思与禄山不协，遂拥众归漠北。（寅恪案：同书同卷"同罗阿
> 布思等"句下原注云："阿布思者，九姓首领也。开元初，为
> 默啜所破，请降附。天宝元年朝京师，玄宗甚礼焉。布思美容
> 貌，多才略，代为蕃首。禄山恃宠，布思不为之下。禄山因请
> 为将，共讨契丹。虑其见害，乃率其部以叛。后为回鹘所破，
> 禄山诱其部落降之，自是禄山精兵无敌于天下。"）

《新唐书》二二五上《安禄山传》略云：

> 〔天宝〕十一载，率河东兵讨契丹。禄山不得志，乃悉兵讨契
> 丹以报。帝闻，诏朔方节度使阿布思以师会。布思者，九姓首
> 领也。开元初，为默啜所困，内属。帝宠之。禄山雅忌其才，
> 欲袭取之，故表请自助。布思惧而叛，转入漠北。禄山不进，
> 辄班师。会布思为回纥所掠，奔葛逻禄。禄山厚募其部落，降
> 之。葛逻禄惧，执布思送北庭，献之京师。禄山已得布思众，
> 则兵雄天下。

《安禄山事迹》上略云：

> 〔禄山〕养同罗及降奚、契丹曳落河（原注："蕃人健儿为曳落

河。")八千余人为假子，总〔平卢、范阳、河东〕三道以节制。

《旧唐书》一二一《仆固怀恩传》略云：

> 仆固怀恩，铁勒部落仆骨歌滥拔延之曾孙，语讹谓之仆固。贞观二十年，铁勒九姓大首领率其部落来降，分置瀚海、燕然、金微、幽陵等九都督府于夏州，别为蕃州以御边，授歌滥拔延为金微都督。怀恩世袭都督，历事〔朔方〕节度王忠嗣、安思顺，皆委之心腹。肃宗即位于灵武，怀恩从郭子仪赴行在所。时同罗部落自西京叛贼，北寇朔方，子仪与怀恩击之，遂破同罗千余骑于河上（参《通鉴》二一八"至德元载九月"条）。肃宗虽仗朔方之众，将假蕃兵以张形势，乃遣怀恩与敦煌王承寀使于回纥，请兵结好。回纥可汗遂以女妻承寀，兼请公主，遣首领随怀恩入朝。肃宗乃遣广平王为元帅，以子仪为副，而怀恩领回纥兵从之。

《新唐书》二二五上《安禄山传》略云：

> 广平王东讨，回纥叶护以兵从。〔张〕通儒等裒兵十万，阵长安中。贼皆奚，素畏回纥，既合，惊且嚣，大败。王师入长安。

据此，同罗、仆骨及回纥种类甚相近，其勇健善斗，为中国当时东方及北方诸外族所最畏惮者。此三种族所居住之地，或直隶于朔方军，或与朔方军政区相邻近，概可称为与朔方军关系密切之外族也。安禄山虽久蓄异谋，然不得同罗部落为其军队主力，恐亦未敢遽发大难。盖禄山当日所最畏忌者为朔方军。同罗部落乃朔方军武力之重要部分，既得袭取此部落以为己用，更可为所欲为矣。同罗部落之役属禄山，实非得已，故既至长安之后，不久即又叛归其旧巢。此后安氏屯守西京之武力已大减弱。肃宗即位灵武，又遣仆骨部落酋长仆固怀恩结援回纥，将引花门之部众以收两京，则安氏防守长安之精兵，仅余奚部落，而奚部落素畏回纥，必不能敌抗。然则西京之收复，可计日而待，李唐宗室之受困长安者，亦不久可以解除也。少陵当日在安氏势力统治之下，得此消息，密告李唐宗室之留陷长安者，所以深慰之，且谆戒其勿泄也。鄙意"昨夜东风吹血腥，东来橐驼满旧都"二句，与"朔方健儿好身手，昔何勇锐今何愚"二句，应是同咏一事，不可分为两截。盖同罗部落其初入长安时，必与骆驼队群偕来，故少陵牵连及之。同罗昔日本是朔方军劲旅，今则反覆变叛，自取败亡，诚可谓大愚者也。钱谦益治杜诗至精，而唯引《旧唐书·史思明传》所载：

禄山陷两京，常以骆驼运两京御府珍宝于范阳，不知纪极。

以释证"橐驼"之句，似犹未达一间也。此四句应与下文"窃闻天子已传位，圣德北服南单于。花门勠面请雪耻，慎勿出口他人狙"四句，一气连读，不可隔断。少陵之意盖谓同罗部落夙畏回纥，既已叛去，不复为安氏守长安矣。今唐兵又将引回纥部众以收西京，长安精锐守兵唯余甚畏回纥之奚部落，回纥一至，奚必奔溃也。综合八句，其文理连贯，逻辑明晰，非仅善于咏事，亦更善于说理也。少陵为中国第一诗人，其被困长安时所作之诗，如《哀江头》《哀王孙》诸篇，古今称其文词之美、忠义之忱，或取与王右丞"凝碧池头"之句连类为说。殊不知摩诘艺术禅学，固有过于少陵之处，然少陵推理之明，料事之确，则远非右丞所能几及。

由此言之，古今治杜诗者虽众，而于少陵之为人，似犹知之未尽。不揣愚妄，因为略发其覆如此。固知三家村训蒙之陋语，实不足供说诗治史博学通识君子之一览也。

一九五三年四月

寅恪于《清华学报》第十卷第三期《元微之遣悲怀诗之原题及其次序》文中，曾据"今日俸钱过十万"之句，以为微之作此诗，疑在通州司马权知州务之时，非权刺史之职，不能有"过十万"之月俸也。唐代官俸随时随地互不相同，今存史料殊不完具，不易知其详实之数额。故所依据以推测者，亦不敢自信以为定说。不过欲借此提出问题，以资讨论。前文已声明此意，兹复别立一不同之假设，以备参证。但其主旨不在考定微之作诗之年月，而在拈出唐代地方官吏俸料钱之一公案。此为是篇与前文不同之点。倘承读诗论世之君子并取参究，赐以教诲，尤所感幸！

《白氏文集》一四有《感元九悼亡诗因为代答三首》，其二为《答骑马入空台》五律。此诗今《元氏长庆集》九原题作《空屋题》，下注云："十月十四日夜。"据《昌黎先生集》二四《监察御史元君妻京兆韦氏夫人墓志铭》略云：

〔夫人〕以元和四年七月九日卒。其年之十月十三日葬咸阳。

微之次年春即贬江陵府士曹参军事。故知微之《空屋题》诗注之"十月十四日夜"，乃元和四年十月十四日夜，即韦氏葬于咸阳之次夕。观其"更想咸阳道，魂车昨夜回"之句，可证是时微之以监察御史分务东台，故以职事留于洛阳。此乐天代答诗所以有"鳏夫仍系职"及"寂寞咸阳道，家人覆墓回"之句也。其三为《山驿梦（七绝）》。今《元氏长庆集》九原题作《感梦》。据其"影绝魂消动隔年"及"今夜商山馆中梦"之句，知此诗为微之于元和五年春贬江陵士曹参军，途经商山驿馆时之所作也。

今《白氏文集》第十四卷中所载之诗，其著作先后相距有至二十年以上者，如《王昭君》二首，下注云："时年十七。"考乐天生于大历七年。其十七岁为贞元四年，其《答山驿梦》一诗，至早作于元和五年春微之贬江陵之后。自贞元四年至元和五年，其间有二十一年之久。此著作年月先后相距甚久最著之例也。据此推论，则乐天《代答》诗三首，其一《答谢家最小偏怜女（七律）》及微之之原作，究作于何时，殊不易考定，即使微之此首原作亦与其他《空屋题》《感梦》二首为相距不久之时所作，而"谢公最小偏怜女"一首，亦不能作于贬江陵以前，因韦氏未卒之时，微之已任监察御史，（据《新唐书》五五《食货志》，监察御史俸钱三万。）及其由监察御史贬江陵士曹参军之后，官职与前不同，俸钱方能有多寡之别也。又微之此首原作，虽不能确知作于何时，但今《白集》诸诗与《代答三首》同列于第十四卷者，其中多是元和五年白公在长安时所作，白和元诗，其间距离不得太长，故微之"谢公"一首，颇有作于谪江陵时之可能。若果如此，无论此诗所言"俸钱过十万"之数，与《唐会要》九一、《册府元龟》五〇六及《新唐书》五五《食货志》所载京兆诸府判司月俸之额相差甚远，按之法制，固不相合，而微之一由御史贬为士曹，即有如斯厚俸，则不得身入帝城，复何足以为恨，是于人情亦不可通。此点诚关系唐代官俸全部之问题，非仅限于一诗一句之考证而已。遂旁搜资料，重加审查，别拟假设，以为解释。

关于唐代官吏俸料制度，今《唐会要》九一至九二《内外官料钱门》、《册府元龟》五〇六《邦计部·俸禄门》及《新唐书》五五《食货志》诸书，所载皆极不完备，故元白诗中俸料问题，颇难作精密之研究，仅能依据《会要》《册府》所载贞元四年京文武及京兆府县官元给及新加每月当钱之数，并《新唐书·食货志》所载会昌时百官俸钱定额，与元白诗文之涉及俸料钱者，互相比证，以资推论，盖元白著作与此二时代相距最近故也。现存微之诗中言及俸钱者，寅恪前文亦已论及，今只取乐天诗文关涉俸料者释证之。乐天诗文多言及禄俸，昔人已尝注意，如《容斋五笔》八"白公说俸禄"条，即是其例。本文材料虽亦承用洪氏之书，然洪氏随笔之旨趣在记述白公之"立身廉清，家无余积"。本文则在考释唐代京官、外官俸料不同之问题，及证明肃、代以后内轻外重与社会经济之情势，故所论与之迥别。读者幸取而并观之，亦不敢掠美于前贤之微意也。

《白集》五《常乐里闲居偶题十六韵时为校书郎》云：

俸钱万六千，月给亦有余。

寅恪案：《唐会要》九一、《册府元龟》五〇六（下引此两书，其卷数不别标明者，悉与此同。又为行文便利之故，后有重复引用此两书之材料，亦不注出）载贞元四年京文武及京兆府县官元给及新加每月当钱数略云：

校书正字〔等〕各十六贯文。（寅恪案：《册府》"校"作"较"，误。"贯"作"千"，义同。）

《新唐书》五五（下引此书，其卷数不别标明者，悉与此同。又后有重复引用此书之材料，亦不注出）《食货志》载会昌后官俸额略云：

秘书省崇文弘文馆校书郎正字〔等〕万六千。

据此，与诗所言之数相合。

又《白集》一二为左拾遗时作《醉后走笔酬刘五主簿长句之赠》云：

> 月惭谏纸二百张，岁愧俸钱三十万。（寅恪案：《容斋五笔》八"白公说俸禄"条"二百张"作"二千张"。）

寅恪案：《唐会要》《册府元龟》略云：

> 拾遗〔等〕各三十贯文。

《新唐书·食货志》略云：

> 拾遗〔等〕三万。

据此，与诗所言之数相合。唐代俸钱自开元二十四年六月以后，本应以月计（见上引三书"开元二十四年"条）。此不过避上句谏纸月计之重复，故易为岁计，而举其成数耳。

又《白集》二九《再授宾客分司》云：

> 俸钱七八万，给受无虚月。

同书三五刘禹锡罢太子宾客除秘书监时《酬梦得贫居咏怀见赠》云：

> 日望挥金贺新命，俸钱依旧又如何。

寅恪案：《唐会要》《册府元龟》略云：

> 太子宾客诸卿监〔等〕各八十贯文。

《新唐书·食货志》略云：

> 秘书殿中内侍监太子宾客〔等〕八万。

据此，太子宾客月俸八万，与诗言七八万之数略同。又太子宾客与秘书监俸钱额数相等，诗言"俸钱依旧"，亦相符合。

又《白集》三三《从同州刺史改授太子少傅分司》云：

月俸百千官二品，朝廷雇我作闲人。

同书三六为太子少傅分司时《春日闲居三首》之三云：

又问俸厚薄，百千随月至。

同书三七以刑部尚书致仕后《自咏老身示诸家属》云：

寿及七十五，俸沾五十千。

同书同卷《刑部尚书致仕》云：

半俸资身亦有余。

同书同卷《狂吟七言十四韵》略云：

俸随日计钱盈贯。（自注："尚书致仕请半俸。"）

同书同卷《赠诸少年》云：

老惭退马沾刍秣。（自注："谓致仕半禄也。"）

寅恪案：《唐会要》《册府元龟》略云：

六尚书太子三少〔等〕各一百贯。

《新唐书·食货志》略云：

尚书、太子少保、少傅〔等〕百万。（寅恪案：少保、少傅次
序应互易。）

又《册府元龟》云：

贞元五年四月，以太子少傅兼礼部尚书萧昕为工部尚书，前太
子少詹事韦建为秘书监，并致仕，仍给半禄料。后授致仕官
者，并宜准此。旧例致仕官给半禄及赐帛，俸料悉绝。帝念归
老之臣，时命赐其半焉。致仕官给半禄料，自昕等始也。

据《会要》《册府》，太子少傅、尚书月俸俱一百贯文，即十

万。致仕半俸为十万之半数，即五万，或五十贯，皆与诗所言之数相合。唯《新唐书·食货志》所载俸额，白太师起，至太子少傅止，较《会要》《册府》之数，多至十倍。疑唐代旧文本以"贯"计，《新书》改"贯"为"千"时，讹为"万"，遂进一位。今但取《新志》与《会要》《册府》比勘，已知其必有讹误。况《新志》所载俸钱之数为会昌时之定额，而白诗即作于会昌时，断无相差十倍之理，其为误计，尤显然易见也。

又《白集》五《初除〔京兆府〕户曹，喜而言志》云：

俸钱四五万，月可奉晨昏。廪禄二百石，岁可盈仓囷。

寅恪案：禄米别是一问题，于此姑置不论。《唐会要》《册府元龟》"贞元四年敕定京兆府县官元给及新加每月当钱"条略云：

京兆府县官惟两县簿尉减五千。（寅恪案："减"字从《册府》。《会要》作"加"，疑误。）余并同大历十二年四月二十八日敕。

同上二书载大历十二年四月二十八日敕略云：

京兆判司两县丞各三十五贯文。

《新唐书·食货志》载会昌俸钱定额略云：

诸府、大都督府判官〔等〕三万五千。

据此，大历、贞元及会昌时，京兆府户曹参军月俸只三万五千，与诗言之数不相符合。

又《白集》二六《送陕州王司马建赴任》云：

公事忙闲同少尹，（寅恪案：《唐六典》三〇"〔京兆〕少尹二人从四品下"注云："魏晋以下有治中，隋文帝改为司马。炀帝改为赞治，后改为丞。皇朝日治中，后避高宗讳，改日司马。开元初，改为少尹，置二员。"然则，"同少尹"即同于京兆少尹也。）料钱多少敌尚书。

寅恪案：《唐会要》《册府元龟》"大历十二年四月加给京百司文武官及京兆府县官每月料钱"条略云：

六尚书〔等〕各六十贯文。

又同年五月"厘革诸道观察使团练使及判官料钱"条略云：

州县给料。（其大都督府长史准七府尹例。左右司马准上州别驾例，支给料钱。）〔上州〕别驾五十五贯文，长史司马各五十贯。

《旧唐书》三八《地理志》"陕州大都督府"条云：

广德元年十月，吐蕃犯京师，车驾幸陕州，仍以陕为大都督府。天祐初，昭宗迁都洛阳，驻跸陕州，改为兴德府。

据此，陕州在乐天时代实为大都督府。其司马料钱准上州别驾例支给，为五万五千文，颇与尚书之料钱六万文相近也。但此仅依大历十二年四月及五月敕定之官书纸面材料而言。乐天苟非用此等材料，则别为考释如下。

检《白集》此诗前第四题为《大和戊申岁大有年》诗。前第三题为《赠悼怀太子挽歌辞二首》，题下自注："奉诏撰进。"据《新唐书》八二《敬宗五子传》略云：

悼怀太子普，大和二年薨。帝（文宗）恻念不能已，故赠恤加焉。

是亦作于太和二年戊申。由是观之，《送王司马》诗当亦作于此年，或距离不甚远之时间。考太和二年去大历十二年为五十一年，若取相去较近之材料，如《唐会要》"贞元四年京文武及京兆府县官元给及新加每月当钱"条略云：

> 六尚书〔等〕各一百贯文。京兆府县官。（唯两县簿尉减五千文，余并同大历十二年四月二十八日敕。）

同书"大历十二年四月二十八日敕定加给料钱"条，仅载少尹五十贯，未载司马月料。其年五月"厘革诸道观察使团练使及判官料钱"条略云：

> 州县给料。（其大都督府长史准七府尹例，左右司马准上州别驾例，支给料钱。）〔上州〕别驾五十五贯文。长史司马各五十贯。

《新唐书·食货志》略云：

> 唐世百官俸钱，会昌后不复增减，今著其数。尚书〔等〕百万。（寅恪案："百"当作"十"，见前所论。）上州别驾五万五千，上州长史司马五万。

据此，则尚书每月俸料为一百贯，或十万文。而陕州大都督府司马准上州别驾例，仍为五十五贯，或五万五千文。其额数相差甚多，不得如乐天诗所言司马之料钱"敌尚书"矣。岂当日陕州司马实支之额数亦近于十万，几与尚书相等耶？

又《白集》四三《江州司马厅记》略云：

> 案《唐〔六〕典》上州司马秩五品。（寅恪案：乐天此语乃据《唐六典》三〇"上州司马一人，从五品下"之制度而言。其下"岁廪数百石，月俸六七万"等语，乃据元和十三年作

《厅记》时之实况而言。读者须分别观之，不可误会也。）岁廪数百石，月俸六七万。予佐是郡，行四年矣。时元和十三年七月八日记。

同书四五《与元九书》略云：

今虽谪佐远郡，而官品至第五，月俸四五万。浔阳腊月，江风苦寒，岁暮鲜欢，夜长无睡，引笔铺纸，有念则书，言无次第，勿以繁杂为倦，且以代一夕之话也。

寅恪案：上引《会要》及《册府》载大历十二年五月敕定料钱数云：

〔上州〕长史司马各五十贯。

《新唐书·食货志》载会昌后俸额略云：

上州长史司马〔等〕五万。

据此，大历、会昌俸料钱之数，与《与元九书》约略相合，而与《司马厅记》所言则相差甚远。又汪立名本《白香山诗集》引《年谱旧本》"元和十年乙未"条下略云：

初到江州有诗云："树木凋疏山雨后。"又《江楼闻砧》诗云："江人授衣晚，十月始闻砧。"当是秋末冬初始到也。腊月有《与元九书》。

然则乐天《与元九书》作于元和十年十二月初抵江州莅任未久之时，《江州司马厅记》作于元和十三年七月八日佐郡将及四年之时。此四年之间，官职既是依旧，俸钱自无变更。且以本人述己身之俸料，决无误记之事。但取此两文互相比勘，相差竟至二三万之多。《容斋五笔》八"白公说俸禄"条虽引《江州司马厅记》，而忘却《与元九书》中亦有"月俸四五万"之语，以未比较，遂不觉其前后矛盾也。鄙意乐天两文所以互异之故，实由《与元九书》中江州司马月俸之数，乃其元和十年初冬始到新任时，仅据官书纸面一般通则记载之定额而言，其时尚未知当日地方特别收入之实数。至元和十三年秋，作《江州司马厅记》时，则莅任已行将四年，既知其地方特别之实数，遂于官舍《厅记》中言及之。此《厅记》之文，必是当日地方特别规定之常额，较之《与元九书》中所言，更宜可信。唯《与元九书》所言虽与事实不符，然取与流传至今根据唐代中央政府颁布之材料，如《会要》《册府》《唐书》等，以相比勘，则转与之相合，益可证知乐天作《与元九书》时，只依官书纸面一般通则之额数也。

综合以上所比证之例言之，凡关于中央政府官吏之俸料，史籍所载额数，与乐天诗文所言者无不相合。独至地方官吏（京兆府县官吏，史籍虽附系于京官之后，其实亦地方官吏也），则史籍所载，与乐天诗文所言者多不相合。且乐天诗文所言之数，悉较史籍所载定额为多。据此可以推知唐代中晚以后，地方官吏除法定俸料之外，其他不载于法令，而可以认为正当之收入者，为数远在中央官吏之上。如《白氏文集》六四《策林三》"省官并俸减使职"条云：

> 兵兴以来，诸道使府，或因权宜而置职，一置而不停。或因暂劳而加俸，一加而无减，至使职多于郡县之吏，俸优于台省之官。积习生常，烦费滋甚。

即是其例证。

又内外官吏同一时间，同一官职，而俸料亦因人因地而互异，如《唐会要》云：

> 〔大历〕十四年正月宰臣常衮与杨绾同掌枢务，道不同。先是百官俸料寡薄，绾与衮奏请加之。时〔韩〕滉判度支，衮与滉各骋私怀，所加俸料，厚薄多由己。

《唐会要》《册府元龟》"元和七年中书门下奏"略云：

> 艰难以来，网禁渐弛，于是增置使额，厚请俸钱，故大历中，权臣月俸有至九千贯者，列郡刺史无大小，给皆千贯。常衮为相，始立限约。至李泌又量其闲剧，随事增加。闲剧之间，厚薄顿异。

即是其例证。故考史者不可但依官书纸面之记载，遽尔断定官吏俸料之实数。只可随时随地随人随事，偶有特别之记载，因而得以依据证实之。若欲获全部系统之知识，殊非易事。此亦治唐史者所不可不知者也。

乐天诗文中言俸料者比证既竟，兹再推论微之"谢公最小偏怜女"诗之问题。

《新唐书》四九下《百官志》略云：

> 江陵〔等〕府，府尹各一人。少尹二人。司录参军二人。功曹，仓曹，户曹，田曹，兵曹，法曹，士曹参军事各二人。

《唐会要》《册府元龟》记载大历十二年料钱之数略云：

> 京兆及诸府少尹〔等〕各五十贯文。司录〔等〕各四十五贯文。判司〔等〕各三十五贯文。

《新唐书·食货志》记载会昌后官俸之制略云：

> 诸府少尹〔等〕六万五千。诸府、大都督司录参军事〔等〕

四万五千。诸府、大都督府判官三万五千。（寅恪案："官"疑"司"之误。以《新志》上文已载"节度推官支使防御判官四万"，此处不应重出。且作"判司"与《会要》及《册府》等所载符合。殆后人习于"判官"之名，而罕见"判司"之语，因以致误欤?）

据此，《会要》《册府》与《新志》所载，因时代先后有所不同，额数亦参差互异。但此亦关于中晚唐以后，地方政府官吏俸料之额数，其实际无论与任何纸面之定额，皆不符合者也。微之此诗若作于江陵，江陵士曹参军即判司，其月俸纸面额数只三万五千，去"俸钱过十万"之数相差甚远，但若例以陕州大都督府司马俸料钱，可由官书纸面之五十五贯，或五万五千文，而实支等于尚书之一百贯，或十万文。江州上州司马月俸，可由官书纸面之四五万，而实支至六七万。如上所论唐代中晚以后，地方官吏除法定俸料之外，其他不载于法令，亦可认为正当收入之推证，及其本人与当权执政者人事之关系，则江陵士曹参军之元微之，"俸钱过十万"，亦非不可能也。总之，此为一假设，仅可备参考，不得视为定论也。

复次，《旧唐书》一六六《白居易传》（可参《白集》五九元和五年四月二十六日所进《奏陈情状》及其年五月六日所进《谢官状》）云：

〔元和〕五年，当改官，上谓崔群曰："居易官卑俸薄，拘于资地，不能超等，其官可听自便奏来。"居易奏曰："臣闻姜公辅为内职，求为京府判司，为奉亲也。臣有老母，家贫养薄，乞如公辅例。"于是除京兆府户曹参军。

《白集》五《初除户曹，喜而言志》诗略云：

> 诏授户曹掾，捧诏感君恩。感恩非为己，禄养及吾亲。喧喧车
> 马来，贺客满我门。不以我为贪，知我家内贫。

杜牧《樊川集》一六载《上宰相求湖州三启》及《上宰相求杭州
启》，其《求杭州启》云：

> 作刺史，则一家骨肉四处皆泰。为京官，则一家骨肉四处
> 皆困。

观白氏传及乐天之诗、牧之之启，更可知其时京官、外官收入
多寡，判若天渊。此则中晚唐士大夫共同之心理及环境，实不独
白、杜二人为然也。

又《册府元龟》"会昌六年中书门下奏"云：

> 诸州刺史既欲责其洁己，须令俸禄稍充，但以厚薄不同，等给
> 无制，致使俸薄处无人愿去，禄厚处终日争先。

《白集》六四《策林三》"使官吏清廉，在均其禄，厚其俸"条略云：

> 今之官吏所以未尽贞廉者，由禄不均而俸不足也。不均者，由
> 所在课料重轻不齐也；不足者，由所在官长侵刻不已也。夫上
> 行则下从，身穷则心滥。今官长日侵其利，而望吏之不日侵于
> 人，不可得也。

此可与上论同时同官而俸料互异之材料相参证，并可知内外官有
轻重之别，外官复有厚薄之分也。其余可参赵耘松翼《陔余丛考》
一七"唐制内外官轻重先后不同"条，于此不复备论。兹仅据元白
诗文中所言俸料实数，取与现存当时法令规定之定额，互相比证，以
见《新唐书·食货志》记载之有讹误，并标举唐代肃、代以后内外

官俸不同之特点如此。

兹更有可附论者，范摅《云溪友议》卷下"艳阳词"条载微之诗，此句作"今日赠钱过百万"，其"百"字为"十"字之讹，自不待言。唯其以"俸钱"为"赠钱"，即"赙赠"之意，初视之，似亦可通。但检《唐会要》"贞元十年二月"条云：

> 诏应文武朝官有薨卒者，自今已后，其月俸料宜皆全给，仍更
>
> 准本官一月俸钱，以为赙赠。

则是此等"赙赠"只限于文武朝官之本人身死而言，与其妻无关。故"赠钱"二字，殊不能援引以为解释。况乐天《答谢家最小偏怜女》诗，有"谁知厚俸今无分"之句，更可证范书之误，而微之原诗，此句必为"今日俸钱过十万"，绝无可疑矣。

（原载一九三五年十月《清华学报》第十卷第四期）

《顺宗实录》与《续玄怪录》

通论吾国史料，大抵私家纂述易流于诬妄，而官修之书，其病又在多所讳饰。考史事之本末者，苟能于官书及私著等量齐观，详辨而慎取之，则庶几得其真相，而无诬讳之失矣。韩愈之《顺宗实录》者，朝廷史官撰进之国史也。李复言之《续玄怪录》者，江湖举子投献之行卷也。两书之品质绝不类似，然其所纪元和一代，宪宗与阉宦始终隐秘之关系，转可互相发明。特并举之，用作例证。韩书世所习读，故止略引其文。李书则其名称异同、著作年代及文句校释诸端，颇多疑滞之义，未易通解。但兹篇所引据之李书一节，为《太平广记》所未收入者，其字句无从比勘。故李书诸问题，于此俱可不必论及，以免支蔓。兹节录其文于下。

涵芬楼影南宋本《续幽（玄）怪录》一"辛公平上仙"条略云：

洪州高安县尉辛公平、吉州庐陵县尉成士廉，同居泗州下邳县。于元和末偕赴调集，行次阌乡。〔绿衣吏王臻〕曰："我乃阴吏之迎驾者，此行乃人世不测者也。幸君能一观！"（寅恪案："幸"字初视之，极可通。细审之，则疑是"辛"字之讹。盖所以别于下文之"成公"也。徐乃昌先生《随庵丛书续编》覆刻李书，附有《校勘札记》，"幸"字未著异读。）成公曰："何独弃我？"曰："君命稍薄，故不可耳。非敢不均其分也。入〔长安〕城，〔成君〕当舍于开化坊西门北壁上第二板门王家。辛君初五更立灞西古槐下。"及期，辛步往灞西，臻引辛谒〔阴世遣迎天子上仙军马之〕大将军。居数日，〔大将军〕部管兵马戌时，〔辛随之〕齐进，入光范〔门〕及诸门。将军金甲仗钺来，立于〔宣政〕殿下，五十人从卒环殿露兵，若备非常者。殿上歌舞方欢，俄而三更四点，有一人多髯而长，其状可畏，忽不知其所来，执金匕首长尺余，拱于将军之前，延声曰："时到矣！"将军频眉撝之，唯而走。自西厢历阶而上，当御座后，跪以献上。既而左右纷纭，上头眩，音乐骤散，扶入西阁，久之未出。三更上御碧玉舆，肩舁下殿。〔将军〕遂步从而出。自内阁及诸门，吏莫不呜咽群辞，或收血〔泪〕，捧舆不忍去者。过宣政殿，二百骑引，三百骑从，如风如雷，飒然东去。出望仙门，将军乃敕臻送公平，遂勒马离队，不觉足已到一板门前。臻曰："此开化〔坊〕王家宅，成君所止也。"公平扣门一声，有人应者，果成君也。秘不敢泄。更数月方有攀髯之泣。（寅恪案："攀髯之泣"见《史记》二八《封禅书》。）

寅恪案：复言假道家"兵解"之词，以纪宪宗被弑之实，诚可谓"微而显，志而晦，婉而成章"者矣（此语见杜预《春秋左氏经传集解序》）。唐代自中叶以后，凡值新故君主替嬗之际，宫禁之中几例有剧变，而阉宦实为此剧变之主动者。外廷之士大夫，则是宫禁之中阉宦党派斗争时及决胜后可怜之附属物与牺牲品耳！有唐一代之政治史中，此点关系至巨，特宫禁事秘，外间本不易知，而阉人复深忌甚讳，不欲外廷有所得闻。宪宗为中兴之英主，其声望更不同于他君，故元和一代其君主与阉人始终之关系，后来之宦官尤欲隐秘之，以免其族类为士大夫众矢之的也。兹先节录《顺宗实录》及其他有关史料于下，然后综合论之，以证成鄙说。

《五百家注昌黎先生文外集·顺宗实录》关系宫禁中宦官党争者如：

《外集》六《实录一》（原注："起藩邸，尽贞元二十一年二月。"）云：

〔贞元二十一年正月，〕德宗大渐，上疾不能言。（寅恪案："上"指顺宗。下同。）〔王〕伾即入，以诏召〔王〕叔文坐翰林中，使决事。伾以叔文意入言于宦者李忠言，称诏行下，外初无知者。

《外集》八《实录三》（原注："起四月，尽五月。"）云：

〔五月〕辛卯以王叔文为户部侍郎，职如故，赐紫。初，叔文欲依前带翰林学士，宦者俱文珍等恶其专权，削去翰林之职。

《外集》九《实录四》（原注："起六月，尽七月。"）略云：

王伾诈称疾自免。自叔文归第，伾日诣中人并杜佑，请起叔文为相，且总北军。知事不济，卧至夜，忽叫曰："伾中风矣！"明日遂舆归不出。

〔七月〕乙未诏军国政事宜权令皇太子某勾当。（寅恪案："某"字即宪宗之名"纯"。）

上自初即位则疾，患不能言，至四月益甚。天下事皆专断于叔文，而李忠言、王伾为之内主，〔韦〕执谊行之于外。既知内外厌毒，虑见摧败，即谋兵权，欲以自固。而人情益疑惧，不测其所为。会其与执谊交恶，心腹内离，外有韦皋、裴坶（原注："当作均。"）、严绶等笺表，而中官刘光奇、俱文珍、薛盈珍、尚〔衍〕、解玉等皆先朝任使旧人，同心怨猜，屡以启

上。上固已厌倦万机，恶叔文等，至是遂召翰林学士郑细、卫

次公、王涯等，撰制诰而发命焉。

《外集》一〇《实录五》（原注："起八月，尽至山陵。"）略云：

叔文既得志，与王伾、李忠言等专断外事。叔文入至翰林，而

伾入至柿林院，见李忠言、牛昭容等，故各有所主。

等条，皆可为例证。

《旧唐书》一六〇《韩愈传》云：

时谓愈有史笔，及撰《顺宗实录》，繁简不当，叙事拙于取舍，

颇为当代所非。穆宗、文宗尝诏史臣添改，时愈婿李汉、蒋系

在显位，诸公难之，而韦处厚竟别撰《顺宗实录》三卷。

《五百家注昌黎先生文集》三八《进顺宗皇帝实录表状》云：

去八年十一月，臣在史职，监修李吉甫授臣以前史官韦处厚所

撰先帝《实录》三卷，云未周悉，令臣重修。臣与修撰左拾遗

沈传师、直馆京兆府咸阳县尉宇文籍等共加采访，并寻检诏

敕，修成《顺宗皇帝实录》五卷。削去常事，著其系于政者，

比之旧录，十益六七。忠良奸佞，莫不备书。苟关于时，无所

不录。吉甫慎重其事，欲更研讨，比及身殁，尚未加功。臣于

吉甫宅取得旧本，自冬及夏，刊正方毕。文字鄙陋，实惧尘

玷。谨随表献上。

右臣去月二十九日进前件《实录》。今月四日，宰臣宣进止，

其间有错误，令臣改毕，却进旧本者。臣当修撰之时，史官沈

传师等采事得于传闻，诠次不精，致有差误。圣明所鉴，毫发

无遗。恕臣不逮，重令刊正。今并添改讫，其奉天功烈，更加

寻访，已据所闻，载于首卷，倘所论著，尚未周详，臣所未知，乞赐宣示，庶获编录，永传无穷。

《顺宗实录》一卷首附注略云：

樊〔泽之汝霖〕曰，《旧史》公传云（寅恪案：即《旧唐书》一六〇《韩愈传》。文见上引）：公《进实录表状》所云，乃监修李吉甫以韦处厚所撰未周悉，令臣重修，而《旧传》反谓所撰不当，处厚别撰三卷，误矣。《新史》〔一七六《韩愈传》〕又云："自韩愈为《顺宗实录》，议者哄然不息，卒窜定无全篇。"按〔《新唐书》一四二〕《路隋传》："文宗嗣位，隋以宰相监修国史。初，韩愈撰《顺宗实录》，书禁中事太切直，宦寺不喜，訾其非实。帝诏隋刊正，隋建言，卫尉卿周君巢〔等〕皆言改修非是。夫史册者，褒贬所在，匹夫善恶尚不可诬，况人君乎？议者至引隽不疑、第五伦为比，以蔽聪明。臣〔李〕宗闵、臣〔牛〕僧孺谓史官李汉、蒋系皆愈之婿，不可参撰，俾臣得下笔。臣谓不然。且愈所书，已非自出，元和以来，相循逮今，虽汉等以嫌，无害公议。请条示甚谬误者，付史官刊定。有诏摘贞元、永贞间数事为失实，余不复改。汉等亦不罢。"由是观之，则公于元和十年夏进此《实录》后，才一刊正。是文宗朝所特改者，贞元、永贞间数事耳。《旧史》以为韦处厚别撰者固非，而《新史》又谓卒窜定无全篇者，亦非也。司马温公《〔资治通鉴〕考异》〔一九"顺宗永贞元年二月李师古发兵屯曹州"条下〕云："景祐中，编次《崇文总目》，《顺宗皇帝实录》有七本，皆五卷。题云韩愈等撰。五本略，而二本详，编次者两存之。其中多异同。"
然则是非取舍，后世安所折衷耶？终之，唯公之信而已。此
《新史》所以采摭无遗，且以公为知言也欤？

《韩文类谱》六洪庆善兴祖《韩子年谱》"元和十年乙未"条云：

> 《进顺宗实录状》云："去八年十一月，臣在史职，监修李吉
> 甫授臣以前史官韦处厚所撰先帝《实录》三卷，令臣重修。吉
> 甫慎重其事，欲更研讨。比及身殁，尚未加功。臣于吉甫宅取
> 得旧本，自冬及夏，刊正方毕。"按吉甫九年十月卒，则进
> 《实录》在此年夏也。《旧史》云："愈撰《实录》，繁简不当，
> 叙事拙于取舍。"按：退之作史，详略各有意，削去常事，著
> 其系于政者。其褒善贬恶之旨明甚。当时议者非之，卒窜定无
> 全篇，良可惜也。《史》又云："愈说禁中事颇切直，内官恶
> 之，往往于上前言其不实。"此言是也。

寅恪案：樊、洪二氏之说颇为详尽。关于退之撰《顺宗实录》之公
案，可据以判定矣。

《旧唐书》一八四《宦官传·俱文珍传》（《新唐书》二〇七
《宦者传上·刘贞亮传》同）略云：

> 〔文珍〕乃与中官刘光琦、薛文珍、尚衍、解玉等谋，奏请立
> 广陵王为皇太子，勾当军国大事。顺宗可之。及太子受内禅，
> 尽逐〔王〕叔文之党。

刘禹锡《刘梦得外集》九《子刘子自传》云：

> 是时太上久寝疾（寅恪案："太上"指顺宗。），宰臣及用事者
> 都不得召对，官掖事秘，而建桓立顺，功归贵臣。（寅恪案：

此借东汉时事为比，详见《后汉书》列传六八《宦者传》孙
程传、曹腾传等。）

《旧唐书》一五《宪宗纪下》略云：

〔元和十五年正月庚子，〕上崩于大明宫之中和殿。时以暴崩，
皆言内官陈弘志弑逆。史氏讳而不书。

同书一八四《宦官传·王守澄传》（《新唐书》二〇八《宦者传·
王守澄传》略同）云：

宪宗疾大渐，内官陈弘庆（志）等弑逆。宪宗英武，威德在
人，内官秘之，不敢除讨，但云药发暴崩。

《资治通鉴》二四一《唐纪·宪宗纪》云：

〔元和十五年正月，〕庚子〔宪宗〕暴崩于中和殿。时人皆言
内常侍陈弘志弑逆，其党类讳之，不敢讨贼，但云药发，外人
莫能明也。

依据上引诸条综合观之，可知前言永贞内禅即新故君主替嬗之
事变，实不过当日宫禁中阉人两党竞争之结局，其说诚不诬矣。夫
顺、宪二宗帝王父子且为其牺牲品及傀儡子，何况朝臣若王伾、王
叔文、韦执谊、刘禹锡、柳宗元之徒乎？韩退之与宦官俱文珍有连，
此据《昌黎先生外集》三《送汴州监军俱文珍序》及王鸣盛《蛾
（蚁）术编》五七"俱文珍"条，可以推证得知者，故《顺宗实录》
中关涉宫禁诸条，既传自当日之阉宦，复经宪宗鉴定添改，则所纪者
当能得其真相，但即因是转为阉人所恶。盖其党类于永贞之末，胁迫
顺宗以拥立宪宗之本末，殊不欲外廷知之也。及宪宗又为内官所弑，
阉人更隐讳其事，遂令一朝国史于此大变，若无若有，莫能详述。然

则永贞内禅及宪宗被弑之二大事变，即元和一代，其君主与宦官始终之关系，实为穆宗以后阉党之深讳大忌，故凡记载之涉及者，务思芟夷改易，绝其迹象。李书此条实乃关于此事变幸存之史料，岂得以其为小说家言而忽视之耶？丁丑夏日偶读《续玄怪录》，因取与《顺宗实录》等量齐观，而论证之如此。

（原载一九四〇年一月《国立北京大学四十周年纪念论文集乙编》上册）

《魏志·司马芝传》跋

《三国志·魏志》一二《司马芝传》云：

特进曹洪乳母当，与临汾公主侍者共事无涧神，系狱。卞太后遣黄门诣府传令，芝不通，辄敕洛阳狱考竟，而上疏曰："诸应死罪者，皆当先表须报。前制书禁绝淫祀，以正风俗。今当等所犯妖刑，辞语始定，黄门吴达诣臣，传太皇太后令。臣不敢通，惧有救护，速闻圣听，若不得已，以垂宿留。由事不早竟，是臣之罪，是以冒犯常科，辄敕县考竟，擅行刑戮，伏须诛罚。"

裴松之注释《无涧神》之义云：

无涧，山名，在洛阳东北。

寅恪案："无涧神"疑本作"无间神"，无间神即地狱神，"无间"乃梵文 Avici 之意译，音译则为"阿鼻"，当时意译亦作"泰山"。裴谓无涧乃洛阳东北之山名。此山当是因天竺宗教而得名，如后来香山等之比。泰山之名汉魏六朝内典外书所习见。无涧即无间一词，则佛藏之外，其载于史乘者，惟此传有之，以其罕见之故，裴世期乃特加注释，即使不误，恐亦未能得其最初之义也。

据此可知释迦之教颇流行于曹魏宫掖妇女间，至当时制书所指淫祀，虽今无以确定其范围，而子华既以佛教之无间神当之，则佛教在当时民间流行之程度，亦可推见矣。

一九四九年

《逍遥游》向、郭义及支遁义探源

《世说新语·文学类》云：

> 《庄子·逍遥篇》旧是难处，诸名贤所可钻味，而不能拔理于郭、向之外。支道林在白马寺中，将冯太常共语，因及《逍遥》。支卓然标新理于二家之表，立异义于众贤之外，皆是诸名贤寻味之所不得。后遂用支理。

寅恪案：郭象《庄子注》今存，支遁《逍遥论》今得见者，仅《世说》此条刘孝标《注》所征引之一节而已。文虽简略，然尚可据以推论其旨要之所在及其学说之所本也。今撰此篇，止以考证向、郭义及支遁义之何所从出为范围，其他概不涉及。兹请先论向、郭义。魏晋清谈出于后汉末年之清议，人所习知，不待详考。自东汉末党锢之后，继以魏武父子之摧抑，其具体评议中朝人物任用之当否，如东汉末之清议，已不为世主所容。故人伦鉴识（参《晋书》四三《王戎传》及七四《桓彝传》并《世说新语·政事类》"何骠骑作会稽"条《注》引《郭泰别传》及《赏誉类》下"庾公为护军"条《注》引徐江州本事）即清议之要旨，其一部依附于地方中正制度，以不与世主直接冲突，因得幸存。其余则舍弃具体人物任用当否之评议，变为假设问题抽象学理之讨论。此观于清谈总汇之《世说新语》一书，其篇类之标目可以证明，而钟会之《才性四本论》（参《南齐书》三三《王僧虔传》）及刘邵《人物志》，又此清议变相之最著及仅存之作也。（《后汉书》列传五八《郭太传》云："林宗虽善人伦，而不为危言核论，故宦官擅政而不能伤也。及党事起，知名之士多被其害，惟林宗及汝南袁闳得免焉。"又《世说新语·政事类》"何骠骑作会稽"条《注》引《郭泰别传》略云："泰字林宗，有人伦鉴识。自著书一卷，论取士之本。未行，遭乱亡失。"寅恪案：《抱朴子外篇》四六《正郭篇》云："林宗周旋清谈间阎，无救于世道之陵迟。"然则清谈之风实开自林宗，故抽象研讨人伦鉴识之理论，亦由林宗启之也。)

《世说新语·文学类》"锺会撰《四本论》始毕"条刘《注》云：

> 《魏志》曰："会论才性同异，传于世。'四本'者，言才性同，才性异，才性合，才性离也。尚书傅嘏论同，中书令李丰论异，侍郎锺会论合，屯骑校尉王广论离。文多不载。"

刘邵《人物志》中《材能篇》云：

> 凡所谓能大而不能小，其语出于性有宽急。性有宽急，故宜有大小。宽弘之人宜为郡国，使下得施其功，而总成其事。急小之人宜理百里，使事办于己。然则郡之与县，异体之大小者也。以实理宽急论辨之，则当言大小异宜，不当言能大不能小也。若夫鸡之与牛，亦异体之小大也。故鼎亦宜有大小，若以烹犊，则岂不能烹鸡乎？故能治大郡，则亦能治小郡矣。推此论之，人材各有所宜，非独大小之谓也。

寅恪案：孔才年辈先于士季。据其《人物志》上《体别篇》，"偏材之性，不可移转矣"之语，及刘昞"固守性分，闻义不徙"之注，则其说或与士季才性合之论略有近似处。然锺《论》既佚，自不宜妄测。所可注意者，即性分才能大小宜适诸问题，皆刘书之所讨论，而此诸问题本是清议中具体事实之问题，今则变为抽象理论之问题而已。斯则清议与清谈之所由分也。若持此义以观《逍遥游》郭象《注》中"夫小大虽殊，而放于自得之场，则物任其性，事称其能，各当其分。逍遥一也，岂容胜负于其间哉？”及“鹏鲲之实，吾所未详也。夫庄子之大意，在乎逍遥游放，无为而自得。故极小大之致，以明性分之适。达观之士宜要其会归，而遗其所寄，不足事事曲与生说，自不害其弘旨，皆可略之”之语，则知向、郭之《逍遥游》义，虽不与刘氏人物才性之说相合，但其措意遣词，实于孔才所言颇多近同之处。故疑向子期之解《逍遥游》，不能不受当时人物才性论之影响。惜文籍缺略，无从确证。特标出之，以求当世研精郭《注》者教正。

支遁《逍遥游新义》之为佛教般若学格义，已详汤用彤先生所著《释道安时代之般若学述略》（见《哲学论丛》第一集）及拙著《支愍度学说考》（见《蔡元培先生六十五岁庆祝论文集》），于此可不赘述。兹所欲论证者，即支遁《新义》其所依据之佛经确为何经，及此新义是否果为林公之所创发二事而已。《高僧传》四《支遁传》略云：

> 支遁字道林，本姓关氏。陈留人，或云河东林虑人。家世事佛，早悟非常之理，隐居余杭山。沉思道行之品，委曲慧印之经。遁尝在白马寺，与刘系之等谈《庄子·逍遥篇》，云各适性以为逍遥。遁曰：“不然，夫桀跖以残害为性。若适性为得者，彼亦逍遥矣。”于是退而注《逍遥篇》，群儒旧学莫不叹伏。注《安般四禅》诸经及《即色游玄论》《圣不辩知论》《道行旨归》《学道诫》等。至晋哀帝即位，频遣两使，征请出都，止东安寺。讲《道行般若》，白黑钦崇，朝野悦服。以晋太和元年闰四月四日终。春秋五十有三。

《世说新语·文学类》略云：

> 有北来道人，好才理，与林公相遇于瓦官寺，讲《小品》。于时竺法深、孙兴公悉共听。此道人语，屡设疑难。林公辩答清析，辞气俱爽。此道人每辄摧屈。

> 殷中军读《小品》，下二百签，皆是精微，世之幽滞。尝欲与支道林辩之，竟不得。今《小品》犹存。于法开始与支公争名，后精渐归支，意甚不分，遂遁迹剡下，遣弟子出都。语使过会稽，于时支公正讲《小品》。开戒弟子："道林讲比汝至，当在某品中。"因示语攻难数十番。云："旧此中不可复通。"弟子如言诣支公，正值讲，因谨述开意。往反多时，林公遂屈，厉声曰："君何足复受人寄载？"

《广弘明集》二八上王洽《与林法师书》云：

> 今道行指归通叙色空，甚有清致。

僧祐《出三藏记》八载支道林《大小品对比要钞序》云：（文多脱误，故不移录。）

《高僧传》四《康僧渊传》云：

> 诵《放光》《道行》二般若，即大小品也。

寅恪案：《小品》疑即支谶译《道行经》也。又《小品》乃专名。

刘孝标《世说新语·文学类》"殷中军读《小品》"条《注》云：

> 释氏《辨空经》，有详者焉，有略者焉。详者为《大品》，略者为《小品》。

语殊空泛，不能确指。日本思田仲任《世说音释》三有"北来道人"条，以鸠摩罗什译《小品般若波罗蜜经》当之，则又不知殷浩、支遁皆不及见此鸠摩罗什译之《小品》也。

据上引诸条，知林公于《道行》一经实为专门之业。其借取此经旨意以释《庄子》，乃理所当然。考《出三藏记集》七载道安《道行经序》云：

> 要斯法也，与进度齐轸，逍遥俱游。

《高僧传》五《僧光传》略云：

> 释僧光冀州人。为沙弥时，与道安相遇于逆旅。道安后复从之，相会欣喜，因共披文属思，新悟尤多。安曰："先旧格义于理多违。"光曰："且当分析《逍遥》，何容是非先达。"（寅恪前作《支愍度学说考》时，不以此传文之"逍遥"为书篇之名。今细绎上文有"披文"之语，故认此为庄子之《逍遥游》。僧光意谓且务证解《逍遥游》之真谛，不必非难昔日所受于先辈之《逍遥游》格义旧说也。如是解释，未知确否，附识于此，以俟详考。）

同书六《慧远传》云：

> 年二十四，便就讲说。尝有客听讲，难实相义，往复移时，弥增疑昧。远乃引《庄子》义为连类。于是惑者晓然。是后安公特听慧远不废俗书。

寅恪案：格义之定义，见《高僧传》四《法雅传》及拙著《支愍度学说考》，兹不重论。但寅恪前未别于《庄子·逍遥游》一篇有所考释，故今略补证之。据道安《道行经序》，既取《道行经》与《逍遥游》并论，明是道安心目中有此格义也。依僧光"且当分析《逍遥》，何容是非先达"之语，则知先旧格义中实有以佛说解

《逍遥游》者矣。慧远少时在南游荆州之前，其讲实相义，亦已引《庄子》义为连类，则《般若》之义容可与《逍遥游》义附会也。取此诸条，依其时代先后及地域南北之关系，综错推论之，则借用《道行》般若之意旨，以解释庄子之《逍遥游》，实是当日河外先旧之格义。但在江东则为新理耳。支遁本陈留或林虑人，复家世事佛，疑其于此种格义本已有所薰习。据《世说新语·文学类》"王逸少作会稽"条(《高僧传》四《支遁传》略同) 云：

> 因论庄子《逍遥游》，支作数千言，才藻新奇，花烂映发。王遂披襟解带，留连不能已。

可知林公标此新义，其文采辞令必非当日诸伧道人所能企及，固不仅意旨之新拔已也。又向、郭旧义原出于人伦鉴识之才性论。故以"事称其能"及"极小大之致，以明性分之适"为言。林公窥见其隐，乃举桀跖性恶之例，以破大小适性之说。然则其人才藻新奇，神悟机发(《世说新语·品藻类》"郗嘉宾问谢太傅"条《注》引《支遁传》)，实超绝同时之流辈。此所以白黑钦崇，推为宗匠，而《逍遥》新义遂特受一世之重名欤？

（原载一九三七年四月《清华学报》第十二卷第二期）

附　记

　　寅恪近年撰《书〈世说新语·文学类〉"锺会撰〈四本论〉始毕"条后》一文，以为当日主才性离异者，为曹氏之党，主才性同合者，为司马氏之党。孔才卒于齐王芳正始中，尚在嘉平元年司马懿杀曹爽，即曹氏与司马氏公开决裂以前，故其生世较早，两党分野未甚明确，假使其持论与司马氏党之锺会相似，亦不必执此目为于魏晋两朝皇室有所偏袒也。

一九六五年

治元史者，莫不知元代社会有蒙古、色目、汉人三阶级。陶九成《南村辍耕录》一"氏族"条，载蒙古七十二种，色目三十一种，汉人八种。其所举汉人八种之名曰：

契丹　高丽　女直　竹因歹　术里阔歹　竹温　竹赤歹　渤海（原注："女直同。"）

陶氏此文，自来疑其讹舛。故所举蒙古色目氏族之名，以《元秘史》、拉施特书、《圣武亲征录》及《元史》等校之，颇多重复脱漏。近年日本箭内亘博士著《元代社会之三阶级》一文（见《满鲜历史地理报告》第三卷），其《蒙古色目氏族比较表》，较之钱竹汀《元史氏族表》及柯蓼园学士丈《新元史·氏族表》，尤为详审。其论陶氏所举汉人八种之名曰：

《辍耕录》编者于汉人八种中，不举汉人，可谓不合之极。又如后述严密言之，汉人亦有二种，尝在金治下之支那人曰汉人，在宋治下之支那人曰南人。而从其待遇上差别言之，汉人八种，当可改为汉人十种者也。

钱竹汀大昕《十驾斋养新录》九"赵世延、杨朵儿只皆色目"条曰：

〔元史〕列传第五卷至三十二卷，皆蒙古、色目人。第三十三卷至七十五卷，皆汉人、南人也。赵世延，雍古部人，即按竺迩之孙，盖色目人也，而与汉人同列，误矣。杨朵儿只，西夏人。元时称夏人为唐兀氏，唐兀亦色目三十一种之一。其人各自有姓，如李恒、高智耀、来阿八赤，皆列于色目，则朵儿只亦当为色目人矣。耶律、石抹、完颜、粘合、乌古论，皆辽金旧族，元时谓之汉人。汉人有官至宰执者，而南人不得入台省。顺帝时稍用南人，而入参政者仅危素一人耳。汉人、南人之分，以宋、金疆域为断，江浙、湖广、江西三行省为南人。河南省唯江北、淮南诸路为南人。

又钱氏《元史氏族表·序》曰：

耶律、石抹、粘术合、孛术鲁之伦，出自辽、金，当时所谓汉人也。

寅恪案：钱氏言辽、金旧族，元时谓之汉人，其说是也。然元代辽、金旧族何以俱称汉人？而陶九成以黄岩人著书，列举汉人氏族八种之名，转遗汉族本身而不载。陶氏纵极疏忽，亦何至讹谬如此？盖元代汉人之名，必有待发之覆。今为考证当日汉人之名，其译语本为何字，兼采近年外国成说，核以蒙古波斯旧史之文，依其界说之变迁及涵义之广狭，立一假定之说，以解释之。

明火源洁《华夷译语》蒙文编《人物门》，"汉人"曰"乞塔"。"乞塔"固为中国人之通称，然元初所谓汉人，疑尚有他译名也。海盐朱教授希祖所藏日本元禄十二年翻刻元泰定本陈元靓《事林广记》庚集卷十《至元译语·人事门》，"汉儿"曰"托忽歹"。"蛮子"曰"囊家歹"。今取旧史校之，知"托忽歹"为"札忽歹"之讹，而"囊家歹"之语则本之金人故称也。兹以旧史之文证之。

拉施特《论中国》之一节（见 Blochet 校本拉施特《蒙古史》波斯原文第二册第三二八页及 Quatremère 拉施特《蒙古史》波斯、法文对译本第八十五页至九十六页）云：

Khatai 国者，蒙古人称为 Djavkout，支那语谓之 Khanzi。以 Kara-moran（黄河）与 Matchin 国即支那人所谓 manzi（蛮子）者

为界。又与 Tchourtcheh 及游牧人所居 Kara-Khatai 荒漠之地接界。蒙古语 Tchourtcheh 之名，盖因支那人称此国人为 Nangias。与 Khatai 以黄河为界。此水源出吐蕃及迦湿弥罗，常不可渡。其国都名 Khingsai（即临安，殆"行在"之音译）距 Khan-balik（大都）四十日程。

又波斯文旧题 Abd-allah-Bedawi 所著 Nizam-altawarikh（《译言史贯》）第八篇《论中国》一节，与拉施特书同。（见 André Müller, *Historia Cathaica* 第八页至第十一页。原书未见，仅据 Quatremère 本拉施特书第八十六页所引，并可参 Blochet 本拉施特书第二册第三二八页。）其文略云：

Khatai 分为数国。其名随各种语言而不同。支那语谓 Khanjo-tchou（tchi）Tchoun-Koné。蒙古语谓之 Djavkout。印度人谓之 Tchin。吾等（波斯人）谓之 Khatai。

寅恪案：两书所述俱出一源。是 Djavkout 一语，究为何字转译，虽无定论，要为当时蒙古语中国之通称，则无疑义。故《至元译语·人事门》，"汉儿"曰"托忽歹"，正记录当时习俗之通称。"托"字当为"札"字之讹也。

拉施特书记宪宗伐宋事（见 Blochet 本第二册第三二三页所引）云：

蒙哥令支那未来皇帝领蒙古及 Djavkout 攻宋。

《元史》三《宪宗本纪》云：

〔八年戊午十一月〕命忽必烈统诸路蒙古、汉军伐宋。

两书所记，实为一事。此 Djavkout 为汉军译语之确据也。又拉施特书（Vol. 241，Quatremère 本第九十一页注）以 Djavkout 之名包括 Khatai，Tchourtcheh，Tangut 及 Solangah（"高丽"，即《元史》之"肃良合"、《秘史》之"莎郎合思"）诸地。此广义之泛称，与《辍耕录》所举可互证也。

又《元秘史》（见叶氏观古堂刊本续集卷二第五十四页下至五十五页上及五十八页上）云：

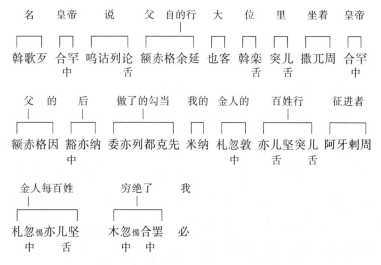

斡歌歹皇帝说："自坐我父亲大位之后，添了四件勾当。一件平了金国。"

此"札忽惕"即拉施特书之 Djavkout。《至元译语》之"托忽歹"之"托"字为"札"字之讹，可据此证明。至蒙古之称金人，姑就《元秘史》而论，"札忽惕"之外，或曰"阿勒坛"，即蒙文"金"字之意译。或曰"主儿扯惕"，即"女直"之对音。或曰"乞塔惕"，即与《华夷译语》之"乞塔"同一字也。

又《至元译语·人事门》，“蛮子”曰“囊家歹”。“囊家”即拉施特之 Nangias。法兰西伯希和教授 Prof. Paul Pelliot 谓即华语“南家”二字之音译。（见一千九百十三年《巴黎亚细亚学会杂志》第十一集第一期）而“南”字以与“家”字联接，故译音稍变。并引《三朝北盟会编》二二马扩《茆斋自叙》云：

粘罕云：“你说得也煞好，只是你南家说话多捎空。”

金人称宋为“南家”，蒙古亦承用之。后遂为中国之通称。不仅如拉施特书，限于支那之南部。如《蒙古源流》六（参一千九百十三年《巴黎亚细亚学会杂志》第十一集第一期伯希和君论文）云：

〔阿勒坦汗〕行兵中国，侵凌骚扰。

此文“中国”二字，据蒙文原本（见 Schmidt 本第二一〇页第二行）作 Nangiad-ulus。今《蒙文汇书》（卷四第八十六页）及《满蒙汉藏四体文鉴·人类门》华文“汉人”二字，蒙文均作“囊家”之音。虽其界说与《至元译语》不同，而此旧名尚存于近代书籍。然则 Blochet 君谓今日蒙文已无此字者，殆非也（见 Blochet 本拉施特书第二册第三二四页注）。

又《元典章》二二《户部》“盐法通例”条云：

今各路官司依例断遣汉儿人、蛮子人申解辽阳省发付出军。

此称“汉儿人、蛮子人”尤与《至元译语》吻合。其他“汉人”“南人”之称，相当于元代之官书者甚众，如《元史》八一《选举志》及《元典章》三一《礼部·科举》“式目”条所载汉人、南人分配区域，尤足资参证。至其分别，则如钱氏《十驾斋养新录》所谓以宋金旧疆为断者也。

今据上述诸端，知"札忽惕""乞塔惕"等名，姑不论其字之原义如何，但蒙古既用以指金人，又别无他语以称金治下之汉族。当日列举氏族之名，其总目为汉人，以别无他名称金治下汉族之故，其子目遂不列汉人。此限于当日语言界说所致，殊不足为异也。《辍耕录》"氏族"条，固多缪误，惟此汉人八种一节，后人均视为疏略尤甚者，寅恪则颇疑其全袭蒙古最初故籍旧题之原文，绝未增损一语，间有重复舛讹，殆为移译传钞所致。至箭内博士又以陶氏所举汉人八种中未列南人为不合，殊不知蒙古语当日自有"囊家歹"之专名，以称南人，实不在"札忽歹"即汉人总称范围之内。陶氏袭用蒙古最初故籍原文"札忽歹"旧语标目之下，固不能兼列南人，如后来界说已推广变迁者之所为。盖一时代之名词，有一时代之界说。其涵义之广狭，随政治社会之变迁而不同，往往巨大之纠纷讹谬，即因兹细故而起，此尤为治史学者所宜审慎也。

（原载一九二九年八月清华学校研究院《国学论丛》第二卷第一号）

《几何原本》满文译本跋

《几何原本》满文译本写本七卷，旧藏景阳宫，盖欧几里得书前六卷之译本也。戊辰仲冬，寅恪始得北海图书馆影本读之。此本不依欧氏原文移译，故与利泰西、徐文定共译本迥异。寅恪取《数理精蕴》中十二卷之《几何原本》校之，其体制内容适与之相符。惟满文本所分卷数间有不同，所列条款及其数目之多寡亦往往与《数理精蕴》本不合。如满文本之第六卷即《数理精蕴》本之第六卷至第十卷。然《数理精蕴》本第六卷至第十卷共为六十四条，而满文本之第六卷则为九十条。又满文本之文复有轶出《数理精蕴》本之外者，如满文本之第一卷卷首《序论》即不载《数理精蕴》本中，此二本之互异者也。二本之文字详略及各卷所附图式，则大抵符合，此二本之相同者也。今综校二本之异同，姑不论满文本译自《数理精蕴》本，抑《数理精蕴》本译自满文本，要之此二本同出于一源，则无疑义。尝读《数理精蕴》本，怪其与利、徐共译本体裁绝异。复与清初杜临甫之《几何论约》及方位伯之《数度衍》所附《几何约》诸书，仅就利、徐共译本删节者，皆不相类，颇致疑于清圣祖及诸臣删改之说。往岁游学海外，偶于图书馆检夏鸟氏（Sommer Vogel）《耶稣教会著述目录》，见有满文《几何原本》之名。考法兰西人支那学书目（H. Cordier：*Bibliotheca Sinica*，Vol. Ⅱ，P. 1092），《天学初函》于乾隆二十三年译为满文，但彼为利、徐共译本，非此景阳宫七卷本也。今此七卷本既非利、徐共译本，又不似利、徐共译本之删节本，殊不知其所从出。然《数理精蕴》中之割圆术，本西说也，而诡称御制（据李俨君所言）。《数理精蕴》中之《几何原本》与景阳宫之《几何原本》满文译本原为一书，殆出于耶稣教会诸子之手，而夏鸟氏《目录》所载者，当亦即此书也。夫欧几里得之书，条理统系，精密绝伦，非仅论数论象之书，实为希腊民族精神之所表现。此满文译本及《数理精蕴》本皆经删改，意在取便宽施，而不知转以是失其精意。耶稣教会诸子号称通达权变，折衷中西，虽于东土旧传拜死敬天之礼，亦有不妨宽假之意。然专门名家之学，与应世之术不同，若一无依据，未必能尽易原书体裁。考欧逻巴洲十六七世纪时，欧几里得之书屡经编校刊行，颇有纂译简易之本，以资浅学实习之用者，如德意志人浩尔资曼 Wihelm Holtzmann 所译德文《几何原本》前六卷之本，其《自序》略谓"此本为实用者而作。实用者仅知当然已足，不必更示以所以然之理。故凡关于证明之文，概从芟略"云云。（见Thomas L. Heath 英译《几何原本》第二版第一册第一○七页）即其一例也。寅恪因之疑此满文译本及《数理精蕴》本皆间接直接出于浩氏相类似之本，而《数理精蕴》本恐非仅就利、徐共译本所能删改而成者。惜局处中土，无从广征欧书旧刊为之证明耳。然则此七卷之满文译本者，盖景陵当日几暇格物之书，西海畴人重译颛门之业，迄乎兹世，犹在人间，即此一段因缘，已足特加珍护。况复借以得知欧几里得前六卷之书，赤县神州自万历至康熙百年之间已一译再译，则其事之关系于我国近世学术史及中西交通史者至大，尤不可以寻常满文译籍等视之矣。

（原载一九三一年四月《历史语言研究所集刊》第二本第三分）

吐蕃彝泰赞普名号年代考 （《蒙古源流》研究之一）

萨纳囊彻辰洪台吉著《蒙古源流》(《四库全书总目》五一《史部·杂史类》"《蒙古源流》"条《提要》称作者之名为小彻辰萨囊台吉),其所纪土伯特事,盖本之西藏旧史。然取新旧《唐书》吐蕃传校其书,则赞普之名号往往不同,而年代之后先相差尤甚。夫中国史书述吐蕃事,固出于唐室当时故籍,西藏志乘,虽间杂以宗教神话,但历代赞普之名号世系,亦必有相传之旧说,决不尽为臆造。今唐、蕃两地载籍互相差异,非得书册以外之实物以资考证,则无以判别二者之是非,兼解释其差异之所由来也。

《蒙古源流》二略云:

穆迪子藏玛(寅恪案:坊刊本"藏"作"减",误)、达尔玛、持松垒(寅恪案:坊刊本"持"作"特",误)、罗垒、伦多卜等,兄弟五人。长子藏玛出家为僧(句)次子达尔玛(句)持松(寅恪案:"松"下略一"垒"字,满文本已如是)自前岁次戊子纪二千九百九十九年之丙戌年所生。岁次戊戌,年十三岁,众大臣会议辅立即位。在位二十四年,岁次辛酉,年三十六岁,殁。汗无子,其兄达尔玛即位。

寅恪案:萨纳囊彻辰洪台吉以释迦牟尼佛涅槃后一岁为纪元。据其所推算,佛灭度之年为西历纪元前二千一百三十四年。故其纪元前之戊子元年,为西历纪元前二千一百三十三年。其所谓"自前戊子纪二千九百九十九年之丙戌年",即西历纪元后八百六十六年,唐懿宗咸通七年。戊戌年即西历纪元后八百七十八年,唐僖宗乾符五年。辛酉年即西历纪元后九百零一年,唐昭宗天复元年。惟《蒙古源流》此节所纪达尔玛、持松垒赞普之名号年代,皆有错误。兹先辨正其名号，兼解释其差异之所由来，然后详稽其年代之先后，以订正唐、蕃两地旧史相传之讹误，或可为治唐史者之一助欤？

名号之讹误有二：一为误联二名为一名。一为承袭蒙古文旧本字形之讹，而误读其音。

何谓误联二名为一名？检《新唐书》二一六下《吐蕃传》略云：

> 赞普（寅恪案：此指可黎可足，即彝泰赞普）立几三十年。死。以弟达磨嗣。

《资治通鉴考异》二一《唐纪》一三"文宗开成三年吐蕃彝泰赞普卒，弟达磨立"条云：

> 彝泰卒及达磨立，《实录》不书。《旧传》《续会要》皆无之。今据《补国史》。

坊刊本《蒙古源流》二云：

> 汗（寅恪案：此指持松垒）无子，其兄达尔玛，癸未年所生，岁壬戌，年四十岁，即位。因其从前在世为象时，曾设恶愿，二十四年之间，恶习相沿，遂传称为天生邪妄之郎达尔玛。

> （寅恪案：藏语谓象为朗 glañ。）汗将大乘三藏以下，下乘以上之三乘及四项僧人，俱行殄灭，残毁禅教。

《清高宗御制文初集》一二《翻译四体楞严经序》略云：

> 今所译之汉经，藏地无不有，而独无《楞严》，其故以藏地中叶，有所谓狼达尔吗汗者，毁灭佛教。焚瘗经典时，是经已散失不全。其后虽高僧辈补苴编葺，以无正本，莫敢妄增。独补敦祖师曾授记是经当于后五百年，仍自中国译至藏地。此语乃章嘉国

师所诵梵典，炳炳可据。且曰〔《楞严经》〕若得由汉而译清，由清而译蒙古，由蒙古而译土伯式，则适合补敦祖师所授记。虽无似也，而实不敢不勉力焉。因命庄亲王〔等〕董其事。盖始事自乾隆〔十七年〕壬申，而译成于〔二十八年〕癸未。

又藏文《嘉喇卜经》Rgyal-rabs 者（闻中国有蒙文刊本，寅恪未见），《蒙古源流》译本子注及《四库总目提要》，皆言其与萨纳囊彻辰洪台吉所纪述多相符合。今据 Emil Schlagintweit 本《嘉喇卜经》藏语原文第十二页第十二行，其名亦为 Glandarma，即《蒙古源流》之朗达尔玛及清高宗文中之狼达尔吗，亦即《新唐书》及《通鉴考异》之达磨，而《蒙古源流》之持松垒，在《嘉喇卜经》则称为 Ral-pa-can，与朗达尔玛非为一人，彰彰明甚。至于持松垒与达尔玛孰为兄弟，及朗达尔玛汗时《楞严经》有无藏文译本，皆不必论。惟持松垒与达尔玛之为二人，则中国史籍、《蒙古源流》及西藏历世相传之旧说，无不如是也。今故宫博物院景阳宫所藏《蒙古源流》满文译本，误联达尔玛、持松垒二名为一名，此必当日满文译者所据喀尔喀亲王成衮札布进呈之蒙文本，已有斯误，以致辗转传讹，中文译本遂因而不改，即彭楚克林沁所校之中文译本（曾见江安傅氏转录本）亦误其句读。以寅恪所见诸本言之，惟施密德氏 Isaac Jacob Schmidt 之蒙文校译本二名分列，又未省略，实较成衮札布之本为佳也。

何谓承袭蒙文旧本字形之讹，而误读其音？此彝泰赞普名号，诸书皆差异。今据最正确之实物，即拉萨长庆唐蕃会盟碑碑阴吐蕃文（据前北京大学研究所国学门所藏缪氏艺风堂拓本），补正其省略讹误，并解释其差异之所由来焉。据长庆唐蕃会盟碑碑阴吐蕃文，首列赞普名号，末书唐长庆及蕃彝泰纪元。其所载赞普之名号为 Khri-gtsug lde-brtsan。近年发见之藏文写本亦同。（见 F. W. Thomas. Tibetan Documents Concerning Chinese Turkestan, *Journal of the Royal Asiatic Society of Great Britain and Ireland*, Jan. 1928 pp. 71, 72, 76.）

《新唐书》二一六下《吐蕃传》略云：

〔元和〕十二年赞普死。可黎可足立为赞普。

寅恪案：可黎可足即碑文之 Khri-gtsug，其下之 Ide-brtsan，则从省略。且据此可知当时实据藏文之复辅音而对音也。

《资治通鉴》二三九《唐纪》五五云：

〔宪宗元和十一年〕二月西川奏，吐蕃赞普卒。新赞普可黎可足立。

同书二四六《唐纪》六二云：

〔文宗开成三年〕吐蕃彝泰赞普卒，弟达磨立。

寅恪案：会盟碑碑阴末数行，吐蕃年号为 Skyid-rtag，即彝泰之义。然则可黎可足之号为彝泰赞普者，实以年号称之也。兹取此碑碑阴蕃文遍校诸书，列其异同于下：

《菩提末》*Bodhimör*　　此书纪赞普世系，实出于藏文之《嘉喇卜经》（据施密德氏蒙文《蒙古源流》校译本第三六〇页所引菩提末之文）。赞普之名为 Thi-a Tsong-lTe-bDsan。此书原文寅恪未见，仅据施密德氏所转写之拉丁字而言，Thi 者，藏文为 Khri。以西藏口语读之之对音，严格言之，当作 Thi 也。ITe 者，据会盟碑蕃文应作 IDe，蒙文 d，t 皆作 ♌ 形无分别。bDsan 者，即碑文及西北发见藏文写本之 brTsan，此乃施密德氏转写拉丁字之不同（藏文古写仅多一 r），非原文之有差异也。惟 aTsong 一字，则因蒙文字形近似而讹。盖此字会盟碑蕃文本及西北发见之藏文写本，应作 gtsug，蒙文转写藏文之 ⅃（g）作 ⅃ 形，转写藏文之 ♋（a）或作 ḥ，作 ⅃ 形，ug，ük 作 ⅃ 形，ung 或 ong 作 ⅃ 形，字体极相近似，故致讹。或《菩提末》原书本不误，而译读者之误，亦未可知也。

《蒙古源流》施密德校译本　　据是本，此赞普之名作 Thibtsong-lte，略去名末之 brtsan。至于 btsong 者，乃 gtsug 之讹读。藏文 ⅃（g）字，蒙文作 ⌒，与蒙文 ◐（b）字形近故误。蒙文之 ug，转为 ük 亦以形近，误为 ong。见上文"《菩提末》"条。

《蒙古源流》满文译本　　《蒙古源流》中文译本非译自蒙文，乃由满文而转译者。今成衮札布进呈之蒙文原本，虽不可得见，幸景阳宫尚藏有满文译本，独可据以校正中文译本也。据满文本，此赞普名凡二见，一作 Darmakriltsung Lui，一作 Darmakribtsung，皆略去 Brtsan 字。此名误与达尔玛之名联读，已详上文。惟藏文之 Khri，满文或依藏文复辅音转写，如此名之 Kri 即是其例。或依西藏口语读音转写，如持苏陇德灿 Cysurong tetsan 之 Cy（满文 ✗），即是其例。盖其书之对音，先后殊不一致也。ung 乃 ug 转为 ük 之误，见上文"《菩提末》"条。又藏文 Ide 所以讹成坐者，以蒙文 t 字 d 字皆作 d 形，o 字 u 字亦皆作 d 形。又 e 字及 i 字结尾之形作 ⋀ 及 ⋏，俱极相似，颇易淆混。故藏文之 Ide，遂讹为满文之 lui 矣。或者成衮札布之蒙文原本亦已讹误，满文译本遂因袭而不知改也。

文津阁本及坊刊本汉译《蒙古源流》　　中文《蒙古源流》既译自满文，故满文译本之误，中文译本亦因袭不改。二本中此赞普名一作达尔玛持松垒，一作达尔玛持松。满文 kri 作"持"者，依藏文口语读之也。考义净以中文"侘"为梵文之 ṭha 对音，则 thi 字固可以满文之ᡮ（Cy）字、中文之"持"字对音。（梵文名词以 a 字为语尾者，中亚文则改作 i 字，蒙文佛典中亦与中亚文相同。如阿难陀及难陀等，蒙文语尾 a 字，易作 i 字。盖承袭中亚文，而非承袭梵文也。此问题颇复杂，因与本文无大关系，故不多论。）又此二本"持"字俱作"特"，乃误字，而先后校此书者，皆未改正。"松"字乃满文 Tsung 之对音，其误见上文《菩提末》条。

蒙文书社本汉译《蒙古源流》　　是本此赞普名一作"达尔玛哩卜崇垒"，一作"达尔玛持松哩卜崇"。第一名称作"哩"者，依满文 Kri 而对"哩"音。其作"卜"者，满文译本固有 b 字音也。第二名称则"持哩"二字重声，"松崇"二字亦垒音。殆当时译者并列依原字及依口语两种对音，而传写者杂糅为一，遂至此误欤？余见上文所论。

此赞普之名号既已辨正，其年代亦可考定焉。诸书之文，前多已征引，兹再录之，以便省览，而资比较。

《唐会要》九七云：

元和十一年西川奏吐蕃赞普卒。十二年吐蕃告哀使论乞冉献马十匹，玉带金器等。

《旧唐书》一九六下《吐蕃传》云：

〔宪宗元和〕十二年四月吐蕃以赞普卒，来告。

《新唐书》二一六下《吐蕃传》略云：

　　〔宪宗元和〕十二年赞普死，使者论乞髯来〔告丧〕。可黎可
　　足立为赞普。

《资治通鉴》二三九《唐纪》五五云：

　　〔宪宗元和〕十一年二月西川奏，吐蕃赞普卒。新赞普可黎可
　　足立。

《新唐书》二一六下《吐蕃传》略云：

　　赞普（寅恪案：此指可黎可足）立几三十年。死。以弟达磨嗣。

《资治通鉴》二四六《唐纪》六二云：

　　〔文宗开成三年〕吐蕃彝泰赞普卒。弟达磨立。

《资治通鉴考异》二一《唐纪》一三"会昌二年十二月吐蕃来告达
磨赞普之丧"条略云：

　　《实录》丁卯吐蕃赞普卒，遣使告丧，赞普立仅三十余年。据
　　《补国史》，彝泰卒后，又有达磨赞普。此年卒者，达磨也。
　　《文宗实录》不书彝泰赞普卒。《旧传》及《续会要》亦皆无
　　达磨。《新书》据《补国史》，疑《文宗实录》阙略，故他书
　　皆因而误。彝泰以元和十一年立，至此二十七年。然开成三年
　　已卒。达磨立，至此五年，而《实录》云仅三十年。亦是误以
　　达磨为彝泰也。

《蒙古源流》二略云：

　　〔持松垒〕岁次戊戌，年十三岁。众大臣会议辅立即位，在位
　　二十四年。岁次辛酉，年三十六岁，殁。

寅恪于上文据萨纳囊彻辰洪台吉书所用之纪元推之，戊戌为唐僖宗乾符五年，西历纪元后八百七十八年。辛酉年为唐昭宗天复元年，西历纪元后九百零一年。可知《蒙古源流》所载年代太晚，然此为别一问题，姑不置论。至诸书所记彝泰赞普嗣立之年，亦无一不误者，何以言之？唐蕃会盟碑碑阴蕃文，唐、蕃年号并列。唐长庆元年，当蕃彝泰七年。长庆二年，当彝泰八年。长庆三年，当彝泰九年。又《新唐书》二一六下《吐蕃传》云：

〔长庆二年刘元鼎使吐蕃会盟还，〕虏元帅尚塔藏馆客大夏川，集东方节度诸将百余，置盟策台上，遍晓之，且戒各保境，毋相暴犯。策署彝泰七年。

《旧唐书》一九六下《吐蕃传下》略云：

长庆元年九月吐蕃遣使请盟，上许之。乃命大理卿兼御史大夫刘元鼎〔等〕充西蕃盟会使。十月十日与吐蕃使盟，宰臣〔等〕皆预焉。其词曰：维唐承天，抚有八纮。十有二叶，二百有四载。岁在癸丑冬十月癸酉（寅恪案："癸丑"当作"辛丑"。长庆元年辛丑十月甲子朔。癸酉即十日），文武孝德皇帝诏丞相臣〔崔〕植，臣〔王〕播，臣〔杜〕元颖等与大将和蕃使礼部尚书论讷罗等会盟于京师。大臣执简，播告秋方。大蕃赞普及宰相钵阐布尚绮心儿等，先寄盟文要节。预盟之官十七人，皆列名焉。其刘元鼎等与论讷罗同赴吐蕃本国就盟。仍敕元鼎到彼，令宰相已下，各于盟文后自书名。二年二月遣使来请定界。六月复遣使来朝。是月刘元鼎自吐蕃使回。奏云："去四月二十四日到吐蕃牙帐，以五月六日会盟讫。"

关于唐蕃会盟事，《旧唐书》所记虽其间不免有所脱误，但终较《新唐书》《通鉴》等为详悉。盟文中"十有二叶"之语，指自高祖至穆宗为十二帝，而"二百有四载"，盖从武德元年，即西历六百十八年，至长庆元年，即西历八百二十一年也。然则刘元鼎长庆二年所见房帅遍晓诸将之盟策，即前岁长庆元年之盟策，故彝泰七年即长庆元年，而非长庆二年。梁曜北玉绳《元号略》及罗雪堂振玉丈《重校订纪元编》，皆据此推算，今证以会盟碑碑阴蕃文，益见其可信。故吐蕃可黎可足赞普之彝泰元年，实当唐宪宗元和十年，然则其即赞普之位，至迟亦必在是年。《唐会要》、新旧《唐书》及《通鉴》所载年月，乃据吐蕃当日来告之年月，而非当时事实发生之真确年月也。又《蒙古源流》载此赞普在位二十四年，不知其说是否正确，但宪宗元和十年，即西历纪元后八百十五年，为彝泰元年。文宗开成三年，即西历纪元后八百三十八年，亦即《补国史》所纪可黎可足赞普卒之岁，为彝泰末年，共计二十四年，适相符合。寅恪于《蒙古源流》所纪年岁，固未敢尽信，独此在位二十四年之说，与依据会盟碑等所推算之年代，不期而暗合，似非出于臆造所能也。

综校诸书所载名号年代既多讹误，又复互相违异，无所适从。幸得会盟碑碑阴残字数行，以资考证，千年旧史之误书，异地译音之讹读，皆赖以订正。然中外学人考证此碑之文，以寅恪所知，尚未有论及此者，故表而出之，使知此逻逤片石实为乌斯赤岭（此指拉萨之赤领而言）之大玉天球，非若寻常碑碣，仅供揽古之士赏玩者可比也。

附　记

（一）寅恪近发见北平故宫博物院藏有《蒙古源流》之蒙文本二种。一为写本，一为刊本。沈阳故宫博物馆亦藏有蒙文本。盖皆据成衮札布本钞写刊印者也。

（二）寅恪近检北平图书馆所藏敦煌写本，见《八婆罗夷经》附载当日吐蕃诏书。中有"今诸州坐禅人为当今神圣赞普乞里提足赞圣寿延长祈祷"等语。考乞里提足赞即 Khri-gtsug-lde-brtsan 之音译。此乃关于彝泰赞普之新史料，可与兹篇互证者也。

（原载一九三○年五月《历史语言研究所集刊》第二本第一分）

灵州、宁夏、榆林三城译名考（《蒙古源流》研究之二）

历史上往往有地名因其距离不远，事实相关，复经数种民族之语言辗转移译，以致名称淆混，虽治史学之专家，亦不能不为其所误者，如《蒙古源流》之灵州、宁夏、榆林等地名，是其一例。寅恪近校此书，获读昔人所未见之本，故得借以释其疑而正其误，此盖机会使然，非寅恪之惛鄙不学转能胜于前贤也。

施密德氏 Isaac Jacob Schmidt《蒙古源流》校译本第四篇"Turmegei 城"附注云：

本书著者以为西夏之都城。

又第九篇"Temegetu 城"附注云：

此城或即本书著者所称为成吉思汗所攻取，而西夏末主所居之 Turmegei 城，殊未敢决言。

王观堂国维先生《蒙古源流》校本四"图默格依城"旁注云：

友尔《马哥波罗游记注》谓撒囊彻辰屡说西夏之衣儿格依城 Irghai。此书纪西夏城邑，仅两举图默格依城，而无衣儿格依城，不知汉译与西译何以互异？衣儿格依城，《元史·太祖本纪》作"斡罗孩城"，《地理志》作"兀剌海城"，《元秘史》作"额里合牙"（旁注"宁夏"二字），又作"兀剌孩"。

寅恪案：施氏未见《蒙古源流》之满文及中文译本。观堂先生未见蒙文原本及满文译本，故其言如此。日本那珂通世《成吉思汗实录》一二所考灵州、宁夏地名颇精审，然彼书为《元秘史》之日文译本，故不及榆林之名，且其所征引犹未完备。兹更详稽《蒙古源流》诸译本之异同，证以元明旧史之文，庶几得以释正施、王之疑误，并可补那珂氏所考之未备。凡前贤之说，其是者固不敢掠美，其非者亦不为曲讳，惟知求真而已。

施密德氏《蒙古源流》蒙文本 Temegetu 之名凡五见，Turmegei 之名凡两见，Irgai 之名凡五见。满文及中文译本 Temegetu 及 Irgai 之名以中国旧名译之。于 Turmegei 以对音译之。兹先论 Temegetu 及 Irgai 之名，然后再及 Turmegei 之名。

满文译本 Temegetu 作 lui Lin，即中文本之榆林。译 Irgai 作 Ning Hiya，即中文本之宁夏。以常理而言，满文本译者，当为蒙人或满人之精通蒙文者，其译此二城之名，以中国旧名当之，而不用对音，非凭虚臆造，必有所依据，固无可疑。兹复取中国旧史所纪，与《蒙古源流》所载为同一之史实，而有关于此二城之名者，参互校核之，益可以证明其所译之不误也。

《蒙古源流》七纪往迎达赖喇嘛事云：

于是宁夏城之王为首，都堂总兵大小各官，以次延请，颇著恭敬。

寅恪案：此节蒙文本宁夏作 Irgai，其王之名作 Tsching Wang。《明史》一一七《诸王传二》云：

庆靖王㮵，太祖第十六子。洪武二十四年封。二十六年就藩宁夏。

同书四二《地理志》"宁夏卫"下注云：

洪武二十六年，庆王府自庆阳府迁此。

同书一〇二《诸王世表三》略云：

庆端王倪㷋，万历五年袭封。十六年薨。

据此，Tsching Wang 者，庆王之对音，《蒙古源流》纪此事于甲申年，即万历十二年。此庆王当为倪㷋。此时之王既为庆王，则其建邸之城，非宁夏莫属。然则 Irgai 之为宁夏，可无疑矣。又

《蒙古源流》七云：

> 岁次甲午，彻辰济农年三十岁，复行兵明地，由阿拉善前往，榆林城之马姓总兵追至。

寅恪案：蒙文本彻辰济农上有"博硕克图"Buschuktu 一词，即《明史》之"卜失兔"。甲午为明万历二十二年。《明史》二三八《麻贵传》云：

> 贵以功增秩予荫。寻擢总兵官，镇守延绥。〔万历〕二十二年七月卜失兔纠诸部深入定边，营张春井。贵乘虚捣其帐于套中，斩首二百五十有奇，还自宁塞，复邀其零骑。会寇留内地久，转掠至下马关，宁夏总兵萧如薰不能御，总督叶梦熊急檄贵赴援，督副将萧如兰等连战晒马台、薛家洼，斩首二百三十有奇，获畜产万五千。

又同书九一《兵志》及一七八《余子俊传》纪延绥徙治事相同，今并录之。

《兵志》略云：

> 〔成化〕七年延绥巡抚余子俊大筑边城。先是，东胜设卫守在河外，榆林治绥德。后东胜内迁，失险，捐米脂鱼河地几三百里。正统间，镇守都督王祯始筑榆林城。至是〔延绥巡抚余〕子俊乃徙治榆林。

《余子俊传》云：

> 初，延绥镇治绥德州，属县米脂、吴堡悉在其外，寇以轻骑入掠，镇兵觉而追之，辄不及，往往得利去。自子俊徙镇榆林，增卫益兵，拓城置戍，攻守器毕具，遂为重镇。

施氏《蒙古源流》蒙文本榆林作 Temegetu，总兵之姓名作
Magha，当即麻贵之对音，而转写微讹。成衮札布蒙文本编校者，
或满文本译者，以其不类汉姓，故略去下一音，仅余 Ma 音，中文
本遂译为马姓耳。明宪宗成化七年以后，延绥徙治榆林，《蒙古源
流》所称榆林总兵，亦犹西人习称清代两江总督为南京总督之例。
当万历二十二年之秋，宁夏镇总兵为萧如薰，延绥镇总兵为麻贵。
则《蒙古源流》蒙文本之 Magha 必为麻贵，Magha 既为麻贵，则
Temegetu 城非榆林莫属。是 Temegetu 之应译为榆林，又可无疑矣。
Irgai 之为宁夏，Temegetu 之为榆林，既已证明，则音译之图默格依
Turmegei，即《元秘史》一二之朵儿篾该，对音适切，其为一地，
自无疑义。拉施特书亦有此城名，多桑 D'Ohsson 读为 Derssekai，
额尔笃曼 Erdmann 读为 Deresgai，其中 s 之音疑为传写之讹。鄙意
《秘史》载狗儿年攻灵州一节，其蒙文音译"朵儿篾该"旁注"灵
州"二字，与《元史》一《太祖本纪》二十一年丙戌冬十一月庚
申帝攻灵州同一事，则灵州之为朵儿篾该，无待再为之证明。故中
文"图默格依"，即蒙文、满文本之 Turmegei，亦即《元秘史》之
"朵儿篾该"。然则《蒙古源流》之图默格依，准 Temegetu 及 Irgai
之例，不以对音译，而以中国旧名译，当为灵州二字无疑也。

三城之译名皆已考定，然后可以辨昔贤旧说之是非。观堂先生
谓"衣儿格依城"Irgai 即《元秘史》之"额里合牙"，其说是也。
所以知其是者，《元秘史续集》二"额里合牙"旁注"宁夏"二
字，如"朵儿篾该"旁注"灵州"二字者相同。多桑 D'Ohsson 引
拉施特书谓西夏国都名 Irghai，蒙古人谓之 Ircaya，Ircaya 与额里合

牙对音适符，而西夏国都即宁夏，又与旁注吻合，故"衣儿格依"Irghai 即《元秘史》之"额里合牙"无疑也。惟先生又谓衣儿格依城即斡罗孩、兀剌海、兀剌孩，其说非也。所以知其非者，《元秘史续集》二，"额里合牙"与"兀剌孩"同列一卷中，对音既异，一则旁注"宁夏"，一则否。又《元史》六〇《地理志三》甘肃等处行中书省所属宁夏府路与兀剌海路并列。其为二地可知。且《地理志》"兀剌海路"下注云：

> 太祖四年由黑水城北兀剌海西关口入河西，获西夏将高令公，克兀剌海城。

与《元史》一《太祖本纪》略云"四年己巳帝入河西，夏主李安全遣其世子率师来战，败之，获其副元帅高令公，克兀剌海城，薄中兴府，引河水灌之，堤决，水外溃，遂撤围还"所载适符。据此可知是役仅克兀剌海，而未克中兴府。《元史》六〇《地理志三》宁夏府路云：

> 自唐末有拓拔思恭者，镇夏州。世有银、夏、绥、宥、静五州之地。宋天禧间，传至其孙德明，城怀远镇为兴州以居，后升兴庆府，又改中兴府。

夫中兴府即宁夏，亦即衣儿格依 Irgai，然则衣儿格依与兀剌海决不得为一地明矣。

又《元史》一《太祖本纪》略云：

> 〔二年〕丁卯秋再征西夏，克斡罗孩城。四年己巳帝入河西，克兀剌海城。

《圣武亲征录》云：

〔丁卯〕秋再征西夏，冬克斡罗孩城。

"斡罗孩"与"兀剌海"对音适合，故史家皆以为一地。如柯蓼园劭忞丈《新元史》三《太祖本纪下》略云：

二年丁卯秋，帝亲征西夏，入兀剌海城。五年庚午秋，帝再伐西夏，复入兀剌海城。

柯氏以"斡罗孩"即"兀剌海"，故第一役亦作"兀剌海"，第二役则言复入。（柯氏系第二役于五年庚午，而不系于四年己巳者，盖从拉施特书及《圣武亲征录》。屠敬山寄丈《蒙兀儿史记》三《成吉思可汗本纪》二下亦与《新元史》同。惟观堂先生《圣武亲征录》校注"庚午西夏献女为好"条，有"此年事拉施特书系于蛇年"之语。寅恪案：《元史译文证补》一下《太祖本纪译证》略云："马年秋又征合申，纳女而回。"观堂先生所云当即指此。然此事拉施特氏实系于马年，而非蛇年。遍检上年即蛇年，并无类似之事，不知所出，待考。）若"斡罗孩"与"兀剌海"为一地，则据上文所述，与衣儿格依 Irgai（即宁夏）绝无关涉，焉得谓衣儿格依即斡罗孩乎？又屠氏于《蒙兀儿史记》三《成吉思可汗本纪》二下"二年丁卯"条，谓兀剌孩即《元史》一二九《李恒传》之"兀纳剌"。又于同书"二十有一年丙戌"条，谓《姚〔燧〕牧庵集·中书左丞李公家庙碑》之"兀纳"，亦即"兀剌城"。（寅恪案：今武英殿聚珍本《姚牧庵集》一二此文不作"兀纳城"，仅作"某某城"。当出于屠氏之推想，未必别见他本也。）然"兀纳剌"与"兀剌孩"对音殊不相近，如无他证，似不能合为一地也。

王观堂先生前数年校《蒙古源流》时，未见蒙文、满文诸本，故不知 Irghai 即宁夏，谓此书纪西夏城邑，仅两举图默格依，而友尔《马哥波罗游记》所引之 Irghai，不见于中文本，因不解汉译与西译何以互异。今寅恪以机缘获见先生当日所未见之本，遂得释此疑。若先生有知，亦当为之一快也。

至施密德氏疑 Temegetu 或与 Turmegei 同为一地。据上文所述，Temegetu 为榆林，Turmegei 为灵州，既已证明为两地，实无牵合为一之理。且《蒙古源流》著者亦未显称图默格依为西夏国都，惟言其为末主锡都尔固汗所居耳。（灵州为夏人先世继迁旧都，《蒙古源流》著者容有误会。）然则施氏所疑之不当，又不待言也。

今综合上文所述，除中国近日如洪钧、王国维诸家所译之对音不计外，得以证明四端：

（一）Turmegei，图默格依，朵儿篾该，灵州，Derssekai Deresgai 等名，同属一地。

（二）Irgai（Irghai），宁夏，中兴府，夏王城（见《元史·太祖本纪》二十二年）等名，同属一地。

（三）Temegetu，榆林等名，同属一地。

（四）兀剌海，兀剌孩，斡罗孩等名与 Irgai 非属一地。至其当今日之何地及友尔 Henry Yule《马哥波罗游记注》误以西凉府之 Egrigaia 当宁夏等问题，以其不在本文范围之内，姑不具论。兹仅就此关于《蒙古源流》之三城，考定其译名，或亦读是书者之一助欤？

（原载一九二九年八月《国立中山大学语言历史学研究所周刊》第八集九二、

九三期合刊，一九三〇年六月《历史语言研究所集刊》第一本第二分）

《彰所知论》与《蒙古源流》（《蒙古源流》研究之三）

元帝师八思巴为忽必烈制蒙古国书。元亡而其所制之国书亦废不用。《彰所知论》者，帝师为忽必烈太子真金所造。其书依仿立世阿毗昙之体，捃摭吐蕃旧译佛藏而成。于佛教之教义固无所发明，然与蒙古民族以历史之新观念及方法，其影响至深且久。故《蒙古源流》之作，在元亡之后将三百年，而其书之基本观念及编制体裁，实取之于《彰所知论》。今日和林故壤，至元国字难逢通习之人。而《蒙古源流》自乾隆以来，屡经东西文字之移译（满文、汉文及德文），至今犹为东洋史学之要籍。然则蒙古民族其文化精神之所受于八思巴者，或转在此而不在彼，殆亦当日所不及知者欤！

考东西文字之蒙古旧史，其世界创造及民族起源之观念，凡有四类。最初者，为与夫余、鲜卑诸民族相似之感生说。稍后乃取之于高车、突厥等民族之神话。迨受阿剌伯、波斯诸国之文化，则附益以天方教之言。而蒙古民族之皈依佛教者，以间接受之于西藏之故，其史书则掇采天竺、吐蕃二国之旧载，与其本来近于夫余、鲜卑等民族之感生说，及其所受于高车、突厥诸民族之神话，追加而混合之。夫蒙古民族最初之时叙述其起源，而冠以感生之说。譬诸栋宇，既加以覆盖，本已成一完整之建筑，若更于其上施以楼阁之工，未尝不可因是益臻美备而壮观瞻。然自建筑方面言之，是谓重叠之工事。有如九成之台，累土而起；七级之塔，历阶而登，其构造之愈高而愈上者，其时代转较后而较新者也。今日所存之阿剌伯文、波斯文、土耳其文等蒙古旧史，大抵属于第三类之回教化者，与《蒙古源流》无涉，于此可不论。至第一类与夫余、鲜卑等民族之感生说相似者，则日本内藤虎次郎博士之蒙古开国之传说（见内藤氏《读史丛录》）并今西龙博士之朱蒙传说及老獭稚传说（见《内藤博士颂寿纪念史学论丛》）诸论文中已详言之。亦无庸赘述。兹仅就第二、第四两类略征旧史之文，阐明其义，以见帝师与蒙古史之关系，及其后来之影响。并取《彰所知论》卷上《情世界品》中吐蕃、蒙古王族之译名，与许氏本《嘉喇卜经》（Rgyal-rabs, ed. Schlagintweit)、《蒙古源流》诸书互证，以备治蒙古史者之参考。其天竺诸王名字，则皆见于佛乘，非难推知，故不多及焉。

《元朝秘史》一略云：

当初元朝的人祖，是天生一个苍色的狼（蒙文音译"孛儿帖赤那"，《蒙古源流》作"布尔特齐诺"），与一个惨白色的鹿（蒙文音译"豁埃马阑勒"，《蒙古源流》作"郭斡玛喇勒"）相配了，同渡过腾汲（吉）思名字的水，来到于斡难名字的河源头，不儿罕名字的山（蒙文音译"不峏罕哈勒敦纳"，《蒙古源流》作"布尔干噶勒图纳"）前住着。产了一个人，名字唤作巴塔赤罕。朵奔篾儿干（《元史·太祖本纪》《宗室世系表》，陶宗仪《辍耕录》作"脱奔咩哩犍"，《蒙古源流》作"多博墨尔根"）死了的后头，他的妻阿阑豁阿（《元史·太祖本纪》《宗室世系表》，《辍耕录》作"阿兰果火"，《蒙古源流》作"阿抡郭斡"）又生了三个孩儿。一个名不忽合答吉（《元史·太祖本纪》《宗室世系表》，《辍耕录》作"博寒葛答黑"。《蒙古源流》作"布固哈塔吉"），一个名不合秃撒勒只（《元史·太祖本纪》《宗室世系表》，《辍耕录》作"博合睹撒里直"，《蒙古源流》作"博克多萨勒济固"），一个名字端察儿（《元史·太祖本纪》《宗室世系表》，《辍耕录》作"孛端叉儿"，《蒙古源流》作"勃端察尔"）。朵奔篾儿干在时生的别勒古讷台（《蒙古源流》作"伯勒格特依"）、不古讷台（《蒙古源流》作"伯衮德依"）两个儿子背处共说：俺这母亲无房亲兄弟，又无丈夫，生了这三个儿子，家内独有马阿里黑伯牙兀歹（《蒙古源流》作"玛哈费"）家人，莫不是他生的么？道说间，他母亲知觉了。因那般他母亲阿阑豁阿说：别勒古讷台，不古讷台！您两个儿子疑惑我这三个儿子是谁生的，你疑惑的也是。您不知道每夜有黄白色人自天窗门额明处入来，将我肚皮摩挲。他的光明透入肚里去时节，随日月的光，恰似黄狗般爬出去了。您休造次说。这般看来，显是天的儿子，不可比做凡人。久后他每做帝王呵，那时才知道也者。

又拉施特《集史》（节录洪钧《元史译文证补》一上《太祖本纪译证上》）略云：

相传古时蒙兀与他族战，全军覆没，仅遗男女各二人，遁入一山，斗绝险巇，惟一径通出入。而山中壤地宽平，水草茂美，乃携牲畜辎重往居，名其山曰阿儿格乃衮。二男一名脑古，一名乞颜。乞颜义为奔瀑急流，以其膂力迈众，一往无前，故以称名。乞颜后裔繁盛。后世地狭人稠，乃谋出山，而旧径芜塞，且苦艰险。继得铁矿，洞穴深邃。爰伐木炽炭，篝火穴中，鼓风助火，铁石尽熔，衢路遂辟。后裔于元旦锻铁于炉，君与宗亲次第捶之，著为典礼。蒙兀之出阿儿格乃衮，其后人最著称者，曰孛儿特赤那（《秘史》作"孛儿帖赤那"）。妻子甚多，长妻曰郭斡马特儿（《秘史》作"豁埃马阑勒"），生必特赤干（《秘史》作"巴塔赤罕"）。朵本巴延（《秘史》作"朵奔篾儿干"）早卒，阿阑郭斡（《秘史》作"阿阑豁阿"）寡居而孕，夫弟及亲族疑其有私。阿阑郭斡曰，天未晓时，有白光入自帐顶孔中，化为男子，与同寝，故有孕。且曰："我如不耐寡居，曷不再醮，而为此暧昧事乎？斯盖天帝降灵，欲生异人也。不信，请伺察数夕，以证我言。"众曰："诺。"黎明时，果见有光入帐，片刻复出。众疑乃释。

考《魏书》卷一〇三《高车传》（参《北史》九八《高车传》及《通典》一九七《边防典》一三《高车传》）云：

> 俗云，匈奴单于生二女，姿容甚美，国人皆以为神。单于曰："吾有此女，安可配人？将以与天。"乃于国北无人之地筑高台，置二女其上。曰："请天自迎之。"经三年，其母欲迎之，单于曰："不可，未彻之间耳。"复一年，乃有一老狼，昼夜守台嗥呼，因穿台下为空穴，经时不去。其小女曰："吾父处我于此，欲以与天，而今狼来，或是神物，天使之然。将下就之。"其姊大惊，曰："此是畜生，无乃辱父母也！"妹不从，下为狼妻而产子。后遂滋繁成国。

又《周书》五〇《异域传下》（参《隋书》八四及《北史》九九《突厥传》并《通典》一九七《边防典》一三《突厥上》及《册府元龟》九五六《外臣部·种族门》"突厥"条）略云：

> 突厥者，盖匈奴之别种，姓阿史那氏，别为部落。后为邻国所破，尽灭其族。有一儿，年且十岁，兵人见其小，不忍杀之，

乃刖其足，弃草泽中。有牝狼以肉饲之。及长，与狼合，遂有孕焉。彼王闻此儿尚在，重遣杀之。使者见狼在侧，并欲杀狼。狼遂逃于高昌国之北山。（寅恪案：《通典》作"负于西海之东，止于山上。其山在高昌西北"。其意似谓狼负此子逃于高昌。疑《周书》有脱文。俟考。）山有洞穴，穴内有平壤茂草，周回数百里，四面俱山。狼匿其中，遂生十男。十男长大，外托妻孕，其后各有一姓，阿史那即一也。子孙蕃育，渐至数百家。经数世，相与出穴，臣于茹茹。居金山之阳，为茹茹铁工。〔土门〕恃其强盛，乃求婚于茹茹。茹茹主阿那瓌大怒，使人骂辱之，曰："尔是我锻奴，何敢发是言也。"

据此，则狼祖及锻铁事，皆高车、突厥之民族起源神话，而蒙古人袭取之无疑也。

考《元史》一《太祖本纪》云：

太祖法天启运圣武皇帝讳铁木真，姓奇渥温氏，蒙古部人。其十世祖孛端叉儿，母曰阿兰果火，嫁脱奔咩哩犍，生二子，长曰博寒葛答黑，次曰博合睹撒里直。既而夫亡，阿兰寡居，夜寝帐中，梦白光自天窗中入，化为金色神人，来趋卧榻。阿兰惊觉，遂有娠，产一子，即孛端叉儿也。孛端叉儿状貌奇异，沉默寡言，家人谓之痴。独阿兰语人曰："此儿非痴，后世子孙必有大贵者。"

又拉施特《集史》（依洪钧《元史译文证补》一上《太祖本纪译证上》所载）云：

蒙兀先无文字，世系事迹，口相传述，无史记以为定论。自朵本巴延至成吉思汗约近四百载。据库藏国史及知掌故者，参访合征之焉。

洪氏注云：

朵本巴延即《元史》之脱奔咩哩犍。《本纪》叙帝先系，始于此人。据此数语观之，当是蒙古国史亦始此人，而《元史》本之也。自此以上世系，当是传述得之。故《元史》之世系少，而《秘史》《蒙古源流》之世系多。

寅恪案：洪氏之说极是，而阮元撰《四库未收书目·〈元秘史〉提要》云：

是编所载元初世系，字端叉儿之前尚有一十一世。《太祖本纪》述其先世，仅从字端叉儿始。诸如此类，并足补正史之纰漏。

寅恪案：《元史》所记阿兰果火不夫而孕事，乃民族起源之感生说。此种感生说，与夫余、高句丽、百济、鲜卑、契丹、日本、满洲等民族所传者极相近似（详见内藤虎次郎、今西龙两博士论文），或者即为蒙古民族最初所固有者，亦未可知。今之《元史》记蒙古民族起源，仅述此感生说，不更追述此前之神话。如《元秘史》及拉施特《集史》之所载者，姑不论其经后世史官删削与否，要为尚不尽失其简单之原始形式。而《秘史》所记世系较《元史》为多者，乃由采用突厥等民族神话，追加附益于其本来固有者之所致。故字端叉儿以前一十一世之事迹，乃蒙古民族起源史后来向上增建之一新层级，较《元史》之简单感生说，恐尤荒诞不可征信。乌能补正其纰漏乎？阮氏殆失言矣。

《蒙古源流》卷一、卷二叙天地剖判及天竺、吐蕃二国历代事迹。其卷一云：

〔土伯特〕色哩持赞博汗之子曰智固木赞博汗，为奸臣隆纳木篡弑。其三子皆出亡。长子置持逃往宁博地方，次子博啰咱逃往包博地方，第三子布尔特齐诺（《秘史》音译作"孛儿帖赤那"，义为苍色的狼）逃往恭布（卷三作恭博）地方。

其卷三《续叙》略云：

古土伯特地方尼雅持赞博汗之七世孙色尔（哩）持赞博汗〔之子智固木赞博汗〕为其臣隆纳木篡夺汗位，其子博啰咱置持、布尔特齐诺等兄弟三人俱各出亡。季子布尔特齐诺出之恭博地方，即娶恭博地方之女郭斡玛喇勒（《秘史》音译作"豁埃马阑勒"，义为惨白色的鹿）为妻，往渡腾吉思海。东行至拜噶勒江所属布尔干噶勒图那（《秘史》作"不峏罕哈勒敦纳"）山下，遇必塔地方人众，询其故，遂援引古额讷特珂克（天竺）人众所推尊之土伯特地方之尼雅持赞博以语之。必塔地方人众议云，此子有根基，我等无主，应立伊为君。遂尊为君长，诸惟遵旨行事。生子必塔斯干、必塔察干（《秘史》作巴塔赤罕）二人。多博墨尔根（《秘史》作"朵奔篾儿干"）卒后，阿抡郭斡哈屯（《秘史》作"阿兰豁阿"）每夜梦一奇伟男子与之共寝。天将明，即起去。因告伊姊娌及侍婢知之。如是者久之，遂生布固哈塔吉（《秘史》作"不忽合答吉"）、博克多萨勒济固（《秘史》作"不合秃撒勒只"）、勃端察尔（《秘史》作"孛端察儿"）等三子。后渐长成。有好事者谮之云，从无寡妇生子之理。其夫之连襟玛哈赉（《秘史》作

"马阿里黑伯牙兀歹")常往来其家,疑即此人。伯勒格特伊(《秘史》作"别勒古讷台")、伯衮德依(《秘史》作"不古讷台")二人遂疑其母。其母云:"尔等二人误听旁人之言疑我。"因语以梦中情事,且云:"尔等此三弟殆天降之子也。"

据此,可知《蒙古源流》于《秘史》所追加之史层上,更增建天竺、吐蕃二重新建筑,采取并行独立之材料,列为直贯一系之事迹。换言之,即糅合数民族之神话,以为一民族之历史。故时代以愈推而愈久,事迹亦因愈演而愈繁。吾人今日治史者之职责,在逐层削除此种后加之虚伪材料,庶几可略得一近似之真。然近日学人犹有谓"吐蕃、蒙兀实一类也。《〔蒙古〕源流》之说,未可厚非"者(见屠寄《蒙兀儿史记·世纪第一》),岂不异哉!

夫逐层向上增建之历史,其例自不限于蒙古史。其他民族相传之上古史,何独不然?今就小彻辰撒囊之《蒙古源流》一书而论,推究其所以致此叠累式之原因,则不得不溯源于《彰所知论》。此论论主既采仿梵文所制之吐蕃字母,以为至元国书,于是至元国书遂为由吐蕃而再传之梵天文字。其造论亦取天竺、吐蕃事迹,联接于蒙兀儿史。于是蒙兀儿史遂为由西藏而上续印度之通史。后来蒙古民族实从此传受一历史之新观念及方法。《蒙古源流》即依此观念、以此方法采集材料而成书者。然则帝师此论与蒙古史之关系深切若是,虽非乙部之专著,治史固不可以其为佛藏之附庸而忽视之也。兹取《彰所知论》卷上《情世界品》中吐蕃、蒙古王族名字,以旧史校之,条列于下。

《论》云:

如来灭度后千余年，西番国有王曰呀乞喋赞普。

寅恪案：此王即藏文《嘉喇卜经》之吐蕃第一赞普 Gnya-khri btsan-po。亦即《蒙古源流》卷一、卷三之尼雅赤（卷一作赤，卷三作持）赞。

《论》云：

二十六代有王曰袷陀朵喋思颜赞。

寅恪案：此王即《嘉喇卜经》之二十五代王 Lha-tho-tho-ri-snyen-（snyan）-btsan。亦即《蒙古源流》一之拉托托里年赞。《彰所知论》译地名"拉萨"作"袷萨"，故此王名之"袷"字，亦为 Lha 之对音。

《论》云：

后至第五王，名曰双赞思甘普。

寅恪案：此王即《嘉喇卜经》之 Srong-btsan-sgam-po，亦即《蒙古源流》二之苏隆赞堪布。此王亦称 Khri-ldan-srong-btsan，即《蒙古源流》二之持勒德苏隆赞（蒙文书社本《蒙古源流》作"哩勒丹苏隆赞"）。亦即《旧唐书》一九六《吐蕃传》之弃宗弄赞，《新唐书》二一六《吐蕃传》之弃宗弄赞及弃苏农。

《论》云：

后第五代有王名曰乞喋双提赞。

寅恪案：此王即《嘉喇卜经》之 Khri-srong-lde-btsan。亦即《蒙古源流》二之持苏陇德灿。《旧唐书》一九六《新唐书》二一六《吐蕃传》之乞黎苏笼猎赞，皆指此人也。

《论》云：

后第三代有王名曰乞嘌俅巴瞻。

寅恪案：此王即《嘉喇卜经》之 Ral-pa-can，长庆唐蕃会盟碑阴及敦煌发见藏文写本之 Khri-gtsug-Ide-btsan，敦煌中文《八波罗夷经》写本之乞里提足（足提）赞，亦即《蒙古源流》二之持松垒，《新唐书》二一六《吐蕃传》之可黎可足。详见拙著《吐蕃彝泰赞普名号年代考》（中央研究院《历史语言研究所集刊》第二本第一分）。

《论》云：

始成吉思从北方多音国如铁轮王。

寅恪案：藏文多为 Mang-po，音为 Krol。故以多音为蒙兀儿之译名。取其对音相近也。

《论》云：

其子名曰斡果戴，时称可罕，绍帝王位。

寅恪案：此名即《元史》太宗窝阔台之异译。

《论》云：

有子曰古伟，绍帝位。

寅恪案：此名即《元史》定宗贵由之异译。

《论》云：

成吉思次子名朵罗。

寅恪案：此名即《元史》睿宗拖雷之异译。

《论》云：

朵罗长子名曰蒙哥，亦绍王位。

寅恪案：此名与《元史》宪宗之译名相同。

《论》云：

王弟忽必烈绍帝王位。

寅恪案：此名与《元史》世祖之译名相同。

《论》云：

帝有三子，长曰真金。

寅恪案：此名与《元史》裕宗之译名相同。

《论》云：

二曰厖各剌。

寅恪案：此名即《元史》安西王忙哥剌之异译。

《论》云：

三曰纳麻贺。

寅恪案：此名即《元史》安北王那木罕之异译。

（原载一九三一年四月《历史语言研究所集刊》第二本第三分）

《蒙古源流》作者世系考（《蒙古源流》研究之四）

《蒙古源流》作者于其书第八卷自述其世系（文津阁本《蒙古源流》八第三页。以下征引此书，页数悉依文津阁本，不另注明）云：

> 右翼之库图克台彻辰洪台吉之长侄巴图洪台吉之子萨纳囊台吉甲辰年生（即明万历三十二年，西历一千六百零四年）。年十一岁，因系六国肇兴道教人之后裔，指伊始祖名号，给与萨纳囊彻辰洪台吉之号。

寅恪案：《蒙古源流》汉文本，原从满文本译出。故满文本卷八第四页所载此节文义，与汉文本悉合，而成衮札布及施密德二蒙文本（成本卷八第四页，施本卷九第二六四页），则与满文、汉文二本不同。其最显著者，即满、汉文本"长侄"二字，蒙文本俱作"曾孙"（可参施密德氏《蒙文字典》第七页中行及施氏本《蒙古源流》第二六五页德文翻译）。夫"长侄"与"曾孙"世代相距，远近悬殊。蒙、满、汉文诸本所以致此歧异者，或由传写之讹，或由移译之误，未易推知，姑置不论。但《蒙古源流》作者之世系次序，究应从满文及汉文本作"长侄"，抑应从二蒙文本作"曾孙"？则治此书者所不可不知而亟待判明也。兹就此书先后所载最有关之资料综合比证，求得一真确之事实，庶可抉择诸本之是非从违，以供读此书者之参考。

《蒙古源流》六第十八页云：

> 其库图克图彻辰洪台吉庚子年生。

寅恪案："库图克图"之下一"图"字，依施氏蒙文本，当作"台"字，与诸本皆作"图"字者不同。若施氏本不误，则此卷六第十八页之"库图克图彻辰洪台吉"即卷六第三页之"库图克台彻辰洪台吉"也。庚子年为明嘉靖十九年，西历一千五百四十年。

又《蒙古源流》六第二十页云：

彻辰洪台吉之长子鄂勒哲依伊勒都齐，丙辰年生。

寅恪案：丙辰年为明嘉靖三十五年，西历一千五百五十六年。

又《蒙古源流》七第十八页及十九页略云：

彻辰洪台吉之长子鄂勒哲依伊勒都齐之子巴图洪台吉，庚辰年生。复以其祖巴图尔彻辰洪台吉之号赠给，令其执政。

寅恪案：庚辰年为明万历八年，西历一千五百八十年。

兹依上列诸条所载事实，作一世系简表于下：

曾祖父	祖父	父	作者
库图克台彻辰洪台吉	鄂勒哲依伊勒都齐	巴图洪台吉	萨纳囊彻辰洪台吉
一千五百四十年生	一千五百五十六年生	一千五百八十年生	一千六百零四年生

据上表，可知《蒙古源流》作者萨纳囊彻辰洪台吉，乃库图克台彻辰洪台吉之曾孙。故此书卷八第三页之文，应依二蒙文本，易"长侄"为"曾孙"，而读为：

右翼之库图克台彻辰洪台吉之曾孙（逗）巴图洪台吉之子（逗）萨纳囊台吉甲辰年生（句）

此节文意谓萨纳囊台吉者，库图克台彻辰洪台吉之曾孙，而巴图洪台吉之子也。盖此书作者自述家世，不得不记其父之名，以明其所从出。复以嘉名之锡，实自肇兴道教之曾祖而来，特著其曾祖之名，而不及其祖鄂勒哲依伊勒都齐一代。满文本译者殆误会此文之意，以"库图克台彻辰洪台吉之曾孙"一语，属下文之"巴图洪台吉"而言，疑"库图克台彻辰洪台吉"与"巴图洪台吉"二人之间，世次相距不应若是之远。或以蒙文字形近似之故，因改"曾孙"为"长侄"，汉文译本遂亦承袭其讹焉。又此节满文及汉文本"始祖"二字，复不同于二蒙本，亦微有语病。然世系次序及血统关系既已证明，读此书者，当不致因此别滋误解也。

（原载一九三一年四月《历史语言研究所集刊》第二本第三分）

高鸿中明清和议条陈残本跋 （原文见《明清史料》第一册）

内阁大库档案中发见高鸿中条陈残本一纸，仅附识"二月十一日到"及"三月十三日奏了"数字。寅恪案：清崇德七年即明崇祯十五年春，清人闻明兵部尚书陈新甲遣职方郎中马绍愉来议和，诸臣各条陈意见。此残本乃其时所上意见书之一也。兹不广征旧籍。但移录《明史》及《清史稿》所载此事本末之文，以资参证。

《清史稿》三《太宗本纪二》略云：

〔崇德七年〕三月乙酉，阿济格等奏明遣职方郎中马绍愉来乞和，出明帝敕兵部尚书陈新甲书为验。上曰："明之笔札多不实，且词意夸大，非有欲和之诚。然彼真伪不可知，而和好固朕夙愿。尔等以朕意传示之。"五月己巳朔，济尔哈朗等奏明遣马绍愉来议和，遣使迓之。壬午，明使马绍愉等始至。六月辛丑，都察院参政祖可法、张存仁言："明寇盗日起，兵力竭而仓廪虚，征调不前，势如瓦解，守辽将帅丧失八九。今不得已乞和，计必南迁。宜要其纳贡称臣，以黄河为界。"上不纳。以书报明帝曰："自兹以往，尽释宿怨，尊卑之分，又奚较焉？使者往来，期以面见。吉凶大事，交相庆吊。岁各以地所产互为馈遗。两国逃亡亦互归之。以宁远双树堡为贵国界，塔山为我国界，而互市于连山适中之地。其自海中往来者，则以黄城岛之东西为界。越者各罪其下。贵国如用此言，两君或亲誓天地，或遣大臣莅盟，唯命之从。否则后勿复使矣。"遂厚赉明使臣及从者，遣之。后明议中变，和事竟不成。

观此可知鸿中所言与祖可法、张存仁之说相类，应是同时议论。沈阳当日明室降臣，其于和议条件所论至苛。盖渐染中原士大夫夸诞之风习，匪独大言快意，且欲借此以诇谀新主，是诚无耻之尤者矣。其实崇祯季年，虽内忧外患不可终日，然究为中华上国，名分尚存，体制仍在。朝鲜前例岂得遽以相加？故清廷报书亦仅欲以宁远为界。与鸿中所陈"以山海〔关〕为界也罢"之第二说不甚相远。此本当时较切情事之议，自异乎外廷夸大之言也。

又《明史》二五七《陈新甲传》云：

初，新甲以南北交困，遣使与大清议和，私言于傅宗龙。宗龙出都日，以语大学士谢陞。陞后见疆事大坏，述宗龙之言于帝。帝召新甲诘责。新甲叩头谢罪。陞进曰："倘肯议和，和亦可恃。"帝默然。寻谕新甲密图之，而外廷不知也。已，言官谒陞，陞言上意主和，诸君幸勿多言。言官骇愕，交章劾陞。陞遂斥去。帝既以和议委新甲，手诏往返者数十，皆戒以勿泄。外廷渐知之，故屡疏争，然不得左验。一日，所遣职方郎马绍愉以密语报，新甲视之，置几上。其家僮误以为塘报也，付之钞传。于是言路哗然。给事中方士亮首论之。帝愠甚，留疏不下。已，降严旨切责新甲，令自陈。新甲不引罪，反自诩其功。帝益怒。至七月，给事中马嘉植复劾之，遂下狱。新甲从狱中上书乞宥，不许。新甲知不免，遍行金内外。给事中廖国遴、杨枝起等营救于刑部侍郎徐石麒，拒不听。大学士周延儒、陈演亦于帝前力救，且曰："国法，敌兵不薄城，不杀大司马。"帝曰："他且勿论，戮辱我亲藩七，不甚于薄城耶？"遂弃新甲于市。新甲为杨嗣昌引用，其才品、心术相似。军书旁午，裁答无滞。帝初甚倚之，晚时恶其泄机事，且彰主过，故杀之不疑。

同书二五二《杨嗣昌传》略云：

当是时，流贼既大炽，朝廷又有东顾忧，嗣昌复阴主互市策。适太阴掩荧惑，帝减膳修省。嗣昌则历引汉永平、唐元和、宋太平兴国事，盖为互市地云。给事中何楷疏驳之。给事中钱增、御史林兰友相继论列，帝不问。嗣昌既以夺情入政府，又夺情起陈新甲总督，自是益不理于人口。我大清兵入墙子岭青口山，京师戒严。召卢象昇帅师入卫。象昇主战，嗣昌与监督中官高起潜主款，议不合，交恶。象昇阵亡。神宗末，增赋五百二十万。崇祯初，再增百四十万。总名辽饷。至是，复增剿饷、练饷，额溢之。先后增赋千六百七十万，民不聊生，益起为盗矣。

据此，则杨嗣昌、陈新甲等皆主和议，而新甲且奉其君之命而行事者。徒以思陵劫于外廷之论，不敢毅然自任，遂致无成。夫明之季年，外见迫于辽东，内受困于张、李。养百万之兵，糜亿兆之费，财尽而兵转增，兵多而民愈困。观其与清人先后应对之方，则既不能力战，又不敢言和。成一不战不和、亦战亦和之局，卒坐是以亡其国。此残篇故纸，盖三百年前废兴得失关键之所在，因略征旧籍，以为参证如此。

（原载一九三二年四月《清华周刊》第三十七卷第八期）

梁译《大乘起信论》伪智恺序中之真史料

近人多疑真谛译《大乘起信论》之伪，其说已为世所习闻。最近复以为非伪作，其所持重要之证据在《续高僧传》一八《昙迁传》。其文略云：

> 精研华严、十地、维摩、楞伽、地持、起信等。逮周武平齐，逃迹金陵。

盖真谛于陈太建元年（此年即五六九年）正月十一日迁化。太建九年（此年即五七七年，周武帝建德六年，齐幼主承光元年）周灭齐。若《起信论》为伪作，则昙迁不能于周未灭齐之前，真谛尚未迁化，或卒后未久，且远在北朝，早已有精研伪造论本之理也。故以此《论》为非伪作。其论据如何，兹非所欲辨。即使此《论》之真伪可定，而此《论》智恺《序》之真伪又别为一事。真《论》本文可以有后加伪《序》，而真《序》亦可附于伪《论》，二者为不同之问题，不可合并论之也。复次，真《序》之中可以有伪造之部分，而伪造之《序》中亦可以有真实之资料。今认智恺《序》为伪撰，而伪撰之《序》中实含有一部分真史料，特为标出，以明其决非后人所能伪造。至此《序》为托名智恺之作，则不待论。今日中外学人考证佛典虽极精密，然其搜寻资料之范围，尚多不能轶出释教法藏以外。特为扩充其研究之领域，使世之批评佛典者所持证据，不限于贝多真实语及其流派文籍之中，斯则不佞草此短篇之微意也。

伪智恺《序》云：

> 值京邑英贤慧显、智韶、智恺、昙振、慧旻与假黄钺大将军萧公勃，以大梁承圣三年岁次癸酉九月十日，于衡州始兴郡建兴寺敬请法师敷演大乘，阐扬秘典，示导迷途，遂翻译斯《论》一卷。

寅恪案：伪《序》中此节乃实录，非后人所能伪造者也。何以知之？请就二事以为证明：一为年月地理之关系，二为官制掌故之关系。《初学记》四（《文苑英华》一五八、《太平御览》三二同）江总《衡州九日》诗云：

> 秋日正凄凄，茅茨复萧瑟。姬人荐初酝，幼子问残疾。园菊抱黄华，庭榴剖珠实。聊以著书情，暂遣他乡日。

寅恪案：《陈书》二七《江总传》（《南史》三六《江夷传》附总传略同）云：

> 总第九舅萧勃先据广州，总又自会稽往依焉。梁元帝平侯景，征总为明威将军、始兴内史，以郡秩米八百斛给总行装。会江陵陷，遂不行。总自此流寓岭南积岁。

又《陈书》九《欧阳頠传》（《南史》六六《欧阳頠传》同）云：

> 梁元帝承制，以始兴郡为东衡州。

据此，总持诗题之衡州，实指东衡州，即伪智恺《序》之衡州始兴郡也。总持既曾流寓岭南，始兴为南北交通要道，行旅之所经过。总持，南朝词人也，自于其地不能不有所题咏。故《初学记》二三载江总《经始兴广果寺题恺法师山房》诗云：

> 息舟候香埠，怅别在寒林。竹近交枝乱，山长绝径深。轻飞入定影，落照有疏阴。不见投云状，空留折桂心。

此恺法师之名虽不可确知，但必知道安之号安法师，慧远之号远公之比，而为某恺。盖僧徒皆例以其二名之下一字见称目也。今除智恺之外，尚未发现其他适当之恺法师，得与江总会聚于始兴之地，然则此恺法师岂即智恺欤？

复次，《通鉴》一六五《梁纪·元帝纪》"承圣三年（此年即五五四年）九月"条云：

> 帝好玄谈，〔九月〕辛卯于龙光殿讲《老子》。曲江侯〔萧〕勃迁居始兴。

据此，则承圣三年九月萧勃实在始兴。又据江总《衡州九日》诗及《经始兴广果寺题恺法师山房》诗，则智恺是时似亦在始兴。可见伪《序》中所述智恺等与萧勃于承圣三年九月十日请真谛翻译《大乘起信论》一事之年月、地理、人名皆与江总诗及《通鉴》切合，而萧勃此时在始兴一事仅载《通鉴》，为梁陈书及《南史》所无，司马氏所纪之原始材料尚未检出。其必有确据，自不待言。（今《梁书》二四《萧景传》不载勃事，《南史》五一《吴平侯景传》附有勃始末，但甚简略。）若后人妄造《序》中此节，何能冥会如是，斯必得有真实资料以为依据。至承圣三年为甲戌而非癸酉，则记述偶差，事所恒有，毋庸置疑。此所谓年月、地理之关系也。

《梁书》六《敬帝纪》（《南史》八《梁本纪下》同）略云：

> 太平二年（此年即五五七年）二月太保、广州刺史萧勃举兵反。

从来举兵之人，无论其是非逆顺，必有自行建树之名号，否则将无以命令处置其部下，此不仅在六朝时如此也。在六朝时，此种自建之名号殊有一定之方式及称谓，已成为朝章国故，非后来不预政治不习掌故之佛教僧侣所能知悉而伪造者也。伪《序》中称萧勃之官衔为：

> 假黄钺大将军。

考《晋书》一〇《安帝纪》略云：

元兴三年三月景戌以幽逼于〔桓〕玄，万机虚旷，令武陵王遵依旧典承制总百官行事，加侍中。

同书六四《武陵忠敬王遵传》云：

朝廷称受密诏，使遵总摄万机，加侍中大将军，移入东宫，内外毕敬，迁转百官，称制书。

《宋书》一《武帝纪》（《南史》一《宋本纪上》同）云：

〔元兴三年〕四月奉武陵王遵为大将军，承制。

南朝从此以为故事。如《南齐书》八《和帝纪》（《南史》五《齐本纪下》同）云：

〔中兴元年〕十二月丙寅建康城平。己巳，皇太后令，以梁王为大司马，录尚书事，骠骑大将军扬州刺史。封建安郡公。依晋武陵王遵承制故事，百僚致敬。

《梁书》一《武帝纪》（《南史》六《梁本纪上》同）略云：

〔中兴元年〕十二月丙寅，宣德皇后授高祖中书监、都督扬南徐二州诸军事，大司马、录尚书、骠骑大将军、扬州刺史。封建安郡公，食邑万户。给班剑四十人。黄钺侍中征讨诸军事并如故。依晋武陵王遵承制故事。

同书五《世祖纪》（《南史》八《梁本纪下》同）云：

〔太清〕三年三月侯景寇没京师。四月太子舍人萧歆至江陵，宣密诏，以世祖为侍中假黄钺大都督中外诸军事司徒承制，余如故。

夫萧勃举兵必自立名号，其立名号必求之相传旧典。今梁陈书及《南史》皆纪载勃举兵始末至简。伪《序》中所述勃之名号，乃远依晋武陵王遵承制故事，近袭梁元帝自立成规，深切适合南朝之政治掌故。若谓后世僧徒绝无真实根据而能杜撰如此，殊于事理不通。此所谓官制掌故之关系也。

依上述二理由，故鄙意以为此《序》虽是伪造，而伪《序》中却有真史料。至以前考证《大乘起信论》之伪者，多据《历代三宝记》立论。其实费书所纪真谛翻译经论之年月、地址亦有问题，殊有再加检讨之必要。其例如近日刊布之日本正仓院天平藏《金光明经·僧隐序》即与《历代三宝记》一一所载者微有参差是也。兹以此事轶出是篇范围，故不置论。

（原载一九四八年十二月《燕京学报》第三十五期）

武瞾与佛教

（甲）本文讨论之范围

《李义山文集》四《纪宜都内人事》略云：

武后篡既久，颇放纵，耽内习，不敬宗庙。四方日有叛逆，防豫不暇。时宜都内人以唾壶进，思有以谏。后坐帷下，倚檀机与语，问四方事。宜都内人曰："大家知古女卑于男耶？"后曰："知。"内人曰："古有女娲，亦不正是天子，佐伏羲理九州耳。后世娘姥有越出房阁断天下事者，皆不得其正，多是辅昏主，不然抱小儿。独大家革天姓，改去钗钏，袭服冠冕，符瑞日至，大臣不敢动，真天子也。大家始今日能屏去男妾，独立天下，则阳之刚亢明烈可有矣。如是过万万世，男子益削，女子益专。妾之愿在此。"后虽不能尽用，然即日下令诛作明堂者。（寅恪案：此指薛怀义。）

寅恪案：武曌在中国历史上诚为最奇特之人物，宜都内人之语非夸词，皆事实也。自来论武曌者虽颇多，其实少所发明。兹篇依据旧史及近出佚籍，参校推证，设一假定之说，或于此国史上奇特人物之认识，亦一助也。但此文所讨论者，仅以武曌与佛教之关系为范围，即其母氏家世宗教信仰之薰习及其本身政治特殊地位之证明二点。其他政治文化等问题与武曌有关者，俱不涉及，以明界限。

（乙）杨隋皇室之佛教信仰

南北朝诸皇室中与佛教关系最深切者，南朝则萧梁，北朝则杨隋，两家而已。两家在唐初皆为亡国遗裔。其昔时之政治地位，虽已丧失大半，然其世代遗传之宗教信仰，固继承不替，与梁、隋盛日无异也。请先以萧梁后裔萧瑀之事证之。

《旧唐书》六三《萧瑀传》略云：

瑀字时文，高祖梁武帝，曾祖昭明太子。祖詧，后梁宣帝。父岿，明帝。好释氏，常修梵行，每与沙门难及苦空，必诣微旨。太宗以瑀好佛道，尝费绣佛像一躯，并绣瑀形状于佛像侧，以为供养之容。又赐王褒所书《大品般若经》一部，并赐袈裟，以充讲诵之服焉。会瑀请出家，太宗谓曰："甚知公素爱桑门，今者不能违意。"瑀旋踵奏曰："臣顷思量，不能出家。"太宗以对群臣吐言而取舍相违，心不能平。瑀寻称足疾，时诣朝堂，又不入见。太宗谓侍臣曰："瑀岂不得其所乎？而自慊如此。"遂手诏曰："至于佛教，非意所遵。虽有国之常经，固弊俗之虚术。何则？求其道者，未验福于将来。修其教者，翻受辜于既往。至若梁武穷心于释氏，简文锐意于法门，倾帑藏以给僧祇，殚人力以供塔庙。及乎三淮沸浪，五岭腾烟，假余息于熊蹯，引残魂于雀彀。子孙覆亡而不暇，社稷俄顷而为墟。报施之征，何其缪也。而太子太保宋国公瑀践覆车之余轨，袭亡国之遗风。弃公就私，未明隐显之际；身俗口道，莫辩邪正之心。修累叶之殃源，祈一躬之福本。上以违忤君主，下则扇习浮华。往前朕谓张亮云：'卿既事佛，何不出家？'瑀乃端然自应，请先入道。朕即许之，寻复不用。一回一惑，在于瞬息之间；自可自否，变于帷扆之所。乖栋梁之大体，岂具瞻之量乎？朕犹隐忍至今，瑀尚全无悛改。宜即去兹朝阙，出牧小藩。可商州刺史，仍除其封。"

唐释彦悰《护法沙门法琳别传》中载贞观十一年正月（《适园丛书》本《唐大诏令集》一一三作"二月"）《道士女冠在僧尼之上诏》略云：

至于佛教之兴，基于西域。爰自东汉，方被中华。神变之理多方，报应之缘匪一。暨乎近世，崇信滋深。人冀当年之福，家惧来生之祸。由是滞俗者闻玄宗而大笑，好异者望真谛而争归。始波涌于闾里，终风靡于朝廷。遂使殊俗之典，郁为众妙之先；诸夏之教，翻居一乘之后。流遁忘反，于兹累代。朕夙夜寅畏，缅惟至道。思革前弊，纳诸轨物。况朕之本系，出自柱下。鼎祚克昌，既凭上德之庆；天下大定，亦赖无为之功。宜有解张，阐兹玄化。自今已后，齐供行立。至于讲论，道士女冠宜在僧尼之前。庶敦本系之化，畅于九有；尊祖宗之风，贻诸万叶。

观上录唐太宗两诏，知佛教自隋文帝践祚复兴以来，至唐太宗贞观十一年，始遭一严重之压迫。前此十年，即唐高祖武德九年五月虽有沙汰僧尼道士女冠之诏，其实并未实行（详见《旧唐书》一《高祖纪》及《通鉴》一九一"武德九年五月辛巳下诏命有司沙汰天下僧尼道士女冠"条）。且彼时诏书，兼涉道士女冠，非专为僧尼而发也。盖佛教自北周武帝废灭以后，因隋文帝之革周命而复兴。唐又代隋，以李氏为唐国姓之故，本易为道士所利用。而太宗英主，其对佛教，虽偶一褒扬，似亦崇奉者。如贞观三年闰十二月癸丑为殒身戎阵者建立寺刹（见《旧唐书》二及《新唐书》二《太宗纪》），及优礼玄奘等（详见《慈恩大师传》六），皆其显著之例。其实太宗于此等事皆别有政治作用。若推其本心，则诚如其责萧瑀诏书所谓"至于佛教，非意所遵"者也。当日佛教处此新朝不利环境之中，惟有利用政局之变迁，以恢复其丧失之地位。而不意竟于"袭亡国遗风"之旧朝别系中，觅得一中兴教法之宗主。今欲论此中兴教法宗主之武曌与佛教之关系，请先略述其外家杨隋皇室崇奉释氏之事实于下：

唐释道宣《集古今佛道论衡实录》二"隋两帝重佛宗法俱受归戒事"条云：

案隋著作郎王邵述《隋祖起居注》云："帝以后魏大统七年六月十三日生于同州般若尼寺。于时赤光照室，流溢户外，紫气满庭，状如楼阁，色染人衣，内外惊异。帝母以时炎热，就而扇之，寒甚几绝，困不能啼。有神尼者名曰智仙，河东刘氏女也。少出家，有戒行。和尚失之，恐堕井，乃在佛屋，俨然坐定，遂以禅观为业。及帝诞日，无因而至。语太祖曰：'儿天佛所祐，勿忧也。'尼遂名帝为'那罗延'，言如金刚不可坏也。又曰：'儿来处异伦，俗家秽杂，自为养之。'太祖乃割宅为寺，以儿委尼，不敢召问。后皇妣来抱，忽化为龙，惊惶堕地。尼曰：'何因妄触我儿，遂令晚得天下。'及年七岁，告帝曰：'儿当大贵，从东国来。佛法当灭，由儿兴之。'尼沉静寡言，时道吉凶，莫不符验。初在寺养帝，年至十三，方始还家。及周灭二教，尼隐皇家。帝后果自山东入为天子，重兴佛法，皆如尼言。及登位后，每顾群臣，追念阿阇黎，以为口实。又云：'我兴由佛法，而好食麻豆，前身似从道人中来。由小时在寺，至今乐闻钟声。'乃命史官为尼作传。帝昔龙潜所经四十五州，及登极后，悉皆同时起大兴国寺。仁寿元年，帝及后官同感舍利，并放光明，砧槌试之，宛然无损。遂前后置塔诸州，百有余所。皆置铭勒，隐于地府。感发神端，充牣耳目。具如王邵所撰《感应传》。所以周祖窃忌黑衣当王，便摧灭佛法。莫识隋祖元养佛家。王者不死，何由可识？"（参考道宣《续高僧传》二六《感通篇·隋释道密传》）

《隋书》一《高祖纪》（《北史》一一《隋本纪》同）云：

皇妣吕氏，以大统七年六月癸丑夜，生高祖于冯翊般若寺，紫气充庭。有尼来自河东，谓皇妣曰："此儿所从来甚异，不可于俗间处之。"尼将高祖舍于别馆，躬自抚养。皇妣尝抱高祖，忽见头上角出，遍体鳞起。皇妣大骇，坠高祖于地。尼自外入，见曰："已惊我儿，致令晚得天下。"

道宣《广弘明集》一七隋安德王雄、百官等《庆舍利感应表》云：

其〔蒲州〕栖岩寺者，即是太祖武元皇帝之所建造。

寅恪案：帝王创业，史臣记述，例有符瑞附会之语，杨隋之兴，何得独异？但除去此类附会例语之外，有可注意者二事：一为隋高祖父母之佛教信仰，一为隋高祖本身幼时之佛教环境。夫杨氏为北周勋戚，当北周灭佛之时，而智仙潜匿其家，则杨氏一门之为佛教坚实信徒，不随时主之好恶转移，于此益可以证明也。

《隋书》三五《经籍志·道佛经类》云：

> 开皇元年，高祖普诏天下，任听出家。仍令计口出钱，营造经像。而京师及并州、相州、洛州等诸大都邑之处，并官写一切经，置于寺内，而又别写藏于秘阁。天下之人从风而靡，竞相景慕。民间佛经多于六经数十百倍（参阅《通鉴》一七五《陈纪》宣帝太建十三年"隋主诏境内之民任听出家"条）。

《续高僧传》八《隋释昙延传》略云：

> 隋文创业，未展度僧。延初闻改政，即事剃落。法服执锡，来至王庭。帝奉闻雅度，欣泰本怀。共论开化之模，孚化之本。延以寺宇未广，教法方隆。奏请度僧，以应千二百五十比丘、五百童子之数。敕遂总度一千余人，以副延请。此皇隋释化之开业也。尔后遂多，凡前后别请度者，应有四千余僧。周废伽蓝并请兴复。三宝再弘，功兼初运者，又延之力矣。

寅恪案：周武帝废灭佛教。隋文帝代周自立，其开国首政即为恢复佛教。此固别有政治上之作用，而其家世及本身幼时之信仰，要为一重要之原因，则无疑也。至于炀帝，在中国历史上通常认为弑父弑君荒淫暴虐之主，与桀、纣、幽、厉同科，或更不如者。然因其崇奉佛教，尤与天台宗创造者智者大师有深切之关系之故，其在佛教中之地位，适与其在儒家教义中者相反，此乃吾国二种不同文化价值论上之问题，不止若唐代改易《汉书·古今人表》中老子等级之比也。此问题非兹篇所能详论，今但择录天台宗著述中与此问题有关之文，略附诠释，以供参证。

南宋天台宗僧徒志磐撰《佛祖统纪》三九"开皇十一年晋王广受菩萨戒于智者大师"条述曰：

世谓炀帝禀戒学慧，而弑父代立。何智者之不知预鉴耶？然能借阇王之事以比决之，则此滞自销。故观《经疏》释之（寅恪案：此指智者大师之《观无量寿佛经疏》），则有二义：一者事属前因，由彼宿怨，来为父子。故阿阇世此云："未生怨。"二者大权现逆，非同俗间恶逆之比。故佛言："阇王昔于毗婆尸佛发菩提心，未尝堕于地狱。"（原注："《涅槃经》云。"寅恪案：此语出北本《大涅槃经》二十《梵行品》第八之七末段。）又佛为授记，却作后佛，号"净身"。（原注："《阇王受决经》。"寅恪案：今此经文作"净其所部"。志磐所据本"其"作"身"字，故云"净身"。）又"阇王未受果而求忏，令无量人发菩提心。"（寅恪案：原本此处有"垂裕记"三字。今移置下文"孤山"二字之下。）有能熟思此等文意，则知智者之于炀帝鉴之深矣。故智者自云："我与晋王深有缘契。"今观其始则护庐山主玉泉，终则创国清，保龛垄。而章安结集，十年送供。（原注："事见《智者本纪》。"寅恪案：见《佛祖统纪》六《智者纪》。原注本在篇末，今移于此。）以是比知，则炀帝之事，亦应有前因、现逆二者之义。孤山〔垂裕记〕云："菩萨住首楞严定者或现无道，所以为百王之监也。"（寅恪案：此语见孤山即智圆《维摩经略疏垂裕记》一。）

寅恪案：阿阇世王为弑父弑君之恶主。然佛教经典如《大涅槃经》

《梵行品》则列举多种理由，以明其无罪。非但无罪，如《阿阇世王受决经》且载其未来成佛之预言。智圆之书成于北宋初期，志磐之书成于南宋季世。虽皆较晚，疑其所论俱出于唐代天台宗相承之微言，而非二人之臆说也。夫中国佛教徒以隋炀帝比于阿阇世王，则隋炀在佛教中，其地位之尊，远非其他中国历代帝王所能并论。此点与儒家之评价适得其反。二种文化之同异是非，于此不必讨论。但隋文帝重兴释氏于周武灭法之后，隋炀帝又隆礼台宗于智者阐教之时，其家世之宗教信仰，固可以推测得知。而武曌之母杨氏既为隋之宗室子孙，则其人之笃信佛教，亦不足为异矣。兹节录旧史及佛藏之文于后，以资证明。

《旧唐书》一八三《外戚传》（《新唐书》二〇六《外戚传》同）略云：

> 初〔武〕士彟娶相里氏，又娶杨氏，生三女。长适越王府功曹贺兰越石，次则天，次适郭氏。则天立为皇后，追赠士彟为司徒周忠孝王，封杨氏代国夫人。贺兰越石早卒，封其妻为韩国夫人。寻杨氏改封为荣国夫人。咸亨二年荣国夫人卒。

《新唐书》一〇〇《杨恭仁传》（《旧唐书》六二《杨恭仁传》略同）略云：

> 杨恭仁，隋〔司空〕观王雄子也。执柔，恭仁从孙，历地官尚书。武后母即恭仁叔父达之女。及临朝，武承嗣、攸宁相继用事。后曰："要欲我家及外氏常一人为宰相。"乃以执柔同中书门下三品。

《新唐书》七一下《宰相世系表》"杨氏观王"条云：

达字士达。隋纳言，始安泰侯（寅恪案：《隋书》四三《北
史》六八《杨达传》"泰"作"恭"，应据改）。

《旧唐书》五二《后妃传下·玄宗元献皇后杨氏传》（《新唐书》七
六《后妃传上》同）云：

玄宗元献皇后杨氏，弘农华阴人。曾祖士达，隋纳言。天授中
以则天母族，追封士达为郑王，赠太尉。

钱易《南部新书》甲云：

龙朔中杨思玄恃外戚典选，多排斥选士。

《新唐书》七一下《宰相世系表》"杨氏观王房"条云：

思玄，吏部侍郎。

寅恪案：依据上述，可知武曌之母杨氏为隋宗室观王雄弟始安侯达
之女。观王雄者，即前引《广弘明集》一七隋安德王雄、百官等
《庆舍利感应表》之安德王雄。雄及其弟达事迹，详见《周书》二
九、《隋书》四三及《北史》六八等本传，兹不备录。此武曌血统
与杨隋关系之可推寻者。自来论史者多不及此事，其实此点甚可注
意也。

唐释彦悰所编之《沙门不应拜俗等事》三载龙朔二年四月二十
七日西明寺僧道宣等《上荣国夫人杨氏请论沙门不合拜俗启》一首，
下注云：

夫人帝后之母也。敬崇正化，大建福门，造像书经，架筑相
续。出入宫禁，荣问莫加。僧等诣门致书云尔。

又彦悰书六尚载有龙朔二年八月十三日西明寺僧道宣等《重上
荣国夫人杨氏请论不合拜亲启》一首。据此可知武曌之母杨氏必为

笃信佛教之人，故僧徒欲借其力以保存不拜俗之教规。至杨氏所以笃信佛教之由，今以史料缺乏，虽不能确言，但就南北朝人士其道教之信仰，多因于家世遗传之事实推测之（参阅拙著《天师道与滨海地域之关系》），则荣国夫人之笃信佛教，亦必由杨隋宗室家世遗传所致。荣国夫人既笃信佛教，武曌幼时受其家庭环境佛教之薰习，自不待言。又据伦敦博物馆藏敦煌写本《大云经疏》（见罗福苌《沙州文录补》）中"伏承神皇幼小时已被缁服"之语，则武曌必在入宫以前，已有一度正式或非正式为沙弥尼之事。所以知者，据《通鉴考异》十贞观十一年"武士彟女年十四入宫"条云：

> 旧《则天本纪》：崩时年八十二。《唐历》、焦璐《唐朝年代记》、《统记》、马总《唐年小录》、《圣运图》、《会要》皆云八十一。《唐录政要》：贞观十三年入宫。据武氏入宫年十四。今从吴兢《则天实录》为八十二。故置此年。

若依君实之考定，武曌既于贞观十一年年十四岁入宫，则贞观二十三年太宗崩后，出宫居感业寺为尼时，其年已二十六岁。以二十六岁之年，古人决不以为幼小。故幼小之语，显指武曌年十四岁未入宫以前而言。然则武曌幼时，即已一度正式或非正式为沙弥尼。其受母氏佛教信仰影响之深切，得此一事更可证明矣。后来僧徒即借武曌家庭传统之信仰，以恢复其自李唐开国以来所丧失之权势。而武曌复转借佛教经典之教义，以证明其政治上所享之特殊地位。二者之所以能彼此互相利用，实有长久之因缘，非一朝一夕偶然所可致者，此本篇所讨论问题之第一点也。

（丙）武曌与佛教符谶之关系

儒家经典不许妇人与闻国政。其显著之例如《尚书·牧誓》云：

> 牝鸡无晨。牝鸡之晨，惟家之索。

伪《孔传》云：

> 雌代雄鸣则家尽；妇夺夫政则国亡。

《诗·大雅·瞻卬》云：

> 如贾三倍，君子是识。妇无公事，休其蚕织。

《毛传》云：

> 妇人无与外政，虽王后犹以蚕织为事。

《郑笺》云：

> 贾物而有三倍之利者，小人所宜知也。君子反知之，非其宜也。今妇人休其蚕桑织纴之职，而与朝廷之事，其非宜亦犹是也。

观此即知武曌以女身而为帝王，开中国政治上未有之创局。如欲证明其特殊地位之合理，决不能于儒家经典求之。此武曌革唐为周，所以不得不假托佛教符谶之故也。考佛陀原始教义，本亦轻贱女身。如《大爱道比丘尼经》下所列举女人之八十四态，即是其例。后来演变，渐易初旨。末流至于大乘急进派之经典，其中乃有以女身受记为转轮圣王成佛之教义。此诚所谓非常异义可怪之论也。武曌颁行天下以为受命符谶之《大云经》，即属于此大乘急进派之经典。其原本实出自天竺，非支那所伪造也。

近岁敦煌石室发见《大云经疏》残卷。王国维氏为之跋尾，考证甚确（并见《沙州文录补》）。兹节录其文与本篇主旨有关者于后，并略附以诠释。凡王氏跋中所已详者，皆不重论。但佛典原文王跋未及备载，兹亦补录其有关者，以资参校，而便说明。

《大云经疏》王氏跋云：

卷中所引经日及经记云云，均见后凉昙无谶所译《大方等无想经》。此经又有竺法念译本，名《大云无想经》。昙公译本中亦屡见"大云"字，故知此为《大云经疏》也。（寅恪案："竺法念"应作"竺佛念"，盖王氏偶尔笔误。至昙无谶所译，仅高丽藏本作《大方等无想经》，其余宋、元、明等藏及日本宫内省所藏诸本俱作《大方等大云经》也。）案《旧唐书·则天皇后本纪》，"载初元年，有沙门十人伪撰《大云经》，表上之，盛言神皇受命之事。制颁于天下，令诸州各置大云寺，总度僧千人"。又《薛怀义传》，"怀义与法明等造《大云经》，陈符命，言则天是弥勒下生，作阎浮提主，唐氏合微。故则天革命称周。其伪《大云经》颁于天下，寺各藏一本，令升高座讲说"。《新唐书·后妃传》所纪略同。宋次道《长安志》记《大云寺经》亦云："武太后初，光明寺沙门进《大云经》，经中有女主之符，因改为大云寺。"皆以此经为武后时伪造。然后凉译本之末，固详说黑河女主之事，故赞宁《僧史》略谓"此经晋代已译，旧本便日'女王'，于时岂有天后"云云，颇以《唐书》之说为非。志磐《佛祖统纪》从之，故于武后载初元年书"敕沙门法朗九人重译《大云经》"，不云伪造。

今观此卷所引经文，皆与凉译无甚差池。岂符命之说皆在《疏》中，经文但稍加缘饰，不尽伪托欤？又此《疏》之成，盖与伪经同颁天下。故敦煌寺中尚藏此残卷。

寅恪案：武曌之颁行《大云经》于全国，与新莽之"遣五威将军王奇等十二人班符命四十二篇于天下"（见《汉书》九九中《王莽传》）正同一政治作用。盖革命开国之初，对于民众宣传及证明其新取得地位之合理也。今检昙无谶译《大方等大云经》四《大云初分如来涅槃健度》第三十六略云：

佛告净光天女言：汝于彼佛暂一闻《大涅槃经》。以是因缘，今得天身。值我出世，复闻深义。舍是天形，即以女身当王国土，得转轮王所统领处四分之一。（寅恪案：此武曌所以称金轮皇帝之故。）汝于尔时实为菩萨。为化众生，现受女身。

又同经六《大云初分增长健度》第三十七之余略云：

我涅槃已七百年后，是南天竺有一小国，名曰无明。彼国有河，名曰黑暗。南岸有城，名曰谷熟。其城有王，名曰等乘。其王夫人产育一女，名曰增长。其王未免忽然崩亡。尔时诸臣即奉此女以继王嗣。女既承正，威伏天下。阎浮提中所有国土悉来承奉，无拒违者。

寅恪案：观昙无谶译《大方等大云经》之原文，则知不独史籍如《旧唐书》等之伪造说为诬枉，即僧徒如志磐辈之重译说，亦非事实。今取敦煌残本，即当时颁行天下以为受命符谶之原本，与今佛藏传本参校，几全部符合。间有一二字句差池之处，而意亦无不同。此古来书册传写所习见者，殊不能据此以为有歧异之二译本也。又因此可知薛怀义等当时即取旧译之本，附以新疏，巧为傅会。其于昙本原文，则全部袭用，绝无改易。既不伪造，亦非重译。然则王跋以为"经文但稍加缘饰，不尽伪托"，又云"此疏之成，盖与伪经同颁天下"，则尚有未谛也。盖武曌政治上特殊之地位，既不能于儒家经典中得一合理之证明，自不得不转求之于佛教经典。而此佛教经典若为新译或伪造，则必假托译主，或别撰经文。其事既不甚易作，其书更难取信于人。仍不如即取前代旧译之原本，曲为比附，较之伪造或重译者，犹为事半而功倍。由此观之，近世学者往往以新莽篡汉之故，辄谓古文诸经及《太史公书》等悉为刘歆所伪造或窜改者，其说殆不尽然。寅恪不敢观三代两汉之书，固不足以判决其是非。而其事亦轶出本篇范围之外，尤不必涉及。但武曌之颁行《大云经》与王莽之班符命四十二篇，其事正复相类，自可取与并论。至若李思顺解释《大云经》以为唐兴之符命一案，则又"刘秀当为天子"之类也（见《通典》一六九《刑典七·守正门》)。此类政治与符谶关系，前人治史，多不知其重要，故特辨之如此。佛教在李唐初期为道教所压抑之后，所以能至武周革命而恢复其杨隋时所享之地位者，其原因固甚复杂，而其经典教义可供女主符命附会之利用，要为一主因。兹移录《唐大诏令集》一一三所载武周天授二年三月《释教在道教之上制》以为证明。

朕先蒙金口之记，又承宝偈之文。历教表于当今，本愿标于曩劫。《大云》阐奥，明王国之祯符；《方寺》（寅恪案："寺"当作"等"，即指《大方等大云经》而言）发扬，显自在之丕业。驭一境而敦化，弘五戒以训人。爰开革命之阶，方启维新之命。宜协随时之义，以申自我之规。虽实际如如，理忘于先后；而翘心恳恳，思展于勤诚。自今以后，释教宜在道法之上，缁服处黄冠之前，庶得道有识以归依，极群生于回向。布告遐迩，知朕意焉。

观此制文，凡武曌在政治上新取得之地位，悉与佛典之教义为证明，则知佛教符谶与武周革命之关系，其深切有如是者。此本篇所讨论问题之第二点也。

（丁）结　论

自贞观十一年（西历六三七年）正月（或二月，见乙章），诏道士、女冠在僧尼之上（诏文见乙章），历五十四年至天授二年（西历六九一年）三月，周已革唐命，而有《释教在道法之上之制》（制文见丙章）。又历二十年唐室中兴之后，景云二年（西历七一一年），复敕僧道齐行并进（敕文见《唐大诏令集》一一三）。约而论之，凡有三变。若通计自隋炀帝大业之世迄于唐睿宗景云之初，此一百年间佛教地位之升降与当时政治之变易实有关系。而与此百年间政治上三大怪杰即隋炀帝、唐太宗及武曌尤多所关涉。故综合前后政治之因果，依据中西文化之同异，类次旧文，间附臆说，成此短篇，以供研求国史中政治与宗教问题者之参证。

兹有间接与《大云经》有关之谢灵运《辨宗论》中华夷分别一点，略论述之如下。但只就此端范围推论，其余涉及佛教大、小乘教义之演变诸问题，则概从省略，以免枝蔓。严可均辑《全宋文》三二谢灵运《辨宗论》云：

> 华民易于见理，难于受教，故闭其累学，而开其一极。夷人易于受教，难于见理，故闭其顿了，而开其渐悟。渐悟虽可至，昧顿了之实，一极虽知寄，绝累学之冀。良由华人悟理无渐，而诬道无学，夷人悟理有学，而诬道有渐。是故权实虽同，其用各异。

寅恪案：灵运文中所讨论者，在华人主顿夷人主渐一事，专为道生之《大涅槃经》而发。

慧皎《高僧传》七《义解四·竺道生传》略云：

> 又六卷《泥洹》先至京都，生剖析经理，洞入幽微，乃说一阐提人皆得成佛。于时大本未传，孤明先发，独见忤众，于是旧学以为邪说，讥愤滋甚，遂显大众摈而遣之。后《涅槃》大本至于南京，果称阐提悉有佛性，与前所说合若符契。

今据同书二《昙无谶传》略云：

> (谶)往罽宾赍《大涅槃》前分十卷。顷之，复进到姑臧，译写初分十卷。次译《大集》《大云》《悲华》《地持》《优婆塞戒》《金光明》《海龙王》《菩萨戒本》等六十余万言。谶以《涅槃经》本品数未足，还外国究寻。后于于阗更得经本中分，复还姑臧译之。后又遣使于阗，寻得后分，于是续译为三十三卷。

然则一阐提可以成佛之《大涅槃经》出于于阗，确有证明。

《玄奘大唐西域记》一二《瞿萨旦那国》：

> 王城东南五六里，有鹿射僧伽蓝，此国先王妃所立也。昔者此国未知桑蚕，闻东国有之，命使以求。时东国君秘而不赐，严敕关防，无令桑蚕种出也。瞿萨旦那王乃卑辞下礼，求婚东国，国君有怀远之志，遂允其请。瞿萨旦那王命使迎妇而诫曰："尔致辞东国君女，我国素无丝绵桑蚕之种，可以持来，自为裳服。"女闻其言，密求其种，以桑蚕之子置帽絮中。既至关防，主者遍索，唯王女帽不敢以检，遂入瞿萨旦那国，止鹿射伽蓝故地。方备仪礼，奉迎入宫，以桑蚕种留于此地，阳春告始，乃植其桑。蚕月既临，复事采养。初至也，尚以杂叶饲之，自时厥后，桑树连荫，王妃乃刻石为制，不令伤杀，蚕蛾飞尽，乃得治茧，敢有犯违，明神不祐，遂为先蚕建此伽蓝，数株枯桑，云是本种之树也。故今此国有蚕不杀，窃有取丝者，来年辄不宜蚕。

及《北史》九七《西域传·于阗国传》（参《魏书》一〇二《西域传》）云：

> 自高昌以西，诸国人等，深目高鼻，唯此一国，貌不甚胡，颇类华夏。

可见于阗之地，旧为华夏民族移居之土。《大涅槃经》既出于阗，又主张顿悟，灵运谓华人主顿悟，殊有根据，未可以想象之空论目之也。

《历代三宝记》一二"新合大集经"条略云：

于阗东南二千余里，有遮拘迦国，彼王纯信敬重大乘。彼土又称，此国东南二十余里，有山甚险，其内安置《大集》《华严》《方等》《宝积》《楞伽》《方广舍利》《弗陀罗尼》《华聚陀罗尼》《都萨罗藏》《摩诃般若》《八部般若》《大云经》等凡十二部，皆十万偈。

寅恪按：《历代三宝记》所引此文与澄观《大方广佛华严经随疏演义钞》一五所录文字略有出入，"遮拘迦"作"遮拘槃"，藏《大云经》等十二部作十一部。"槃"与"迦"表面似非同一对音，但王明清《挥麈后录》六云：

赵正夫〔挺之〕丞相元祐中与黄太史鲁直〔庭坚〕俱在馆阁，鲁直以其鲁人，意常轻之。每庖吏来问食次，正夫必曰："来日吃蒸饼。"一日聚饭行令，鲁直云："欲五字从首至尾各一字，复合成一字。"正夫沉吟久之曰："禾女委鬼魏。"鲁直应声曰："来力敕正整。"协正夫之音。阖座大笑。

然则赵挺之读"饼"为"整"，乃其乡音，可见"迦"与"槃"之对音互异，亦由当日地方之土音不同所致也。至于藏经部数，应以十一部为是。夫《大云经》虽未明言出于于阗国，但与于阗相邻近之遮拘迦国有关，确有明证。《大唐西域记》一二"斫句迦国"条略云：

周千余里，编户殷盛。临带两河，颇以耕植蒲萄梨柰。文字同瞿萨旦那国，言语有异。此国中大乘经典部数尤多，佛法至处，莫斯为盛也。十万颂为部者凡有十数，自兹已降，其流实广，从此而东，逾岭越谷，行八百余里，至瞿萨旦那国。

《册府元龟》九六〇《外臣部·土风二》云：

> 〔于阗〕国人善铸铜器，其治曰西山城，有屋室市井，果蓏菜蔬与中国等，尤信佛法。

可知遮拘迦国即《大唐西域记》中之斫句迦国。《历代三宝记》所云"东南二千余里"当是讹写，与《西域记》等所载，此国位置，绝不能有此辽远之里程也。此国崇尚大乘，文化虽较于阗为低，但其人仍属于阗之影响，据言文字与于阗国同。可证此大乘文化，实从于阗而来。寅恪昔年与钢君和泰比较各种文字之《金刚经》，始知玄奘所译之本源出自于阗文。是以较其他译本为繁。惜此稿本经已不见，故无从详加说明也。

综合言之，《大云经》虽不出于阗，但亦出自于阗相近之遮拘迦。据《北史》九七《西域传·于阗国传》略云：

> 土宜五谷并桑麻。城东有大水北流，号树枝水。城西十五里亦有大水名达利水，与树枝水会，俱北流。

达利河即土耳其语言之 Kara Kachi，Kara 为黑暗之义，与"土宜五谷并桑麻"等语，翊似皆可与《大云经》所言"有一小国，名曰无明。彼国有河，名曰黑暗。南岸有城，名曰熟谷"等文相印证。由是言之，武曌所据以女身得为帝王之教义亦间接出自于阗，与谢灵运《辨宗论》及遮拘迦之华夏移民实有间接关系也。复曌因中国儒教等经典最重男轻女，不许女身得为帝王，故不得已求之于华夏民族以外之经典，借资宣传。殊不知女身得为帝王之说，实源出华夏移民所主张，此俗所谓家有祖传之宝，苟为子孙所忘，而别从他人求乞。斯真为中外学说历史之一奇事也。今述《大云经》教义已毕，聊举此端，以供好事之博雅通人一笑云尔。

附　注

关于武曌与佛教符谶之问题，可参考矢吹庆辉博士著《三阶教之研究》及汤用彤先生所作同书之跋文（载《史学杂志》第二卷第五十六期合刊）。总而言之，《大周刊定众经目录》不著录新译《大云经》，尤足证薛怀义等无重译或伪撰此经之事也。

（原载一九三五年十二月《历史语言研究所集刊》第五本第二分）

读《洛阳伽蓝记》书后

刘知几《史通》五《补注篇》云：

亦有躬为史臣，手自刊补，虽志存贬博，而才阙伦叙。除烦则意有所吝，毕载则言有所妨。遂乃定彼榛楛，列为子注。若萧大圜《淮海乱离志》，羊衒之《洛阳伽蓝记》，宋孝王《关东风俗传》，王邵《齐志》之类是也。

顾广圻《思适斋集》一四《洛阳伽蓝记跋》略云：

予尝读《史通·补注》，知此书原用大小字分别书之，今一概连写，是混注入正文也。意欲如全谢山治《水经注》之例，改定一本，惜牵率乏暇，汗青无日，爰标识于最后，世之通才倘依此例求之，于读是书，思过半矣。

于是吴若准《洛阳伽蓝记集证》即依顾氏之说，分析正文子注，群推为善本。吴氏自序其书云：

古本既无由见，未必一如旧观，而纲目粗具，读是书者，或有取乎？

然吴本正文太简，子注过繁。其所分析疑与杨书旧观相去甚远，唐晏因是有《洛阳伽蓝记钩沉》之作。其《洛阳伽蓝记钩沉·自序》云：

昔唐刘知几谓《洛阳伽蓝记》"定彼榛楛，列为子注"，斯言已逾千岁，而世行本皆刊于明代，子注已杂入正文，无复分别，亦竟无人为料理出之，此书遂不可读矣。近者之江吴氏创始为之画分段落，正文与注甫得眉目。然究嫌其限域未清，混淆不免，虽少胜于旧编，犹未尽夫尘障。鄙人索居海上，偶展此书，觉有会于心，乃信手钩乙。数则以后，迎刃而解，都已尽卷，未敢谓足揆原编，然较各本则有间矣。

故唐本正文较之吴本溢出三倍，似可少纠吴氏之失。但唐氏之分别正文子注，其标准多由主观，是否符合杨书之旧，仍甚可疑。近人张宗祥君之《洛阳伽蓝记合校本》附录吴本及唐本所分正文，并记其后。略云：

> 昔顾涧薲先生欲仿全氏治《水经注》之例，分别此书注文而未果。吴氏闻斯言于其舅朱氏，集证本遂起而分之。然极简略，恐非杨氏之旧。如杨氏旧文果如吴氏所述，则记文寥寥，注文繁重，作注而非作记矣。杨氏具史才，当不如此。唐氏复因吴氏之简，起而正之。然第五卷原本注文且误入正文，则亦未为尽合也。盖此书子注之难分，实非《水经注》之比。苟无如隐以前之古本可以勘正，实不必泥顾氏之说，强为分析，致蹈明人窜改古籍之覆辙也。

张君于唐氏所定第一卷"城内永宁寺"条正文"东西两门皆亦如之"一节下附案语云：

> "东西两门皆亦如之"者，言与"南门图以云气云云"种种相同也。今"图以云气"四十一字作注文，则"皆亦如之"一语，无归宿矣。

于第五卷"城北凝圆寺"条"所谓永平里也注"之"注"字下附案语云：

> 衔之此记本自有注，不知何时并入正文，遂至不能分别。此"注"字之幸存者，自此至下文"不可胜数"句，当是凝圆寺注文。《钩沉》本以此下一句为正文。

又于其附录之《钩沉》本正"文城北禅虚寺"条"注即汉太上王广处"句下附以案语，重申其说云：

> 此处"注"字幸存，即"汉太上王广处"六字，明系注文，不得误入正文。

寅恪案：张君之合校本最晚出，其言"不必泥顾氏之说，强为分析，致蹈明人窜改古籍之覆辙"可谓矜慎。于杨书第五卷举出幸存之"注"字，尤足见读书之精审，不仅可以纠正唐氏之违失已也。然窃有所不解者，吴、唐二氏所分析之正文与子注，虽不与杨书原本符会，而杨书原本子注亦必甚多，自无疑义。若凡属子注，悉冠以"注"字，则正文之与注文分别了然，后人传写杨书，转应因此不易淆误。今之注文混入正文者，正坐杨书原本其子注大抵不冠以"注"字，故后人传写牵连，不可分别，遂成今日之本。张君所举之例，疑是杨书原本偶用"注"字，后人不复删去，实非全书子注悉以"注"字冠首也。鄙意衒之习染佛法，其书制裁乃摹拟魏晋南北朝僧徒合本子注之体，刘子玄盖特指其书第五卷惠生、宋云、道荣等西行求法一节，以立说举例，后代章句儒生虽精世典，而罕读佛书，不知南北朝僧徒著作之中实有此体，故于《洛阳伽蓝记》一书之制裁义例懵然未解，固无足异。寅恪昔年尝作《支愍度学说考》，载于历史语言研究所《蔡元培先生六十五岁纪念论文集》中，详考佛书合本子注之体。兹仅引梵夹数事，以此类杨书，证成鄙说，其余不复备论。梁僧祐《出三藏记集》七支敏度《合首楞严经记》，八支道林《大小品对比要钞序》、支敏度《合维摩诘经序》，一一竺县无兰《大比丘二百六十戒三部合异序》等，俱论合本子注之体裁。兹节录一二，以见其例如下。

支敏度《合维摩诘经序》略云：

然斯经梵本出自维耶离，在昔汉兴，始流兹土。于时有优婆塞支恭明，逮及于晋，有法护叔兰，先后译传，别为三经，同本人殊出异，或辞句出入，先后不同，或有无离合，多少各异。若其偏执一经，则失兼通之功。广披其三，则文烦难究。余是以合两令相附，以明所出为本，以兰所出为子，分章断句，使事类相从，令寻之者瞻上视下，读彼案此，足以释乖迂之劳。

竺昙无兰《大比丘二百六十戒三部合异序》云：

余因闲暇，为之三部合异，粗断起尽，以二百六十戒为本，二百五十者为子，以前出常行戒全句系之于事末，而亦有永乖不相似者，有以一为二者，有以三为一者，余复分合，令事相从。

比丘大戒二百六十事（原注："《三部合异》二卷。"）云：

说戒者乃曰：僧和集会，未受大戒者出！僧何等作为？（众僧和聚会，悉受无戒！于僧有何事？）答：说戒。（僧答言：布萨。）不来者嘱授清净说！（诸人者，当说当来之净！答言：说净。）

据上所引，魏晋南北朝僧徒合本子注之体例，可以推知。《洛阳伽蓝记》五"凝圆寺"条，纪述惠生、宋云等使西域事既竟，杨氏结以数语云：

衒之按，惠生《行纪》事多不尽录。今依《道荣传》、宋云《家纪》，故并载之，以备缺文。

观今本《洛阳伽蓝记》杨氏纪惠生使西域一节，辄以宋云言语行事及《道荣传》所述参错成文，其间颇嫌重复，实则杨氏之纪此事，乃合惠生《行纪》、《道荣传》及宋云《家传》三书为一本，即僧徒"合本"之体，支敏度所谓"合令相附"及"使事类相从"者也。杨书此节之文如：

> 至乾陀罗城，东南七里有雀离浮图。《道荣传》云："城东四里。"

即竺昙无兰《大比丘二百六十戒三部合异序》后所附子注之例。其"《道荣传》云：'城东四里。'"乃是正文"东南七里有雀离浮图"之子注也。又杨书此节之"〔迦尼色迦〕王更广塔基三百余步。《道荣传》云：'三百九十步。'"其"《道荣传》云：'三百九十步。'"乃是正文"三百余步"之子注也。其余类此者，不胜枚举。兹仅揭一二例，亦如顾氏之意，欲世之通才依此求之，写成定本，以复杨书之旧观耳。夫《史通》所论实指惠生等西行求法一节，而吴、唐二氏俱以此节悉为子注，张君无所纠正，其意殆同目此文全段皆是子注也。故自杨氏此书正文与子注混淆之后，顾氏虽据《史通》之语，知其书之有注，而未能厘定其文。吴、唐、张三家治此书极勤，亦未能发此久蔽之覆，因举魏晋南北朝僧徒合本子注之例，证成鄙说，为读是书者进一解，并以求教于通知古今文章体制学术流变之君子。

抑更有可申论者，裴松之《三国志注》人所习读，但皆不知其为合本子注之体。刘孝标《世说新语注》亦同一体材，因经后人删削，其合本子注之体材益难辨识。至《水经注》虽知其有子注，而不知其为合本。前人研治者甚多，然终以不晓此义，无所发明，徒资纷扰，殊可悯惜。兹特附及之于篇末。

（原载一九三九年九月《历史语言研究所集刊》第八本第二分）

《大乘义章》书后

《大藏》中此土撰述总诠通论之书，其最著者有三，《大乘法苑义林章》、《宗镜录》及远法师此书是已。《宗镜录》最晚出，亦最繁博。然永明之世支那佛教已渐衰落，故其书虽平正笃实，罕有伦比，而精采微逊，雄盛之气，更远不逮远基之作，亦犹耶教圣奥古斯丁（St. Augustin）与巴士卡儿（Pascal），其钦圣之情固无差异，而欣戚之感则迥不相侔也。基公承慈恩一家之学，颙门绝业，今古无俦，但天竺佛教当震旦之唐代，已非复盛时。而中国六朝之世则不然。其时神州政治，虽为纷争之局，而思想自由，才智之士亦众。佛教输入，各方面皆备，不同后来之拘守一宗一家之说者。尝论支那佛教史，要以鸠摩罗什之时为最盛时代。中国自创之佛宗，如天台宗等，追稽其原始，莫不导源于罗什，盖非偶然也。当六朝之季，综贯包罗数百年间南北两朝诸家宗派学说异同之人，实为慧远。远公事迹见道宣《续高僧传》八。其所著《大乘义章》一书，乃六朝佛教之总汇。道宣所谓"佛法纲要尽于此焉"者也。今取《大乘义章》之文，与隋、唐大师如智𫖮、玄奘诸人之说相关者数条比勘之，以见其异同。

天台智者大师《妙法莲华经玄义》一下，解"四悉檀"为十重。其"一释名"略云：

> 悉檀，天竺语。南岳师例，"大涅槃"，梵汉兼称。"悉"是此言，"檀"是梵语，"悉"之言"遍"，"檀"翻为"施"。佛以四法遍施众生，故言"悉檀"也。

《大乘义章》二四"悉檀义四门分别"条云：

> 四悉檀义，出《大智论》。言悉檀者，是中（外？）国语，此

方义翻，其名不一。如《楞伽》中子注释言，或名为宗，或名为成，或云理也。

寅恪案："悉檀"乃梵语 Siddhânta 之对音，《楞伽》注之言是也。其字从语根 Sidh 衍出，"檀施"之"檀"，乃 dâna 之对音。其字从语根 dâ 衍出，二语绝无关涉，而中文译者，偶以同一之"檀"字对音，遂致智者大师有此误释，殊可笑也。

又道宣《集古今佛道论衡》卷丙"文帝诏令奘法师翻《老子》为梵文事"条云：

〔玄奘〕染翰缀文：厥初云"道"，此乃人言。梵云"末伽"，可以翻"度"。诸道士等一时举袂曰："道"翻"末伽"，失于古译。古称"菩提"，此谓为"道"。未闻"末伽"以为"道"也。奘曰：今翻《道德》，奉敕不轻。须核方言，乃名传旨。"菩提"言"觉"，"末伽"言"道"，唐、梵音义，确尔难乖，岂得浪翻，冒罔天听！道士成英曰："佛陀"言"觉"，"菩提"言"道"，由来盛谈，道俗同委。今翻"末伽"，何得非妄？奘曰：传闻滥真，良谈匪惑。未达梵言，故存恒习。"佛陀"天音，唐言"觉者"。"菩提"天语，人言为"觉"。此则人法两异，声采全乖。"末伽"为"道"，通国齐解。如不见信，谓是妄谈，请以此语，问彼西人。足所行道，彼名何物？非"末伽"者，余是罪人。非惟罔上当时，亦乃取笑天下。

寅恪案："佛陀"梵文为 Buddha，"菩提"梵文为 bodhi，同自语根 Budh 衍出。然一为具体之名，一为抽象之名。所谓"人法两异"者，混而同之，故慈恩以为不可。"末伽"梵文 Mârga 之对音，慈恩以为"道"之确译者也。

《大乘义章》一八"无上菩提义七门分别"条略云：

"菩提"胡语，此翻为"道"。问曰：《经》说第一义谛亦名为
"道"，亦名"菩提"，亦名"涅槃"。"道"与"菩提"，义应
各别。今以何故，宣说"菩提"翻名"道"乎？释言：外国
说"道"名多，亦名"菩提"，亦曰"末伽"。如四谛中，所
有道谛，名"末伽"矣。此方名少，是故翻之，悉名为
"道"。与彼外国"涅槃""毗尼"，此悉名"灭"，其义相似。
《经》中宣说第一义谛名为"道"者，是"末伽道"。名"菩
提"者，是"菩提道"。良以二种，俱名"道"故，得翻"菩
提"而为"道"矣。

寅恪案：慧远之书，皆本之六朝旧说。可知佛典中，"道"之一名，
六朝时已有疑义，固不待慈恩之译《老子》始成问题也。盖佛教初
入中国，名词翻译，不得不依托较为近似之老庄，以期易解。后知
其意义不切当，而教义学说亦渐普及，乃专用对音之"菩提"，而
舍置义译之"道"。此时代变迁所致，亦即六朝旧译与唐代新译
（此指全部佛教翻译事业，非仅就法相宗言）区别之一例，而中国
佛教翻译史中此重公案与今日尤有关系。吾人欲译外国之书，辄有
此方名少之感，斯盖非唐以后之中国人，拘于方以内者所能知矣。

又《大乘义章》一"众经教迹义三门分别"条略云：

〔晋武都山隐士〕刘虬所云"佛教无出顿、渐二门"，是言不
尽。如佛所说四阿含经五部戒律，当知非是顿、渐所摄。所以
而然，彼说被小，不得言顿。说通始终，终时所说，不为入

大，不得言渐。又设余时所为，众生闻小取证，竟不入大，云何言渐？是故顿、渐摄教不尽。又复五时七阶之言，亦是谬浪。

寅恪案：远师学说，多与吉藏相近。嘉祥著述如《法华玄论》一所谓"人秉五时之规矩，格无方之圣化，妄谓此经，犹为半字，明因未圆，辨果不足。五时既尔，四宗亦然。废五、四之妄谈，明究竟之圆旨"及《法华游意》第四《辨教意门》所谓"南方五时说，北土四宗论，无文伤义。昔已详之，今略而不述也"等语，皆是。又窥基《妙法莲华经玄赞》一"显时机"条略云：

> 古有释言，教有五时。乍观可尔，理即不然。今依古义，且破二时，后余三时。并如古人破。恐厌文繁，且略应止。

基公《大乘法苑义林章》一所引《菩提流支法师别传》破刘虬五时判教之说，皆略同《大乘义章》之说，盖同出一源也。可知天台宗五时判教之义，本非创自天台诸祖，不过袭用旧说而稍变易之耳。然与诸祖先后同时诸大师中，亦有不以五时之说为然者。就吾人今日佛教智识论，则五时判教之说，绝无历史事实之根据。其不可信，岂待详辨？然自中国哲学史方面论，凡南北朝五时四宗之说，皆中国人思想整理之一表现，亦此土自创佛教成绩之一，殆未可厚非也。尝谓世间往往有一类学说，以历史语言学论，固为谬妄，而以哲学思想论，未始非进步者。如《易》非卜筮象数之书，王辅嗣、程伊川之《注》《传》，虽与《易》之本义不符，然为一种哲学思想之书，或竟胜于正确之训诂。以此推论，则徐健庵、成容若之经解，亦未必不于阮伯元、王益吾之经解外别具优点，要在从何方面观察评论之耳。

上所举三事，天台悉檀之说为语言之错误，五时判教之说为历史之错误，慈恩末伽之说为翻译之问题。凡此诸端，《大乘义章》皆有详明正确之解释，足见其书之精博，或胜于《大乘法苑义林章》《宗镜录》二书也。

又此书日本刊本，其卷一标题下，有"草书惑人，伤失之甚。传者必真，慎勿草书"等十六字。寅恪所见敦煌石室卷子佛经注疏，大抵草书。合肥张氏藏敦煌草书卷子三种，皆佛经注疏，其一即此书，惜未取以相校。观日本刊本"慎勿草书"之语，则东国所据最初中土写本，似亦为草书，殆当日传写佛典，经论则真书，而注疏则草书。其风尚固如是欤？因并附记之，以质博雅君子。

（原载一九三〇年六月《历史语言研究所集刊》第一本第二分）

禅宗六祖传法偈之分析

神秀、慧能传法偈，《坛经》诸本及《传灯录》等书所载，其字句虽间有歧异之处，而意旨则皆相符会。兹依敦煌本《坛经》之文，分析说明之。

神秀偈曰：

身是菩提树，心如明镜台。时时勤拂拭，莫使有尘埃。

慧能偈曰：

菩提本无树，明镜亦非台。佛性常清净，何处有尘埃。

又偈曰：

心是菩提树，身为明镜台。明镜本清净，何处染尘埃。

敦煌本《坛经》偈文较通行本即后来所修改者，语句拙质，意义重复，尚略存原始形式。至慧能第二偈中"心""身"二字应须互易，当是传写之误。诸如此类，皆显而易见，不待赘言。兹所欲讨论者，即古今读此传法偈者众矣，似皆未甚注意二事：

（一）此偈之譬喻不适当。

（二）此偈之意义未完备。

请分别言之于下。

（一）

何谓譬喻不适当？考印度禅学，其观身之法，往往比人身于芭蕉等易于解剥之植物，以说明阴蕴俱空、肉体可厌之意。此类教义为佛藏中所习见者，无取博征。请引一二佛典原文，以见其例：

鸠摩罗什译《摩诃般若波罗蜜经》二四《善达品第七九》云：

> 行如芭蕉叶，除却不得坚实。

又玄奘译《大般若波罗蜜多经》四七二第二分《善达品第七七之二》（即前经同本异译）云：

> 如实知行如芭蕉树，叶叶析除，实不可得。

又鸠摩罗什等译《禅秘要法经》中云：

> 先自观身，使皮皮相裹，犹如芭蕉，然后安心。

又沮渠京声译《治禅病秘要经》略云：

> 次观厚皮九十九重，犹如芭蕉。次复观肉，亦九十九重，如芭蕉叶。中间有虫，细于秋毫。

> 虫各四头四口九十九尾。次当观骨，见骨皎白，如白琉璃。九十八重，四百四脉入其骨间，流注上下，犹如芭蕉。

据此，可知天竺禅学观身取譬之例。至于传法偈中所谓"菩提树"者，乃一树之专称，释迦牟尼曾坐其下，而成正觉者。依佛陀耶舍共佛念译《长阿含经》一第一分初《大本缘经》所载，先后七佛自毗婆尸至释迦牟尼，皆坐于一定之树下，成最正觉。其关于释迦牟尼之文句，兹移录于下：

> 我今如来至真坐钵多树下，成最正觉。佛时颂曰：

> 我今释迦文。坐于钵多树。

玄奘《西域记》八《摩揭陀国上》云：

> 金刚坐上菩提树者，即毕钵罗之树也。昔佛在世，高数百尺。屡经残伐，犹高四五丈。佛坐其下，成等正觉，因而谓之菩提树焉。茎干黄白，枝叶青翠，冬夏不凋，光鲜无变。

据此，可知菩提树为永久坚牢之宝树，决不能取以比譬变灭无常之肉身，致反乎重心神而轻肉体之教义。此所谓譬喻不适当者也。

（二）

何谓意义未完备？细绎偈文，其意在身心对举。言身则如树，分析皆空。心则如镜，光明普照。今偈文关于心之一方面，已将譬喻及其本体作用叙说详尽，词显而意赅。身之一方面，仅言及譬喻。无论其取譬不伦，即使比拟适当，亦缺少继续之下文，是仅得文意之一半。此所谓意义不完备者也。

然则此偈文义何以致如是之乖舛及不具足乎？应之曰：此盖袭用前人之旧文，集合为一偈，而作者艺术未精，空疏不学，遂令传心之语成为半通之文。请略考禅家故事，以资说明。

此偈中关于心之部分，其比喻及其体用之说明，佛藏之文相与类似者不少。兹仅举其直接关系此偈者一事，即神秀弟子净觉所著《楞伽师资记》中宋朝三藏求那跋陀之安心法。其原文云：

亦如磨镜。镜面上尘落尽，心自明净。

寅恪案：此即宗密《禅源诸诠集都序》二《叙禅宗之息妄修心宗》，所谓"故须依师言教，背境观心，息灭妄念，念尽即觉悟，无所不知。如镜昏尘，须勤勤拂拭，尘尽明现，即无所不照"者是也。凡教义之传播衍绎，必有其渐次变易之迹象，故可依据之，以推测其渊源之所从出，及其成立之所以然。考《续高僧传》二五

《习禅六·昙伦传》（江北刻经处本）略云：

> 释昙伦姓孙氏，汴州浚仪人。十三出家，住修福寺，依端禅师。然端学次第观，便诫伦曰："汝系心鼻端，可得静也。"伦曰："若见有心，可系鼻端。本来不见心相，不知何所系也。"异时〔端禅师〕告曰："令汝学坐，先净昏情。犹如剥葱，一一重重剥却，然后得净。"伦曰："若见有葱，可有剥削。本来无葱，何所剥也。"

据《续高僧传》，昙伦卒于武德末年，年八十余。则其生年必在魏末世。故以时代先后论，神秀、慧能之偈必从此脱胎，可无疑义。芭蕉为南方繁茂之植物，而北地不恒见。端禅师因易以北地日常服食之葱。可谓能近取譬者也。若复易以"冬夏不凋，光鲜无变"之菩提宝树，则比拟不伦，失其本旨矣。盖昙伦学禅故事原谓本来无葱，故无可剥；本来无心，故无可系，身心并举，比拟既切，语意亦完。今神秀、慧能之偈仅得关于心者之一半。其关于身之一半，以文法及文意言，俱不可通。然古今传诵，以为绝妙好词，更无有疑之者，岂不异哉！予因分析偈文内容，证以禅门旧载，为之说明。使参究禅那之人，得知今日所传唐世曹溪顿派，匪独其教义宗风溯源于先代，即文词故实亦莫不掇拾前修之绪余，而此半通半不通之偈文是其一例也。

（原载一九三二年六月《清华学报》第七卷第二期）

《有相夫人生天因缘曲》跋（「有相」写本多识作「有于」）

上虞罗氏藏敦煌石室写本佛曲三种（见《敦煌零拾》卷四），其第三种，贞松先生谓不知演何经。寅恪案：魏吉迦夜、昙曜共译之《杂宝藏经》卷十《优陀羡王缘》有相夫人生天事，适与此合。石室比丘尼之名亦相同。惟国王名称异，或别有所本，未可知也。又义净译《根本说一切有部毗奈耶》卷四十五《入宫门学处第八十二之二》仙道王及月光夫人事，亦与此同。梵文 Divyāvadāna 第三十七 Rudrāyana 品（见一九○七年通报 Prof. Sylvain Lévi 论文），西藏文《甘珠尔·律部》卷九，均载此事。寅恪曾见柏林人类学博物馆土鲁蕃部壁画中有《欢喜王观有相夫人跳舞图》。可知有相夫人生天因缘为西北当日民间盛行之故事，歌曲画图莫不于斯取材。今观佛曲体裁，殆童受《喻鬘论》即所谓马鸣《大庄严经论》之支流，近世弹词一体或由是演绎而成。此亦治文化史者，所不可不知者也。

（原载一九二七年九月清华学校研究院《国学论丛》第一卷第二号）

《须达起精舍因缘曲》跋

上虞罗氏所藏敦煌石室唐写本佛曲第一种（见《敦煌零拾》四之一），首尾俱残阙不完。雪堂参事丈谓不知演何经。寅恪详绎其内容，盖演《须达起精舍因缘》中舍利弗降伏六师一节也。

检《贤愚经》一〇（《大正大藏》本）《须达起精舍品四一》所载：

舍利弗言："正使此辈六师之众，满阎浮提，数如竹林，不能动吾足上一毛，欲较何等，自恣听之。"须达欢喜，更着新衣，沐浴香汤，即往白王："我已问之，六师欲较，恣随其意。"国王是时告诸六师："今听汝等共沙门较。是时六师，宣语国人，却后七日，当于城外宽博之处与沙门较。"舍卫国中十八亿人，时彼国法，击鼓会众。若击铜鼓，八亿人集；若打银鼓，十四亿集；若振金鼓，一切皆集。七日期满，至平博处椎击金鼓，一切都集。六师徒众有三亿人。是时人民悉为国王及其六师敷施高座。尔时须达为舍利弗而施高座。时舍利弗在一树下寂然入定，诸根寂默，游诸禅定，通达无碍，而作是念："此会大众，习邪来久，憍慢自高，草芥群生，当以何德而降伏之？"思惟是已，当以二德，即立誓言："若我无数劫中，慈孝父母，敬尚沙门婆罗门者，我初入会，一切大众当为我礼。"尔时六师见众已集，而舍利弗独未来到，便白王言："瞿昙弟子自知无术，伪求较能，众会既集，怖畏不来。"王告须达："汝师弟子，较时已至，宜来谈论。"是时须达至舍利弗所，长跪白言："大德！大众已集，愿来诣会。"时舍利弗从禅定起，更整衣服，以尼师坛着左肩上，徐详而步，如师子王往诣大众。是时众人见其形容法服有异，及诸六师忽然起立，如风靡草，不觉为礼。时舍利弗便升须达所敷之座。六师众中有一弟子，名劳度差，善知幻术。于大众前咒作一树，自然长大，荫覆众会，枝叶郁茂，华果各异。众人咸言："此变乃是劳度差作。"时舍利弗，便以神力，作旋岚风，吹拔树根，倒着于地，碎为微尘。众人皆言："舍利弗胜，今劳度差便为不如。"又复咒作一池，其池四面，皆以七宝，池水之中，生种种华。众人咸言："是劳度差之所作也。"时舍利弗化作一大六牙白象，其一牙上，有七莲华，一一华上，有七玉女。其象徐详，往诣池边，并含其水，池即时灭。众人悉言："舍利弗胜，劳度差不如。"复作一山，七宝庄严，泉池树木，华果茂盛。众人咸言："此是劳度差作。"时舍利弗即便化作金刚力士，以金刚杵，遥用指之，山即破坏，无有遗余。众会皆言："舍利弗胜，劳度差不如。"

故寅恪颇疑此残卷卷首第一之"毛"字，或即"不能动吾足上一毛"之"毛"字。考巴利文《增一阿含经》Auguttara-Nikāya（英伦巴利学会本）第一篇 Eku-Nipāta 第一四品 Etadagga-Vagga 列举释迦牟尼诸大弟子品德，称舍利弗为大智慧，大目犍连具神通。Mahāpaṁñānam-Yadidam Sariputto Id-dhi-Mantānam Yadidam Mahā Moggallno 故目连神通事迹，多散见于诸经典，而舍利弗之以神通显者，则降伏六师，见于《贤愚经·须达起精舍缘品》外，尚有以腰带与目连较力事，见东晋罽宾三藏瞿昙僧伽提婆译《增一阿含经》二九（《大正大藏》本）所载：

是时目连复重语曰："云何舍利弗神足之中，能胜吾乎？然今先遣使在前耶？若舍利弗不时起者，吾当捉臂，将诣彼泉。"是时舍利弗便作是念曰："目连方便试弄吾耳。"尔时，尊者舍利弗躬解竭支带在地，语目连曰："设汝神足第一者，今举此带使离于地，然后捉吾臂将诣阿耨达泉。"是时，目连复作是念："今舍利弗复轻弄我，将欲相试乎？今解带在地云'能举者然后捉吾臂将诣泉所'。"是时，目连复作是想："此必有因，事不可苦尔。"即时，申手而取带举，然不能使带移动如毫厘许。是时目连尽其力势移此带，不能使动。是时，舍利弗取此带系着阎浮树枝。是时，尊者目连尽其神力，欲举此带，终不能移，当举此带时，此阎浮地大震动。

及鸠摩罗什译《大智度论》四五（《大正大藏》本）所载：

舍利弗见目连贵其神通，即以腰带掷地，语言："汝举此带去。"目连以两手举带，不能离地，即入诸深定举之，地为大动，带犹著地。

今取此佛典与《贤愚经》原文较，已足见演经者之匠心，及文学艺术渐进之痕迹，而今世通行之《西游记》小说，载唐三藏车迟国斗法事，固与舍利弗降伏六师事同。又所述三藏弟子孙行者、猪八戒等各矜智能诸事，与舍利弗、目犍连较力事，或亦不无类似之处。因并附记之，以供治小说考证者采觅焉。戊辰元夕义宁陈寅恪。

（原载一九二八年十月清华学校研究院《国学论丛》第一卷第四号）

敦煌本《唐梵翻对字音般若波罗蜜多心经》跋

伦敦博物馆藏敦煌本《唐梵翻对字音心经》一卷，前有序文，题：

西京大兴善寺石壁上录出，慈恩和尚奉昭（诏）述。

序文后附不空译《莲花部》等普赞三宝梵文对音一节。又经名题下注云：

观自在菩萨与三藏法师玄奘亲教授梵本，不润色。

寅恪尝取此本与今存诸梵文本及译本校读一过，其异同已别于学校讲授时详言之。兹不赘述。惟此本对音，自"尾儞也乞叉喻"至"只哆啰挐"一节重复，当是传写之误。而梵文对音下所注之中文，意义往往讹舛，句读离析亦多未当。又与玄奘译本之文详略互异，其非出于华梵兼通之大法师如慈恩其人者，固不待言。疑此本梵文对音虽受自西僧，而此土学侣取汉译之义逐字注之，以不解梵语文法，故多谬误也。此本《心经》之序，既称录自西京大兴善寺，而译《莲花部》等普赞三宝梵文对音之不空，即居于此寺。今本又列对音三宝赞于此本《心经》序文及本文之间。或者对音三宝赞与此本《心经》俱出于不空之手欤？

序文中所纪此经传授始末，颇为诡异，似不可信，然亦有所本。《大慈恩寺三藏法师传》一云：

莫贺延碛，长八百余里，古曰沙河。上无飞鸟，下无走兽，复无水草。是时顾影，唯一心但念观音菩萨及《般若心经》。初，法师在蜀，见一病人身疮臭秽，衣服破污，悯将向寺，施与衣服饮食之直。病者惭愧，乃授法师此经。因常诵习。至沙河间，逢诸恶鬼，奇状异类，绕人前后。虽念观音，不得全去。

即诵此经，发声皆散。在危获济，实所凭焉。

可知奘公与此经原有一段因缘。若序文中所言观音化身，保卫行途，取经满愿，后复于中天竺摩竭陀国那烂陀寺，现身升空等灵异，则皆后来附益演变之神话故事，即《唐三藏取经诗话》《销释真空宝卷》《西游记》等书所从出也。

又陆放翁《入蜀记》五云：

〔乾道五年九月〕十三日泊柳子，夜过全、证二僧舟中，听诵梵语《般若心经》。此经惟蜀僧能诵。

据此，西蜀实有梵语《般若心经》之本，必为前代传授之旧，至南宋时僧徒犹能讽诵。然则慈恩之受梵本《心经》于成都，未尝不可信。其度碛所遇鬼怪，乃沙漠空气之幻影。今日旅行其地者，往往见之，固无足异也。

寅恪所见敦煌本中文《金光明经冥报传》（合肥张氏所藏）西夏文之译本（北平图书馆藏）及畏兀吾文译本（俄国科学院佛教丛书第一七种），皆取以冠于本经之首。吐蕃文《金刚经冥报传》（一千九百二十四年普鲁士科学院哲学历史组一七报告），虽残阙不完，以体例推之，应亦相同。斯盖当时风尚，取果报故事与本经有关者，编列于经文之前，以为流通之助。由是言之，此本《心经》序文，历叙姻缘，盛谈感应，乃一变相之冥报传。实考证玄奘取经故事之重要材料，殊未可以寻常经典序文目之也。复次，《太平广记》一〇二至一〇八《报应类》一至七"金刚经"条，一〇九《报应类》八"法华经"条，一〇一至一一一《报应类》九"观音经"条等故事，当皆取自《金刚经》《法华经》《观音经》卷首之序文而别行者。寅恪初不知《广记》诸条之来源，兹因读此敦煌卷子，始豁然通解，故并附及之，以告世之研究小说源流者。

（原载一九三〇年十二月清华学校研究院《国学论丛》第二卷第二号）

附　记

俞樾《春在堂随笔》九云：

《般若波罗蜜多心经》云："色不异空，空不异色。色即是空，空即是色。"余谓既云不异，不必更云即是矣。诵此经者，人人皆以此四句为精语，实复语也。及读《世说·文学篇》注引支道林《即色论·妙观章》云"夫色之性也，不自有色，色不自有，虽色而空。故曰色即为空，色复异空"，此二句语简而意赅，疑经文本云"色即是空，空即是色。色复异空，空复异色"。盖即《金刚经》"非法非非法"之旨，所谓无实无虚也。余于《金刚经》注言之详矣，译者误耳。

寅恪案：今《心经》梵文原本尚存，"色不异空"一节，共有六句。玄奘译为四句，已从省略。盖宣传宗教，不厌重复。梵文诸经本中，往往有 Peyala 或作 pya. 即重诵三遍之意。曲园先生精通中国训诂古文章句之学，此条乃拘于中文范围，故有此误说耳。时代囿人，不足为病也。

一九六五年六月

敦煌本《心王投陀经》及《法句经》跋尾

伦敦博物馆藏敦煌写本斯坦因第二四七四号《佛为心王菩萨说投陀经卷》上一卷五阴山室寺禅师惠辩注及斯坦因第二〇二一号《佛说法句经》一卷。又巴黎国民图书馆藏敦煌写本伯希和第二三二五号《法句经疏》一卷，今俱刊入《大正续藏·疑似部》中，寅恪取阅之，了无精义，盖伪经之下品也。检唐道宣《大唐内典录》一〇《历代所出疑伪经录》（唐智升《开元释教录》一八《伪妄乱真录》同）载有：

《法句经》两卷（下卷《宝明菩萨》）。

其"宝明菩萨"之语，与此《法句经》所载符会，然则经文虽伪撰，而李唐初叶即已流行民间矣。

又铁琴铜剑楼本《白氏文集》二《和答〔元微之〕诗十首之一和思归乐》云：

身委逍遥篇，心付头陀经。

同书一四《和〔元微之〕梦游春诗一百韵》结句云：

法句与心王，期君日三复。

自注云：

微之常以《法句》及《心王头陀经》相示，故申言以卒其志也。

寅恪昔日读白诗至此，以未能得其确诂为憾。今见此佚籍，始知白诗之《心王头陀经》即敦煌写本之《佛为心王菩萨说投陀经》，至其所谓《法句经》，即敦煌写本之伪《法句经》，复是一伪书，而非今佛藏所收吴晋以来相传之旧本也。特为记之，以告同读香山诗者，此或亦今日老妪之所不能解者欤？

（原载一九三九年十月《历史语言研究所集刊》第八本第一分）

敦煌本《维摩诘经文殊师利问疾品演义》跋

上虞罗氏所刊《敦煌零拾》中有佛曲三种，其二为《维摩诘经文殊问疾品演义》。寅恪案：佛典制裁长行与偈颂相间，演说经义自然仿效之，故为散文与诗歌互用之体。后世衍变既久，其散文体中偶杂以诗歌者，遂成今日章回体小说。其保存原式，仍用散文诗歌合体者，则为今日之弹词。此种由佛经演变之文学，贞松先生特标以佛曲之目。然《古杭梦余录》《武林旧事》等书中本有说经旧名，即"演说经义"，或与经义相关诸"平话"之谓。《敦煌零拾》之三种佛曲皆属此体，似不如径称之为"演义"，或较适当也。今取此篇与鸠摩罗什译《维摩诘所说经》原文互勘之，益可推见演义小说文体原始之形式，及其嬗变之流别，故为中国文学史绝佳资料。考佛教初起，其教徒本限于出家之僧侣，后来传布既广，渐推及于在家之居士。北魏吉迦夜、昙曜共译之《杂宝藏经》九《难陀王与那伽斯那共论缘》云：

王复问言："出家在家，何者得道？"斯那答言："二俱得道。"王复问言："若俱得道，何必出家？"斯那答言："譬如此去三千余里，若遣少健，乘马赍粮，捉于器仗，得速达不？"王答言："得。"斯那复言："若遣老人，乘于疲马，复无粮食，为可达不？"王言："纵令赍粮，犹恐不达，况无粮也。"斯那言："出家得道，喻如少壮，在家得道，如彼老人。"

据此，则同为佛教信徒，出家在家之间未尝无阶级高下之分别也。若维摩诘者，以一在家之居士，其神通道力远过于诸菩萨声闻等。佛遣其大弟子及弥勒佛等往问其疾，竟皆辞避而不敢往。舍利弗者，佛弟子中智慧第一之人。维摩诘宅神之天女以智辩窘之，甚至故违沙门戒法，以香华散着其身，虽以神力去之而不得去，复转之使为女身。然则净名之宅神与释迦之大弟子，其程度高下有如是者。故知《维摩诘经》之作者必为一在家居士，对于出家僧侣可谓尽其玩弄游戏之能事，实佛藏中所罕见之书也。唐复礼《十门辩惑论·通力上感门》云：

> 窃见维摩神力，掌运如来，但十地之观，尚隔罗縠，如何一掌之内能容十号之尊乎？非独以卑移尊于理非顺，实亦佛与菩萨岂无等差？如有等差，安能运佛？如无等差，何须成佛也。

又云：

> 维摩罗诘者，示居家而弘道，不思议道利用无方，是以五百声闻，咸辞问疾；八千菩萨，莫能造命。弥勒居一生之地，服其悬解；文殊是众佛之师，谢其真入。

观此，可知《维摩诘经》纪其书中主人之神通道力，逾越恒量，故与其他经典冲突，宜乎复礼释权无二之"十疑"，以之为首也。夫大乘佛典之编纂本后于小乘，而《维摩诘经》者，又为更后一期之著作。否则在家居士岂能凌驾出家僧侣之上，如《净名经》之所纪乎？盖当此经成书之时，佛教经典之撰著已不尽出于出家僧侣之手，即在家居士亦有从事于编纂者，斯其明证也。

维摩诘故事在印度本国之起源，不可详考。玄奘《大唐西域记》七云：

> 吠舍厘国有窣堵波，是毗摩罗诘故宅基址，多有灵异。去此不远，有一神舍，其状垒砖，传云积石，即无垢称长者现疾说法之处云。去此不远有窣堵波，长者子宝积故宅也。

又《法苑珠林》二九《圣迹部》略云：

> 寺东北四里许有塔，是维摩故宅基，尚多灵神。其舍垒砖，传云积石，即是说法现疾处也。于大唐显庆年中敕使卫长史王玄策因向印度，过净名宅，以笏量基，止有十笏，故号方丈之室也。并长者宝积宅，庵罗女宅，佛姨母入灭处，皆立表记。

凡地方名胜古迹，固不尽为历史事实，亦有依托傅会者。但依托傅会之名胜古迹，要须此故事或神话先已传播于社会，然后始能产生。据玄奘之记载，可知维摩诘故事在印度当时必极流行之故事也。今仅于中文之资料考之，亦可略见其在印度本国变迁滋乳之始末焉。

《维摩诘经》梵本今日或尚存在，以未得见，故不置论。藏文正藏中有法戒译《圣无垢称所说大乘经》六卷，共十三品，其书译于中国北宋之世。中文先后凡数译，即后汉严佛调译《古维摩经》一卷，今佚。吴支谦译《维摩诘说不思议法门经》二卷，今存。西晋竺法护译《维摩诘所说法门经》一卷，今佚。西晋竺叔兰译《毗摩罗诘经》三卷，今佚。后秦鸠摩罗什译《维摩诘所说经》三卷，今存。及唐玄奘译《说无垢称经》六卷，今存。自后汉至北宋时将千载，而此经屡经移译，则梵文原本流传不绝，广布人间，可以推知。然此但就维摩诘居士本身，及维摩诘经本经言之耳。此经鸠摩罗什译本《佛道品》云：

> 尔时会中有菩萨名普现色身，问维摩诘言："居士！父母妻子，亲戚眷属，吏民智识，悉为是谁？奴婢僮仆，象马车乘，皆何所在？"于是维摩诘以偈答曰：

智度菩萨母，方便以为父，一切众导师，无不由是生。

法喜以为妻，慈悲心为女，善心诚实男，毕竟空寂舍。

弟子众尘劳，随意之所转，道品善知识，由是成正觉。

诸度法等侣，四摄为伎女，歌咏诵法言，以此为音乐。

据此，是此经作者之原意，维摩诘居士实无眷属，故于《方便品》虽言其现有眷属，而《佛道品》则将其父母妻子悉托之抽象名词，绝非谓具体之人也。而今《大藏》中有西晋竺法护译佛教大方等《顶王经》，一名《维摩诘子问经》一卷，梁月婆首那译《大乘顶王经》一卷，隋阇那崛多译《善思童子经》二卷，皆纪维摩诘子事，是维摩诘实有子矣。《大藏》中复有隋阇那崛多译《月上女经》二卷，纪维摩诘女月上事，是维摩诘实有女矣。又《月上女经》卷上云："其人（指维摩诘言）有妻，名曰无垢。"是维摩诘实有妻矣。诸如此类，皆维摩诘故事在印度本土自然演化滋乳之所致，而自翻译输入支那之后，其变迁程序亦有相似之迹象焉。隋吉藏《净名玄论》二云：

《佛譬喻经》云：净名姓硕（？），名大仙，王氏。《别传》云：姓雷氏，父名那提，此云智基（慕）。母姓释氏，名喜，年十九嫁。父年二十三婚，至二十七于提婆罗城内生维摩。维摩有子字曰善思，甚有父风，佛授其记，未来作佛。别有《维摩子经》一卷，可寻之也。

又嘉祥《维摩诘经义疏》一云：

《旧传》云：《佛譬喻经》说，净名姓王氏。《别传》云：姓雷氏。祖名大仙。父曰那提，此云智慕。母姓释氏，字喜，十九嫁。父二十三婚。子曰善思，甚有父风，如来授记，未来作佛。吉藏未得彼经文也。

又唐复礼《十门辩惑论·通力上感门》末云：

> 亦将金粟之名，传而有据者也。

下注云：

> 吉藏师云：金粟事出《思惟三昧经》，自云未见其本。今检《诸经目录》，无此经名。窃谓西国有经，东方未译者矣。

又《文选》王简栖《头陀寺碑文》云：

> 金粟来仪。

李善《注》云：

> 《发迹经》曰：净名大士是往古金粟如来。

寅恪案：唐道宣《续高僧传》一一《吉藏传》云：

> 在昔陈、隋废兴，江阴凌乱，道俗波进，各弃城邑，乃率其所属往诸寺中，但是文疏并皆收聚，置于三间堂内。及平定后，方淘简之，故目学之长勿过于藏。

然则嘉祥为当时最博雅之大师，而关于维摩诘之经典，如《佛譬喻经》及《思惟三昧经》皆所未见，即最流行之"金粟如来"名词，复不知所出。李崇贤《文选注》所引之《发迹经》今已不存，疑与《佛譬喻经》等为同类之书，亦嘉祥之所未见。因知此类经典所记姓氏，如王氏、雷氏等，必非印度所能有，显出于中国人之手，非译自梵文原经。虽流布民间，而不列于正式经典之数。所以一代博洽之学人亦不得窥见。盖《维摩诘经》本一绝佳故事，自译为中文后，遂盛行于震旦。其演变滋乳之途径，与其在天竺本土者，不期而暗合。即原无眷属之维摩诘，为之造作其祖及父母妻子女之名字，各系以事迹，实等于一姓之家传，而与今日通行小说如《杨家将》之于杨氏，《征东》《征西》之于薛氏，所纪内容虽有武事、哲理之不同，而其原始流别及变迁滋乳之程序颇复相似。若更推论之，则印度之《顶王经》《月上女经》，六朝之《佛譬喻经》《思惟三昧经》等，与《维摩诘经》本经之关系，亦犹《说唐小英雄传》、《小五义》以及《重梦后传》之流，与其本书正传之比。虽一为方等之圣典，一为世俗之小说，而以文学流别言之，则为同类之著作。然此只可为通识者道，而不能喻于拘方之士也。当六朝之世，由维摩诘故事而演变滋乳之文学，有印度输入品与支那自制品二者，相对并行。外国输入者，如《顶王经》等，至今流传不绝。本土自制者，如《佛譬喻经》等，久已湮没无闻。以同类之书，千岁而后，其所遭际殊异至此，诚可谓有幸有不幸者矣。

尝谓吾国小说大抵为佛教化。六朝维摩诘故事之佛典，实皆哲理小说之变相。假使后来作者复递相仿效，其艺术得以随时代而改进，当更胜于昔人。此类改进之作品，自必有以异于感应传冥报记等滥俗文学。惜乎近世小说虽多，与此经有关系者，殊为罕见。岂以支那民族素乏幽渺之思，净名故事纵盛行于一时，而陈义过高，终不适于民族普通心理所致耶？或谓禅宗语录并元曲中庞居士及其女灵照故事，乃印度哲理化之中国作品，但观其内容，摹拟过甚，殊有生吞活剥之嫌，实可视为用中国纺织品裁制之"布拉吉"。东施效颦，终为识者所笑也。他若维摩诘故事之见于美术品者，若杨惠之之所塑（凤翔天柱寺），即苏子瞻之所咏，今已不可得见。然敦煌画本尚在人间（伯希和敦煌摄影集第一册第十一片），云冈石刻犹存代北（云冈石刻有维摩诘示疾像），当时文化艺术借以想象推知，故应视为非文字之史料，而与此演义残卷可以互相印证发明者也。

又北京图书馆藏敦煌卷子中有《维摩诘经·菩萨品·持世菩萨对佛不任问疾》一节，《俗文》一卷及《维摩诘经颂》一卷。后者以五言律句十四首，分咏全经各品之义，未知何人所作，亦《维摩诘经》之附属文学也。附识于此，以俟考证焉。

（原载一九三〇年五月《历史语言研究所集刊》第二本第一分）

斯坦因 Khara-Khoto 所获西夏文《大般若经》考

此西夏文《大般若波罗蜜多经》残本，王静如君已别为《译证》。俄国科学院亚细亚博物馆所藏西夏文书中亦有此经。据 A. A. Dragunov 君钞寄之目录，其第一种即是此经。至其与此残本异同如何，因未得见，不敢确言。以意揣之，当无差别。西夏佛经多自中文移译，而俄国所藏此经之名为中文音译，可知西夏译本亦从中文玄奘本所转翻也。寅恪所见西夏文残本，仅据斯坦因书之影片（Innermost Asia，vol. III，Plates）。标题品目既未获睹，前后首尾复不完具，故初亦未能定其为何种经典。后王君取其文字之真确可识及疑似参半者，皆注译之，持以见示。于是渐次推得与其相当之中文原本卷帙、品目及文句之所在，而译夏为汉之工事，得此凭借，遂可比勘参校，定其异同。虽此残本卷帙至少，然因是亦略有发明，斯固治西夏学者之一快也。

兹取此西夏译文残本与中文原本相应之卷帙品目，条列于下，以备参考。至汉夏原本及译本之文句同异，悉载王君所为《译证》中，不复具详于此焉。

（一）斯氏影片 C XXXVI（右下）K. K. V. b. 022. a 为《大般若波罗蜜多经》第一九六卷《初分难信解品》第三四之一五，即《大正藏》第五卷第一〇三〇页上第一九行至中第一行。

（二）斯氏影片 C XXXVII（右上）K. K. V. b. 04－b 为《大般若波罗蜜多经》第二百卷《初分难信解品》第三四之一九，即《大正藏》第五卷第一〇七四页上第二七行至中第九行。（此片中文原出卷数、品名及文句为王君所检出，不敢掠美，附此声言。）

（三）斯氏影片 C XXXVI（左下）K. K. V. b. 023e. I 为《大般

若波罗蜜多经》第三五三卷《初分多问不二品》第六一之三，即《大正藏》第六卷第八一四页下第一七行至第二七行。

（四）斯氏影片 CXXXVI（左下）K.K.V.b.023e.II 为《大般若波罗蜜多经》第三五八卷《初分多问不二品》第六一之八，即《大正藏》第六卷第八四五页中第二五行至第二九行。

寅恪尝读《慈恩法师传》一〇略云：

至〔显庆〕五年（西历六六〇年）春正月一日，起首翻《大般若经》，梵本总有二十万颂。文既广大，学徒每请删略。法师将顺众意，如罗什所翻，除繁去重。作此念已，于夜梦中，即有极怖畏事，以相警诫。或见乘危履险，或见猛兽搏人。流汗颤栗，方得免脱。觉已惊惧，向诸众说，还依广翻。夜中乃见诸佛菩萨眉间放光，照触己身，心意怡适。法师又自见手执华灯，供养诸佛。或升高座，为众说法。多人围绕，赞叹恭敬。或梦见有人奉己名果，觉而喜庆，不敢更删，一如梵本。然法师翻此经时，汲汲然恒虑无常。谓诸僧曰："玄奘今年六十有五，必当卒命于此伽蓝。（寅恪案：指玉华寺。）经部甚大，每惧不终。人人努力加勤，勿辞劳苦。"至龙朔三年（西历六六三年）冬十月二十三日方乃绝笔。合成六百卷。称为《大般若经》焉。

此经为《大藏》中卷帙之最富者。若非慈恩忍死从事，历四载之久，必不能成此巨工无疑也。清康熙时葛𧀄所著《般若纲要》，自述原起云：

遂于己酉（康熙八年，西历一六六九年）新正开经，迄今庚戌

（康熙九年，西历一六七〇年）除月告竣。其间病疽病脱，心则无辍。从事《大经》，恰得二年，而以夜分计之，实为三载。此一时中，更无杂想萦绕，亦止余经兼进。因兹多病，恒虑无常，誓欲彻通昼夜，祛除盖眠。当夏候晓，露坐庭除，冷泉盥漱，便复开卷，日射几席，乃复入户。冬夜熟睡一觉，吹灯起坐，鸡声月色，领纳甚亲。或时纸窗色青，短檠发赤，投笔而起。至于居恒键户，以阃自限。惟二时饭粥，间歇少倾，即二净亦不远左右。后圃草色，室迩嗗嗗，疏散如客，亲者疑讶。已毕事之日，矻矻乍解，胸臆如释去一物，身心大休，颇为馨快。是晚忽下停淤数升，而神思略无困倦。自念《大经》六百卷，阅时亦不下六百日。

据此，则六百卷之《大经》，译之者固甚难，而读之者复不易也。寅恪初察此残本内容，颇类玄奘译《大般若波罗蜜多经》，因取六百卷之《大经》，反覆检阅，幸而得其与西夏译本相应之处。此《经》意义既有重复，文句复多近似。当时王君拟译之西夏文残本，仍有西夏原字未能确定及无从推知者，故比勘异同印证文句之际，常有因一字之羡余，或一言之缺少，亦须竟置此篇，别寻他品。往往掩卷踌躇，废书叹息。故即此区区检阅之机械工作，虽绝难与昔贤翻译诵读之勤苦精诚相比并，然此中甘苦，如人饮水，冷暖自知，亦有未易为外人道者也。今幸王君得以考定其文，详载所著《译证》，寅恪更就此残本西夏文字中关于译汉为夏者，拈举二事，以质正于世之治西夏学者。

（一）𗡲𗝢

斯氏影片 C XXXVI（右下）K. K. V. b. 022. a 第二行之第九字及第十字，又第四行之第四字及第五字，又第七行之第十字及第一一字，又第九行之第一六字与第十行之第一字，皆是此名词，即《大般若经》中文"有情"之译语也。但西夏文《妙法莲华经》以此名词译中文之"众生"（见罗氏《西夏国书类编》第二五页第四行）。盖"有情"与"众生"其意义原无二致也。所可注意者，梵文 Sattva 一名词，中国旧译为"众生"。玄奘新译为"有情"。其后若义净所译《金光明最胜王经》，则"众生""有情"二名词交互杂用，不复分别。如《金光明最胜王经》二《梦见忏悔品》之颂云：

当愿拔众生，令离诸苦恼。愿一切有情，皆令住十地。

据梵文《金光明经》原本"众生""有情"，俱作 Sattva，义净所以译以不同之中文名词者，盖因此二名词意义相同，不妨并用，以免文字之重复也。考唐代吐蕃翻经大德法成译义净中文本《金光明最胜王经》为藏文，不论中文原本作"有情"或"众生"，一概以藏文之 Sems-can 译之，其意殆以为此二名词意义既悉相等，无庸强为分别，译以不同之语。法成如此翻译，自有其理由。然北平图书馆藏有西夏译义净本《金光明最胜王经》残本，其卷一《如来寿量品》中略云：

及留舍利令诸有情恭敬供养，及留舍利普盖众生。

等句。其"有情"二字，西夏文为"𫟅（情）𗧘（有）"。其"众生"二字，西夏文为"�（众）𗀔（生）"。据此，则《金光明最胜王经》西夏文译者译汉为夏时，凡中文原本之名词其义同而字异者，但依字直译为夏文。此种翻译方法可谓采纯粹形式主义，与法成译汉为藏之方法不同。今此西夏文《大般若经》残本以"𗣼𗱥"为中文"有情"之译文，则其译者之旨趣与其所用方法当有异于翻《金光明最胜王经》之人。故此二者之优劣得失，实为翻译事业不易解决之问题，又不仅汉夏译经史中一重公案也。

（二）𗣼 𗱥

斯氏影片 C XXXVI（左下）K. K. V. b. 023e. I 第三行之第一四字及第一五字，又第七行之第一五字及第一六字，又第九行之第九字及第十字，皆是此名词。直译之，则为"最上"之义。中文《大般若波罗蜜多经》原本作"无上"，即梵文之 anuttara（中文音译为"阿耨多罗"），藏文之 Bla-na-med-pa 也。考梵文 uttara 一语，本出于 ud。以文法言，其极高级（Superlative degree）为 uttama。其比较级（Comparative degree）为 uttara。若于 uttara 之前加以"无"意之 an，则成 anuttara。其义为"无更上"。故此名词就文法形式论，为比较级。其意义则为极高级。此读佛典者所习知也。今西夏文此经译自中文，不依原本直译作"无上"，而译作"最上"，舍形译主义而取意译主义，与中国及西藏之翻译此名词皆不相同。

以意揣之，殆"无上"一名词其所含"无更上"之义，在西夏语言中尚未甚习惯，故须改译，以免误会欤？特识于此，以俟推证。

（原载一九三二年历史语言研究所单刊甲种之八《西夏研究》第一辑）

《西游记》玄奘弟子故事之演变

印度人为最富于玄想之民族，世界之神话故事多起源于天竺，今日治民俗学者皆知之矣。自佛教流传中土后，印度神话故事亦随之输入。观近年发现之敦煌卷子中，如《维摩诘经文殊问疾品演义》诸书，益知宋代说经与近世弹词、章回体小说等多出于一源，而佛教经典之体裁与后来小说文学盖有直接关系。此为昔日吾国之治文学史者所未尝留意者也。

僧祐《出三藏记集》九《贤愚经记》云：

河西沙门释昙学、威德等凡有八僧，结志游方，远寻经典，于于阗大寺遇般遮于瑟之会。般遮于瑟者，汉言五年一切大众集也。三藏诸学各弘法宝，说经讲律，依业而教。学等八僧随缘分听，于是竞习胡音，析以汉义。精思通译，各书所闻。还至高昌，乃集为一部。

据此，则《贤愚经》者，本当时昙学等八僧听讲之笔记也。今检其内容，乃一杂集印度故事之书。以此推之，可知当日中央亚细亚说经，例引故事以阐经义。此风盖导源于天竺，后渐及于东方。故今《大藏》中《法句譬喻经》等之体制，实印度人解释佛典之正宗。此土释经著述，如天台诸祖之书，则已支那化，固与印度释经之著作有异也。夫说经多引故事，而故事一经演讲，不得不随其说者、听者本身之程度及环境而生变易，故有原为一故事，而歧为二者；亦有原为二故事，而混为一者。又在同一事之中，亦可以甲人代乙人；或在同一人之身，亦可易丙事为丁事。若能溯其本源，析其成分，则可以窥见时代之风气，批评作者之技能，于治小说文学史者倘亦一助欤？

鸠摩罗什译《大庄严经论》三第十五故事，难陀王说偈言：

> 昔者顶生王，将从诸军众，并象马七宝，悉到于天上。罗摩造草桥，得至楞伽城。吾今欲升天，无有诸梯隥；次诣楞伽城，又复无津梁。

寅恪案：此所言乃二故事，一为顶生王升天因缘，见于康僧会译《六度集经》四第四十故事，《涅槃经·圣行品》，《中阿含经》一一《王相应品四洲经》，元魏吉迦夜、昙曜共译之《付法藏因缘传》一，鸠摩罗什译《仁王般若波罗蜜经》下卷，不空译《仁王护国般若波罗蜜经·护国品》，法炬译《顶生王故事经》，昙无谶译《文陀竭王经》，施护译《顶生王因缘经》及《贤愚经》一三等。梵文 Divyāvadāna 第十七篇亦载之，盖印度最流行故事之一也。兹节录《贤愚经》一三《顶生王·缘品》第六十四之文如下：

> 〔顶生王〕意中复念欲升忉利，即与群众蹈虚登上。时有五百仙人住在须弥山腹，王之象马屎尿下落，污仙人身。诸仙相问，何缘有此？中有智者告众人言："吾闻顶生欲上三十三天，必是象马失此不净。"仙人忿恨，便结神咒，令顶生王及其人众悉住不转。王复知之，即立誓愿："若我有福，斯诸仙人悉皆当来，承供所为。"王德弘博，能有感致，五百仙人尽到王边，扶轮御马，共至天上。未至之顷，遥睹天城，名曰快见，其色皦白，高显殊特。此快见城有千二百门，诸天惶怖，悉闭诸门，着三重铁关。顶生兵众直趣不疑，王即取贝吹之，张弓扣弹，千二百门一时皆开。帝释寻出，与共相见，因请入宫，与共分坐。天帝人王貌类一种，其初见者不能分别，唯以眼眴

迟疾知其异耳。王于天上受五欲乐，尽三十六帝，末后帝释是大迦叶。时阿修罗王兴军上天，与帝释斗。帝释不如。顶生复出，吹贝扣弓，阿修罗王即时崩坠。顶生自念："我力如是，无有等者。今与帝释共坐何为？不如害之，独霸为快。"恶心已生，寻即堕落，当本殿前，委顿欲死。诸人来问："若后世问顶生王云何命终，何以报之？"王对之曰："若有此问，便可答之，顶生王者由贪而死。"统领四域四十亿岁，七日雨宝，及在二天，而无厌足，故致坠落。

此闹天宫之故事也。

又印度最著名之纪事诗《罗摩延传》第六编，工巧猿名 Nala 者，造桥渡海，直抵楞伽。此猿猴故事也。盖此二故事本不相关涉，殆因讲说《大庄严经论》时，此二故事适相连接，讲说者有意或无意之间，并合闹天宫故事与猿猴故事为一，遂成猿猴闹天宫故事。其实印度猿猴之故事虽多，猿猴而闹天宫，则未之闻。支那亦有猿猴故事，然以吾国昔时社会心理，君臣之伦，神兽之界分别至严。若绝无依借，恐未必能联想及之。此《西游记》孙行者大闹天宫故事之起原也。

又义净译《根本说一切有部毗奈耶杂事》三《佛制苾刍发不应长缘》略云：

时具寿牛卧在憍闪毗国，住水林山出光王园内猪坎窟中。后于异时，其出光王于春阳月，林木皆茂，鹅雁鸳鸯鹦鹉舍利孔雀诸鸟，在处哀鸣，遍诸林苑。时出光王命掌园人曰："汝今可于水林山处，周遍芳园，皆可修治。除众瓦砾，多安净水，置守卫人。我欲暂住园中游戏。"彼人敬诺，一依王教。既修营已，还白王知。时彼王即便将诸内宫以为侍从，往诣芳园。游戏既疲，偃卧而睡。时彼内人性爱花果，于芳园里随处追求。时牛卧苾刍须发皆长，上衣破碎，下裙垢恶，于一树下跏趺而坐。宫人遥见，各并惊惶，唱言："有鬼！有鬼！"苾刍即往入坎窟中。王闻声已，即便睡觉，拔剑走趁。问宫人曰："鬼在何处？"答曰："走入猪坎窟中。"时王闻已，行至窟所，执剑而问："汝是何物？"答言："大王！我是沙门。"王曰："是何沙门？"答曰："释迦子。"问言："汝得阿罗汉果耶？"答言不得。"汝得不还，一来，预流果耶？"答言不得。"且置斯事，汝得初定，乃至四定？"答并不得。王闻是已，转更瞋怒，告大臣曰："此是凡人，犯我宫女，可将大蚁填满窟中，蜇螫其身。"时有旧住天神近窟边者，闻斯语已，便作是念："此善沙门，来依附我，实无所犯，少欲自居。非法恶王横加伤害。我今宜可作救济缘。"即自变身为一大猪，从窟走出。王见猪已，告大臣曰："可将马来，并持弓箭。"臣即授与。其猪遂走，急出花园，王随后逐。时彼苾刍急持衣钵，疾行而去。

《西游记》猪八戒高家庄招亲故事，必非全出中国人臆撰，而印度又无猪豕招亲之故事。观此上述故事，则知居猪坎窟中，须松蓬长、衣裙破垢、惊犯宫女者，牛卧苾刍也。变为大猪、从窟走出、代受伤害者，则窟边旧住之天神也。牛卧苾刍虽非猪身，而居猪坎窟中，天神又变为猪以代之，出光王因持弓乘马以逐之，可知此故事中之出光王即以牛卧苾刍为猪。此故事复经后来之讲说，恄闪毗国之"憍"，以音相同之故，变为高家庄之"高"。惊犯宫女，以事相类似之故，变为招亲。辗转代易，宾主淆混，指牛卧为猪精，尤觉可笑。然故事文学之演变，其意义往往由严正而趋于滑稽，由教训而变为讥讽，故观其与前此原文之相异，即知其为后来作者之改良。此《西游记》猪八戒高家庄招亲故事之起原也。

又《慈恩法师传》一云：

莫贺延碛，长八百余里，古曰沙河。上无飞鸟，下无走兽，复无水草。是时顾影，唯一心但念观音菩萨及《般若心经》。初，法师在蜀，见一病人身疮臭秽，衣服破污，愍将向寺，施与衣服饮食之直。病者惭愧，乃授法师此经。因常诵习。至沙河间，逢诸恶鬼，奇状异类，绕人前后。虽念观音，不能令去。及诵此经，发声皆散。在危获济，实所凭焉。

此传所载，世人习知（胡适教授《西游记考证》亦引之），即《西游记》流沙河沙和尚故事之起原也。

据此三者之起原，可以推得故事演变之公例焉。

一曰：仅就一故事之内容而稍变易之，其事实成分殊简单，其演变程序为纵贯式。如原有玄奘度沙河逢诸恶鬼之旧说，略加傅会，遂成流沙河沙和尚故事之例是也。

二曰：虽仅就一故事之内容变易之，而其事实成分不似前者之简单，但其演变程序尚为纵贯式。如牛卧苾刍之惊犯宫女，天神之化为大猪。此二人二事，虽互有关系，然其人其事固有分别，乃接合之，使为一人一事，遂成猪八戒高家庄招亲故事之例是也。

三曰：有二故事，其内容本绝无关涉，以偶然之机会，混合为一。其事实成分因之而复杂。其演变程序则为横通式。如顶生王升天争帝释之位，与工巧猿助罗摩造桥渡海，本为各自分别之二故事，而混合为一，遂成孙行者大闹天宫故事之例是也。

又就故事中主人之构造成分言之，第三例之范围不限于一故事，故其取用材料至广。第二例之范围虽限于一故事，但在一故事中之材料，其本属于甲者，犹可取而附诸乙，故其取材尚不甚狭。第一例之范围则甚小，其取材亦因而限制，此故事中原有之此人此事，虽稍加变易，仍演为此人此事。今《西游记》中玄奘弟子三人，其法宝神通各有等级。其高下之分别，乃其故事构成时，取材范围之广狭所使然。观于上述此三故事之起原，可以为证也。

寅恪讲授佛教翻译文学，以《西游记》玄奘弟子三人，其故事适各为一类，可以阐发演变之公例，因考其起原，并略究其流别，以求教于世之治民俗学者。

（原载一九三〇年八月《历史语言研究所集刊》第二本第二分）

西夏文《佛母大孔雀明王经夏梵藏汉合璧校释》序

治吾国语言之学，必研究与吾国语言同系之他种语言，以资比较解释，此不易之道也。西夏语为支那语同系语言之一，吾国人治其学者绝少，即有之，亦不过以往日读金石刻辞之例，推测其文字而已，尚未有用今日比较语言学之方法，于其同系语言中，考辨其音韵同异，探讨其源流变迁，与吾国语言互相印证发明者。有之，以寅恪所知，吾国人中盖自王君静如始。然则即此一卷《佛母孔雀明王经之考释》，虽其中或仍有俟他日之补订者，要已足开风气之先，而示国人以治国语之正轨，洵可称近日吾国学术界之重要著述矣。寅恪于西夏语文未能通解，不敢妄有所论列，然有欲质疑而承教者二事：此经题“[illegible][illegible]”二字，当中文“种咒”二字，即藏文“rig sṅags”之对译。考“rig”乃梵文“Vidya”之译语，实当中文之“明”字，而藏文“种类”之“种”字为“rigs”，与为“明”字之“rig”形音俱极近似，且“rig sṅags”一名词中“rig”之后，即联接“sṅags”字首之“s”。或者夏人初译此名词时，误以“rig”为“rigs”，遂不译为“明”，而译为“种”欤？其实佛典原文中“种类”之“种”，与“种子”之“种”，为语各异，而汉译则同一“种”字。“[illegible]”字本“种子”之“种”，与“种类”之“种”作“[illegible]”者不同。岂西夏语言亦同中土之例，此二“种”字可以通用，而“种咒”成一名词，与中文之“种智”等同属一类之语词缀合欤？抑夏人即用“种子”之本义，而联“种咒”为一名词，意为“原本咒语”欤？就吾人今日所见西夏文字佛教经典而论，其译自中文者多，而译自藏文者少。但西夏与吐蕃，言语民族既属大同，土壤教俗复相接近，疑其翻译藏文佛经而为西夏语言，尚在译汉为夏之前。此类译名若果歧误，后来自必知之，特以袭用已久，不烦更易，荀卿所谓"约定俗成"者也。此例在藏文所译梵文佛典中往往遇之，殆不似唐代玄奘译经悉改新名，而以六朝旧译为讹误之比欤？此其一。

又今日所见西夏文字之石刻及经典，其镌造雕印多在元代，实西夏已灭之后。据此可知西夏之国虽亡，而通解其文字者犹众。独至何时其文字始无人能读，殊不易考知。柏林国家图书馆所藏藏文《甘珠尔》，据称为明万历时写本。寅恪见其上偶有西夏文字。又与此《佛母孔雀明王经》及其他西夏文字佛典同发见者，有中文《销释真空宝卷》写本一卷，据胡君适《跋》文考定为明万历以后之作。又钱谦益牧斋《有学集》二六《黄氏千顷斋藏书记》云：

庆阳李司寇家有《西夏实录》，其子孔度屡见许，而不可得。

以庆阳地望准之，李氏仍藏有《西夏实录》之原本或译本，自为可能之事。以钱氏所述言之，亦与明万历时代相近。故综此三事观之，则明神宗之世，西夏文字书籍，其遗存于西北者当不甚少，或尚有能通解其文字之人欤？此其二。

寅恪承王君之命，为其书序，谨拈出此二重西夏文字学公案，敢请国内外治此学之专家试一参究，以为何如？

（原载一九三二年《历史语言研究所集刊》第二本第四分）

《敦煌石室写经题记汇编》序

北京图书馆以所辑《敦煌石室写经题记汇编》来征序于寅恪。寅恪受而读之，以为敦煌写本之有题记者不止佛教经典，而佛教经典之有题记者此编所收亦尚未尽，然即取此编所收诸卷题记之著有年月地名者，与南北朝隋唐之史事一参究之，其关系当时政治之变迁及佛教之情况者，约有二事可得而言：一则足供证明，一则仅资谈助，请分别陈之。

此编所收写经题记之著有年号者，上起西晋，下迄北宋，前后几七百年，而其中属于杨隋一朝及唐高宗武则天时代者，以比例计之，最居高位。《隋书》三五《经籍志》佛经类总序（《通鉴》一七五"陈宣帝纪太建十三年"条同）云：

> 开皇元年，高祖普诏天下，任听出家，仍令计口出钱，营造经
> 像。而京师及并州、相州、洛州等诸大都邑之处，并官写一切
> 经，置于寺内，而又别写，藏于秘阁。天下之人从风而靡，竞
> 相景慕，民间佛经多于六经数十百倍。

寅恪案：杨氏有国不及四十年，而此编所收写经题记之著有开皇、仁寿、大业之年号者，凡三十有六种。故知史氏谓当时"民间佛经多于六经数十百倍"实非夸大之词。李唐开国，高祖、太宗颇不崇佛。唐代佛教之盛，始于高宗之世。此与武则天之母杨氏为隋代观王雄之后有关。武周革命时，尝借佛教教义以证明其政治上特殊之地位。盖武曌以女身而为帝王，开中国有史以来未有之创局，实为吾国政治史中一大公案。寅恪昔已详论（见拙著《武曌与佛教》），兹不复赘。今观是编所收写经题记，著有唐高宗、武则天之年号者若是之众，亦可征当时佛教之盛，所谓足供证明者是也。又是编所

收写经题记，其著有中国南方地名或南朝年号者，前后七百年间仅得六卷。（敦煌本《古逸经论章疏并古写经目录》尚有天监十一年写《摩诃般若波罗蜜经》为此编所未收。吴越钱氏舍入西关砖塔之《宝箧印陀罗尼经》实出现在南方，不应与其他西北出土诸经并列，故不置论。又是编所收尚有其他西北诸地如吐峪沟等所出经卷，若严格论之，亦非"敦煌石室"一名所能概括。然则是编之题"敦煌石室写经"者，盖就其主要部分北京图书馆所藏者言之耳。恐读者误会，特为声明其义于此。）除南齐武帝永明元年所译之《佛说普贤经》一卷外（此编误题为"妙法莲华经"），其余诸卷皆书于梁武帝之世，而其中天监五年所写之《大涅槃经》特著明造于荆州。论者谓永明之世佛教甚盛，梁武尤崇内法，而江左篇章之盛亦无逾梁时（见《广弘明集》三阮孝绪《七录序》），则齐、梁时代写经必多。南朝写经可因通常南北交通之会，流入北地，其事固不足异。又后梁为西魏、周、隋之附庸者三十余载。襄阳之地既在北朝西部统属之下如是之久，则南朝写经之因以辗转流入西北亦非甚难也。寅恪以为此说虽是，然犹有未能尽解释者。盖如论者之说，南朝所写诸经既可因通常南北交通之会流入北地，又经后梁属境转至西北亦非难事，则南朝帝王年号之在梁武以后者，与夫隋唐统一时代，南方郡邑之名何以全不见于此编所收写经题记之中？（此编惟仁寿元年所写《摄论疏》有"辰州崇敬寺"之语，可指为隋代南方地名之题记，但此题记残缺不完，尚有疑义，亦未能断定也。此文成后十年，承赵万里先生告以"辰"字当是"瓜"字之误认。赵说甚是。积岁疑滞，一旦冰释。附识于此，以表钦服感谢之意。）

夫陈及隋唐，中国南方佛教依然盛行，其所写经卷竟不因通常南北交通之会流至西北，是何故耶？且后梁君临襄土三十余载，祖孙三世佛教信仰未尝少替，则其封内所写佛经自应不鲜，何以其三世之年号。（此编有天保一年所写《妙法莲华经》一卷，当是北齐高洋之"天保"，非后梁萧岿之"天保"也。）与其封内地名连文者，亦不于此编少留迹象乎？由此观之，恐尚别有其故也。兹姑妄作一假设，以解释之。《北齐书》三〇《崔遥传》（《北史》三二《崔挺传》附遥传同）云：

> 魏、梁通和，要贵皆遣人随聘使交易，遥惟寄求佛经。梁武帝闻之，为缮写，以幡花赞呗送至馆焉。

道宣《续高僧传》一三《吉藏传》略云：

> 王又于京师置日严寺，（寅恪案："王"指晋王，即隋炀帝。）别教延藏，往彼居之。欲使道振中原，行高帝壤。既初登京辇，道俗云奔。在昔陈、隋废兴，江阴凌乱，道俗波迸，各弃城邑，乃率其所属往诸寺中，但是文疏并皆收聚，置于三间堂内。及平定后，方洮简之，故目学之长勿过于藏，注引弘广，咸由此焉。

又同书一六《僧实传》云：

> 逮太祖（宇文泰）平梁荆后，益州大德五十余人各怀经部，送像至京。以真谛妙宗，条以问实。既而慧心潜运，南北疏通，即为披决，洞出情外，并神而服之。

《广弘明集》二二隋炀帝《宝台经藏愿文》云：

> 至尊（隋文帝）拯溺百王，混一四海。平陈之日，道俗无亏，

而东南愚民，余烬相煽。爰受庙略，重清海滨，役不劳师，以时宁复。深虑灵像尊经，多同煨烬，结绳墨，湮灭沟渠。是以远命众军，随方收聚。未及期月，轻舟总至。乃命学司，依名次录，并延道场义府，覃思澄明所由，用意推比，多得本类。庄严修葺，其旧惟新。宝台四藏，将十万轴。因发弘誓，永事流通。仍书愿文，悉连卷后。频属朝觐，著功始毕。今止宝台正藏，亲躬受持。其次藏以下，则慧日法灵道场，日严弘善灵刹。此外京都寺塔，诸方精舍，而梵宫互有大小，僧徒亦各众寡，并随经部多少，斟酌分付。授者既其恳至，受者亦宜殷重。长存法本，远布达摩。必欲传文，来入寺写，勿使零落，两失无作。

《隋书》三《炀帝纪上》略云：

〔开皇〕八年冬大举伐陈，以上为行军元帅。及陈平，复拜并州总管。俄而江南高智慧等相聚作乱，徙上为扬州总管，镇江都。每岁一朝。高祖之祠太山也，领武候大将军。明年归藩。后数载突厥寇边，复为行军元帅。出灵武，无虏而还。及太子勇废，立上为皇太子。

寅恪案：《隋书》二《高祖纪》略云：

〔开皇〕十五年正月庚午，上以岁旱，祠太山以谢愆咎。二十年夏四月壬戌，突厥犯塞，以晋王广为行军元帅，击破之。冬十月乙丑，皇太子勇及诸子并废为庶人。十一月戊子，以晋王广为皇太子。

又《通鉴》一七七《隋纪·高祖纪》"开皇十年"云：

以并州总管晋王广为扬州总管，镇江都（详见《隋书》二《高祖纪下》及四八《杨素传》等）。

据此，晋王广镇江都每岁一朝，即《愿文》所谓"频属朝觐"者也。其"著功始毕"，虽未能定于何年，但其次藏以下所分贮之寺院慧日等道场，悉不在南而在北。其正藏既用以自随，则炀帝自立为皇太子之后，亦必移运北行，以便"躬亲受持"无疑。然则炀帝所广搜之南朝佛典，皆已尽数输之于北土矣。南北朝政治虽为分隔对立，而文化则互相交流影响，佛教经典之由私人往来携取由南入北者，事所常有，其例颇多，不劳举证。但此类由南朝输入北国之佛经，若在平时，仅经一二私人携取或收聚，如崔暹之得梁武之赞许者，实为例外。至其余通常之人，则其数量更不能不遭限制。盖有资力及交通法禁等困难也。故众多数量之收聚及输送，其事常与南北朝政治之变迁有关。如吉藏因陈亡之际，得大收经卷，其后入京，则所洮简之南朝精本当亦随之入北。五十余蜀僧各怀经部北至长安，使僧实得通南朝佛教之新义。此二例虽为私人之收聚及输送，然非值南北朝政治之变迁，则难以致此，至若隋炀帝因江南高智慧等之乱，悉收南朝之经卷，而输之北方，其措施非私人资力之所能，且与南北朝政治之变迁有关，固不待言也。

由是言之，南朝经卷之输入北方，其数量较多者，如吉藏之所收，隋炀之所藏，皆在陈亡之后，故其中至少有写在陈时及造于吴地者。又历李唐一代，迄于北宋，更四百年，其间佛教流行既南北相同，则南方写经之数量亦应不大异于北土。而今检此编题记，其有南朝年号者，仅南齐武帝永明之五卷而已。是敦煌经卷之写于南朝或南方者，当非复吉藏蜀僧及隋炀所收送之余，恐亦无李唐、五代、北宋时南方所造者在也。

夫经卷较多数量之自南入北，既如前述，大抵由南北朝政治变迁所致，而《敦煌写经题记》之著有南朝年号者，则又属于南齐之世。依此而论，故颇疑天监五年造于荆州之一卷，乃梁元帝承圣三年江陵陷没时北朝将士虏获之战利品，后复随凯旋之军以北归者。考西魏所遣攻梁诸大将中，惟杨忠即后来隋之太祖武元皇帝，其人最为信佛（详见拙著《武曌与佛教》中"杨隋皇室之佛教信仰"条）。

《周书》一九《杨忠传》（《北史》一一《隋本纪》略同）略云：

> 及于谨伐江陵，忠为前军，屯江津，遏其走路。及江陵平，朝廷立萧詧为梁王。保定四年，乃拜总管泾幽（寅恪案："幽"当依赵明诚《金石录》二二《普六茹忠墓志跋》作"齒"）灵云盐显六州诸军事，泾州刺史。天和三年以疾还京。

然则西魏之取江陵，杨忠既参预其事，后又为泾、幽、灵、云、盐、显六州总管，居西北之地凡五岁之久，则此梁武之世荆州写造之佛典，殆为杨忠当日随军所收，因而携往西北，遂散在人间，流传至于今日。按诸旧史，征以遗编，或亦有可能欤？此则未得确证，姑作假设，以供他日解决问题之参考，所谓仅资谈助者是也。若此仅资谈助之假设而竟为史实，则此编所收南朝数卷之佛典，盖当年江陵围城之内，萧七符拔剑击柱，文武道尽之时，不随十四万卷图书而灰飞烟灭者，是诚可幸可珍，而又可哀者矣。尝谓释迦氏之教其生天成佛之奥义，殊非凡鄙浅识所能窥测，但此写经题记竟得以残阙之余，编辑搜罗成于今日，颇与《内典》历劫因缘之说若相冥会，是则贝多叶中果有真实之语，可以信受不疑者耶？质之大雅君子，亦当为之一笑也。

（原载一九三九年十月《历史语言研究所集刊》第八本第一分）

童受《喻鬘论》梵文残本跋

马鸣菩萨《大庄严论》鸠摩罗什译，隋法经等《众经目录》作十五卷，与今世通行本卷数相同。隋费长房《历代三宝记》作一十卷。按法经等之《众经目录》，开皇十四年五月十四日撰毕，《历代三宝记》为开皇十七年十二月十三日所上，是当时已有两本。故仁寿二年彦琮等所撰之《众经目录》备载十五卷、十卷两本。至十卷本与今世通行之十五卷本有无异同，则不可考矣。至元《法宝勘同录》九云：

> 《大庄严经论》十五卷，马鸣菩萨造，梵云苏怛啰阿浪迦啰沙悉特啰，与蕃本同。

据此，元时实有藏文译本。然今日藏文正、续《大藏》中均无此书。是以自来东西学者均以为此旷世奇著，天壤间仅存一中文原译之孤本而已。昔年德意志人于龟兹之西，得贝叶梵文佛教经典甚多，柏林大学路得施教授 Prof. Heinrich Lüders 检之，见其中有《大庄严论》残本。寅恪尝游普鲁士，从教授治东方古文字学，故亦夙闻其事。至今岁始得尽读其印行之本（*Bruchstücken der Kalpanāmaṇḍitikā*, herausgegeben von Heinrich Lüders, Leipzig, 1926）。教授学术有盛名于世，而此校本尤其最精之作，凡能读其书者皆自知之，不待为之赞扬。兹仅就梵文原本考证论主之名字，及此论之原称，并与中文原译校核，略举一二例，以见鸠摩罗什传译之艺术，或可为治古代佛教翻译史者之一助。惟论主名字及此论原称，诸考证之已见于教授书中者，今皆不重述，庶可以备异义而资别证焉。

据梵文原本论主之名为 Kumāralāta。《普光阿毗达磨俱舍论》

记六（金陵刻经处本）云：

> 鸠摩逻多，此云豪童，是经部祖师，于经部中造《喻鬘论》《痴鬘论》《显了论》等。

窥基《成唯识论述记》八（金陵刻经处本）云：

> 此破日出论者，即经部本师，佛去世后一百年中，北天竺怛刃（寅恪案："刃"应作"叉"）翅罗国有鸠摩逻多，此言童首（寅恪案："首"应作"受"）造九百论，时五天竺有五大论师，喻如日出，明导世间。名日出者，以似于日。亦名譬喻师。或为此师造《喻鬘论》，集诸奇事，名譬喻师。

又梵文原本第九十篇，即译文卷一五之末，标题有 Kalpanāmaṇḍitikā dṛṣṭānta 等字，按 Kumāra 即童，Lāta 即受，Dṛṣtānta 即喻，Kalpanāmaṇḍitikā 即《鬘论》或《庄严论》，音义既悉相同，而华、梵两本内容又无不符合，则今所谓马鸣之《大庄严经论》，本即童受之《喻鬘论》，殊无可疑。然有不同解者二。一、此书既为童受之《喻鬘论》，何以鸠摩罗什译为马鸣之《大庄严论》，其故教授书中已详言之，兹不赘述。二、元时此论之西藏文译本，何以有《庄严经论》数字之梵文音译？寅恪以为庆吉祥等当时校勘中藏佛典，确见此论藏文译本，理不应疑。惟此蕃本当是自中文原译本重译为藏文，而《庄严经论》数字之梵文音译，则藏文译主据后来中文原名译为梵音也。何以明之？凡藏文所译佛教经典，其名称均音义俱译，自近岁西北发见之唐时蕃文写本，迨今日之藏文正、续《藏经》，莫不如是。此盖本其国从来翻译佛经体例。如《贤愚经》者，南北朝时沙门昙学、威德等于于阗国大寺遇般遮于瑟之会，听讲经律，各书所闻，还至高昌，集为一部，凉州沙门慧朗命以此名。是《贤愚》一经原无梵本，而今日藏文《正藏》中有此经，当是译自中文。此藏文译本，其经名有梵文音译。又如《楞严经》者，此土伪经，乾隆时译为藏文，而此藏文译本，其经名亦有梵文音译。据此二事，则至元录所载《大庄严经论》之名，有梵文音译，实不足为藏文别有一本译自梵文之证，然则庆吉祥等所见之蕃本当是译自中文，故亦仍用中文《庄严经论》旧名也。寅恪尝谓鸠摩罗什翻译之功，数千年间，仅玄奘可以与之抗席。今日中土佛经译本，举世所流行者，如《金刚》《法华》之类，莫不出自其手。若言普及，虽慈恩犹不能及。所以致此之故，其文不皆直译，较诸家雅洁，应为一主因。但华、梵之文，繁简迥不相同，道安《摩诃钵罗若波罗蜜经钞序》所谓"胡经尚质，秦人好文"及"胡经委悉，叮咛反覆，或三或四，不嫌其繁"者是也。

《高僧传》七《僧叡传》（金陵刻经处本）云：

昔竺法护出《正法华经·受决品》云："天见人，人见天。"什译经至此，乃言曰："此语与西域义同，但在言过质。"睿曰："将非人天交接，两得相见？"什喜曰："实然！"

又慧立、彦悰等之《慈恩法师传》一〇云：

〔显庆〕五年春正月一日，起首翻《大般若经》。梵本总有二十万颂，文既广大，学徒每请删略。法师将顺众意，如罗什所翻，除繁去重。

盖罗什译经，或删去原文繁重，或不拘原文体制，或变易原文。兹以《喻鬘论》梵文原本校其译文，均可证明。今《大庄严经论》译本卷十末篇之最后一节，中文较梵文原本为简略，如卷十一首篇之末节，则中文全略而未译，此删去原文繁重之证也。《喻鬘论》之文，散文与偈颂两体相间。故罗什译文凡散文已竟，而继以偈颂之处，必缀以"说偈言"数字。此语本梵文原本所无，什公译文所以加缀此语者，盖为分别文、偈两体之用。然据梵文残本以校译文，如卷一之"彼诸沙弥等，寻以神通力，化作老人像，发白而面皱，秀眉牙齿落。偻脊而拄杖，诣彼檀越家。檀越既见已，心生大欢庆。烧香散名华，速请令就坐。既至须臾顷，还复沙弥形"一节，及卷十一之"我以愚痴故，不能善观察，为痴火所烧。愿当暂留住，少听我忏悔。犹如脚跌者，扶地还得起，待我得少供"一节，本散文也，而译文为偈体。

按《高僧传》二《鸠摩罗什传》云：

初，沙门慧叡才识高明，常随什传写。什每为叡论西方辞体，商略同异。云："天竺国俗，甚重文制。其宫商体韵，以入弦为善。凡觐国王，必有赞德。见佛之仪，以歌叹为贵，经中偈颂，皆其式也。但改梵为秦，失其藻蔚，虽得大意，殊隔文体，有似嚼饭与人，非徒失味，乃令呕哕也。"

观此则什公于天竺偈颂颇致精研，决无梵文原本为偈体或散文而不能分辨之理。今译文与原文不符者，此不拘原文体制之证也。卷二之"诸仙苦修行，亦复得生天"一节，"诸仙"二字梵文原文本作 Kaṇva 等，盖 Kaṇva 者，天竺古仙之专名，非秦人所习知，故易以公名，改作"诸仙"二字。又卷四之"汝知蚁封，而欲与彼须弥山王比其高下"一节，及卷六之"犹如蚊子翅，扇于须弥山，虽尽其势力，不能令动摇"一节，须弥，梵本一作 Mandara，一作 Vindhya，盖此二名皆秦人所不知，故易以习知之"须弥"，使读者易解。此变易原文之证也。凡此诸端，若非获兹贝多残阙之本，而读之者兼通仓颉大梵之文，则千载而下，转译之余，何以知哲匠之用心，见译者之能事？斯什公所以平居凄怆，兴叹于折翻；临终愤慨，发誓于焦舌欤？

（原载一九二七年十一月《国立中山大学语言历史学研究所周刊》第一集第三期，一九二七年十二月《清华学报》第四卷第二期）

《南岳大师立誓愿文》跋

天台宗创造者慧思作《誓愿文》，取本人一生事迹，依年岁编列。其书不独研求中古思想史者应视为重要资料，实亦古人自著年谱最早者之一，故与吾国史学之发展殊有关系。但今日所传南岳大师著述中，颇有后人伪托之作。然则此《誓愿文》之真伪究何如者，是否可依据为正确史料，自为一问题。考慧思所生时代，南北朝并立，其君主年号及州郡名称皆交错重复，最为纠纷，不易明悉。今即取《誓愿文》中关于此二事者，证诸史籍，以验其真伪。真伪判定之后，就其所表现思想之特征略加解释，或亦可供治南北朝末年思想史者之参考乎？

唐道宣《续高僧传》二一（金陵刻经处本）《慧思传》云：

〔慧思〕以齐武平之初，背此嵩阳，领徒南逝，高骛前贤，以希栖隐。初至光州，值梁孝元倾覆国乱，前路梗塞，权止大苏山。数年之间，归从如市。

寅恪案：北齐君王以"武平"纪年者有二。一为后主纬，即温国公。一为范阳王绍义。后主之武平在范阳王之前，且为中原统治之朝。《僧传》所言系指后主之年号，自不待言。北朝齐后主武平元年当南朝陈宣帝太建二年庚寅，即西历五七〇年。南朝梁孝元帝之倾覆，在其承圣三年，当北朝齐文宣帝天保五年甲戌，即西历五五四年。二者相距已逾十五年之久，实与当时情事不符。故道宣所纪必有讹误。今慧思《立誓愿文》略云：

我慧思是末法八十二年，太岁在乙未十一月十一日于大魏国南豫州汝阳郡武津县生。年至四十，是末法一百二十一年，在光州开岳寺。至年四十一，是末法一百二十二年，在光州境大苏山中。

寅恪案：慧思生于北朝魏宣武帝延昌四年乙未，当南朝梁武帝天监十四年，即西历五一五年。其四十岁适值南朝梁元帝承圣三年，即西历五五四年。江陵之陷即在是岁，实与史籍符会。可知南北朝并立，其年号岁月后先交互之间，虽以道宣之博学，犹不能无误，而此《誓愿文》之记载，其正确如是，则非后世僧徒所能伪造，固无容疑也。

又《立誓愿文》略云：

至年四十四，是末法一百二十五年，太岁戊寅，还于大苏山光州境内。唱告四方，我欲奉造《金字摩诃般若波罗蜜经》。从正月十五日教化，至十一月十一日，于南光州光城都光城县齐光寺方得就手，报先心愿，奉造《金字摩诃般若波罗蜜经》一部，并造琉璃宝函盛之。

寅恪案：《魏书》一〇六中《地形志》云：

光州（原注："治掖城。皇兴四年分青州置。延兴五年改为镇。景明元年复。"）。领郡三，县十四。

又同卷云：

光州（原注："萧衍置，魏因之，治光城。"）。领郡五，县十。

北光城郡，领县二。光城（原注："州治。"）。乐安。

南光城郡，领县二。光城（原注："郡治。"）。南乐安。

寅恪案：《誓愿文》中"南光州光城都光城县"之"都"字，自当为"郡"字传写之误。而"南"字则直贯下文之"光城郡光城县"言。盖言"南光州"者，以别于治掖城之〔北〕光州"。〔南〕光城郡光城县者，以别于北光城郡之光城县。所以知者，以此时慧思适在大苏山中。以地望准之，南光城郡之光城县，与大苏山较近故也。夫此类行政区域，其名称至为重叠混杂。若作者非当时亲历之人，恐难有如是之正确。然则《誓愿文》非后世所能伪托，此又一证矣。

今据《誓愿文》中关于年历、地理二事观之，已足证明其非伪作。此文之真伪既经判定，而文中所述志愿即求长生治丹药一事，最为殊特，似与普通佛教宗旨矛盾。寅恪以为此类思想确为当时产物，而非后来所可伪托。请略考当日社会文化状况及天台宗学说之根据，以说明之于下。

《誓愿文》中如"又复发愿，我今入山忏悔一切障道重罪，经行修禅，若得成就五通神仙及六神通"，及"是故先作长寿仙人，借五通力，学菩萨道。自非神仙，不得久住。为法学仙，不贪寿命"，及"誓于此生得大仙报"，及"为护法故求长命，不愿生天及余趣。愿诸贤圣佐助我，得好芝草及神丹。疗治众病除饥渴，常得经行修诸禅。愿得深山寂静处，足神丹药修此愿，借外丹力修内丹"，及"以此求道誓愿力，作长寿仙见弥勒"，及"誓愿入山学神仙，得长命力求佛道"等语，皆表现求长生治丹药之思想。考印度佛教末流，袭取婆罗门长生养性之术，托之龙树菩萨。如今日藏文《丹珠尔》第一一八函中龙树所造诸论，皆是其例。

《慈恩大师传》二略云：

> 明日到磔迦国东境，至一大城。城西道北有大庵罗林。林中有一七百岁婆罗门。及至观之，可三十许。形质魁梧，神理淹

审，明《中》《百》诸论，善《吠陀》等书。有二侍者，各百余岁。仍就停一月，学经《百论》《广百论》。其人是龙猛弟子，亲得师承，说甚明净。

又《唐澄观大方广佛华严经随疏演义钞》七云：

又案，《西域记》唐三藏初遇龙树宗师，欲从学法。师令服药，求得长生，方能穷究。三藏自思，本欲求经，恐仙术不成，辜我夙愿。遂不学此宗，乃学法相之宗。

寅恪案：此二说皆相似，而皆不可信。然有一事可注意者，即欲学龙树之宗，必先求长生之法是也。据《隋书》三四《经籍志·子部·医方类》著录西域诸仙药方中有：

《龙树菩萨药方》四卷。

《龙树菩萨养性方》一卷。

及隋费长房《历代三宝记》一一载：

北周时，攘那跋陀罗译《五明论》合一卷。（寅恪案：此论虽未言何人所造，然日本石山寺有写本龙树《五明论》一卷，今刊入《大正大藏经》第二一卷。以《隋书·经籍志》及《丹珠尔》载龙树所造论性质推之，攘那跋陀罗之译本，疑亦托名龙树所造也。）

可知南北朝末年，此类依托龙树之学说已自天竺输入中土。慧思生值其时，自不能不受其影响。况天台创义立宗，悉依《大智度论》，而《大智度论》乃龙树之所造。龙树实为天台宗始祖。宜乎《誓愿文》中盛谈求长生治丹药之事也。又天台禅学其中坚之一部分，本为南北朝之小乘禅学，而此部分实与当时道家所凭借之印度禅学原是一事。故天台宗内由本体之性质，外受环境之薰习，其思想之推演变迁，遂不期而与道家神仙之学说符会。明乎此，则天台祖师栖止之名山，如武当、南岳、天台等，皆道家所谓神仙洞府、富于灵药、可以治丹之地，固不足为异也。总而言之，天台原始之思想，虽不以神仙为极诣，但视为学佛必经之历程。有似上引澄观《华严疏钞》所记龙树宗师告玄奘之语意，即先须服药，求得长生之后，方能穷究龙树之学是也。后如唐之梁肃，其学本出于天台宗之湛然所作《神仙传论》（见《全唐文》五一九）亦有：

予尝览葛洪所记，以为神仙之道，昭昭焉足征已。

之言。盖梁氏宗佛陀而信神仙，尚是原始天台思想。可见南北朝末年思想界中此重公案迄于唐之中叶犹复存在。兹因征考所及，并附论之于此。

（原载一九三二年十月《历史语言研究所集刊》第三本第三分）

清华大学王观堂先生纪念碑铭

海宁王先生自沉后二年，清华研究院同人咸怀思不能自已。其弟子受先生之陶冶煦育者有年，尤思有以永其念，佥曰："宜铭之贞珉，以昭示于无竟。"因以刻石之词命寅恪，数辞不获已，谨举先生之志事，以普告天下后世。其词曰：士之读书治学，盖将以脱心志于俗谛之桎梏，真理因得以发扬。思想而不自由，毋宁死耳。斯古今仁圣所同殉之精义，夫岂庸鄙之敢望？先生以一死见其独立自由之意志，非所论于一人之恩怨，一姓之兴亡。呜呼！树兹石于讲舍，系哀思而不忘。表哲人之奇节，诉真宰之茫茫。来世不可知者也。先生之著述，或有时而不章。先生之学说，或有时而可商。惟此独立之精神，自由之思想，历千万祀，与天壤而同久，共三光而永光。

（原载清华大学《消夏周刊》一九二九年第一期）

《王静安先生遗书》序

王静安先生既殁，罗雪堂先生刊其遗书四集。后五年，先生之门人赵斐云教授，复采辑、编校其前后已刊未刊之作，共为若干卷，刊行于世。先生之弟哲安教授，命寅恪为之序。寅恪虽不足以知先生之学，亦尝读先生之书，故受命不辞，谨以所见质正于天下后世之同读先生之书者。自昔大师巨子，其关系于民族盛衰、学术兴废者，不仅在能承续先哲将坠之业，为其托命之人，而尤在能开拓学术之区宇，补前修所未逮。故其著作可以转移一时之风气，而示来者以轨则也。先生之学博矣，精矣，几若无涯岸之可望、辙迹之可寻。然详绎遗书，其学术内容及治学方法，殆可举三目以概括之者。一曰取地下之实物与纸上之遗文互相释证。凡属于考古学及上古史之作，如《殷卜辞中所见先公先王考》及《鬼方昆夷猃狁考》等是也。二曰取异族之故书与吾国之旧籍互相补正。凡属于辽、金、元史事及边疆地理之作，如《萌古考》及《元朝秘史之主因亦儿坚考》等是也。三曰取外来之观念，与固有之材料互相参证。凡属于文艺批评及小说戏曲之作，如《红楼梦评论》及《宋元戏曲考》《唐宋大曲考》等是也。此三类之著作，其学术性质固有异同，所用方法亦不尽符会，要皆足以转移一时之风气，而示来者以轨则。吾国他日文史考据之学，范围纵广，途径纵多，恐亦无以远出三类之外。此先生之书所以为吾国近代学术界最重要之产物也。今先生之书，流布于世，世之人大抵能称道其学，独于其平生之志事颇多不能解，因而有是非之论。寅恪以谓古今中外志士仁人，往往憔悴忧伤，继之以死。其所伤之事、所死之故，不止局于一时间一地域而已，盖别有超越时间、地域之理性存焉。而此超越时间、地域之理性，必非其同时间、地域之众人所能共喻。然则先生之志事，多为世人所不解，因而有是非之论者，又何足怪耶？尝综揽吾国三十年来，人世之剧变至异，等量而齐观之，诚庄生所谓"彼亦一是非，此亦一是非"者。若就彼此所是非者言之，则彼此终古未由共喻，以其互局于一时间、一地域故也。呜呼！神州之外，更有九州。今世之后，更有来世。其间倘亦有能读先生之书者乎？如果有之，则其人于先生之书，钻味既深，神理相接，不但能想见先生之人，想见先生之世，或者更能心喻先生之奇哀遗恨于一时一地，彼此是非之表欤！

一千九百三十四年岁次甲戌六月三日陈寅恪谨序

（原载一九四〇年二月商务印书馆《海宁王静安先生遗书》）

与刘叔雅论国文试题书

叔雅先生讲席：承命代拟今夏入学考试国文题目。寅恪连岁校阅清华大学入学国文试卷，感触至多。据积年经验所得，以为今后国文试题应与前此异其旨趣，即求一方法，其形式简单而涵义丰富，又与华夏民族语言文学之特性有密切关系者，以之测验程度，始能于阅卷定分之时，有所依据，庶几可使应试者无甚侥幸或甚冤屈之事。阅卷者良心上不致受特别痛苦，而时间精力俱可节省。若就此义言之，在今日学术界，藏缅语系比较研究之学未发展，真正中国语文文法未成立之前，似无过于对对子之一方法。此方法去吾辈理想中之完善方法，固甚辽远，但尚是诚意不欺、实事求是之一种办法，不妨于今夏入学考试时试一用之，以测验应试者之国文程度。略陈鄙意，敬祈垂教。幸甚！幸甚！凡考试国文，必考其文理之通与否，必以文法为标准，此不待论者。但此事言之甚易，行之则难。最先须问吾辈今日依据何种文法以考试国文。今日印欧语系化之文法，即《马氏文通》"格义"式之文法，既不宜施之于不同语系之中国语文，而与汉语同系之语言比较研究又在草昧时期，中国语文真正文法尚未能成立，此其所以甚难也。夫所谓某种语言之文法者，其中一小部分符于世界语言之公律，除此之外，其大部分皆由研究此种语言之特殊现象，归纳为若干通则，成立一有独立个性之统系学说，定为此特种语言之规律，并非根据某一特种语言之规律，即能推之以概括万族，放诸四海而准者也。假使能之，亦已变为普通语言学、音韵学、名学或文法哲学等等，而不复成为某特种语言之文法矣。昔希腊民族武力文化俱盛之后，地跨三洲，始有训释标点希腊文学之著作，以教其所谓"野蛮人"者。当日固无比较语言学之知识，且其所拟定之规律，亦非通筹全局及有统系之学说。罗马又全部因袭翻译之，其立义定名，以传统承用之故，颇有讹误可笑者。如西欧近世语言之文法，其动词完全时间式，而有不完全之义；不完全时间式，转有完全之义，是其一例也。今评其价值，尚在天竺文法之下。但因其为用于隶属同语系之语言，故其弊害尚不甚显著。今吾国人所习见之外国语文法，仅近世英文文法耳。其代名词有男女中三性，遂造他她它三字以区别之，矜为巧便。然若依此理论，充类至尽，则阿剌伯、希伯来等语言，动词亦有性别与数别，其文法变化皆有特殊之表现。例如一男子独睡，为男性单数。二男子同睡，为男性复数。一女子独睡，为女性单数。二女子同睡，为女性复数。至若一男子与一女子而同睡，则为共性复数。此种文法变化，如依新法译造汉字，其字当为"毊"。天竺古语，其名词有二十四啭，动词有十八啭。吾中国之文法，何不一一仿效，以臻美备乎？世界人类语言中，甲种语言有甲种特殊现象，故有甲种文法；乙种语言有乙种特殊现象，故有乙种文法。即同一系之西欧近世语，如英文名词有三格，德文名词则有四格。法文名词有男女二性，德文名词则有男女中三性。因此种语言今日尚有此种特殊现象，故此种语言之文法亦不得不特设此种规律。苟违犯之者，则为不通。并非德人作德文文法喜繁琐，英人作英文文法尚简单也。欧洲受基督教之影响至深，昔日欧人往往以希伯来语言为世界语言之始祖，而自附其语言于希伯来语之支流末裔。迄乎近世，比较语言之学兴，旧日谬误之观念得以革除。因其能取同系语言，如梵语、波斯语等，互相比较研究，于是系内各个语言之特性逐渐发见。印欧系语言学遂有今日之发达。故欲详知确证一种语言之特殊现象及其性质如何，非综合分析，互相比较，以研究之，不能为功。而所与互相比较者，又必须属于同系中大同而小异之语言。盖不如此，则不独不能确定，且常错认其特性之所在，而成一非驴非马、穿凿附会之混沌怪物。因同系之语言，必先假定其同出一源，以演绎递变隔离分化之关系，乃各自成为大同而小异之言语。故分析之，综合之，于纵贯之方面剖别其源流，于横通之方面比较其差异。由是言之，从事比较语言之学，必具一历史观念，而具有历史观念者，必不能认贼作父，自乱其宗统也。往日法人取吾国语文约略摹仿印欧系语之规律，编为《汉文典》，以便欧人习读。马眉叔效之，遂有《文通》之作，于是中国号称始有文法。夫印欧系语文之规律，未尝不间有可供中国之文法作参考及采用者，如梵语文典中语根之说是也。今于印欧系之语言中，将其规则之属于世界语言公律者，除去不论。其他属于某种语言之特性者，若亦同视为天经地义、金科玉律，按条逐句，一一施诸不同系之汉文，有不合者，即指为不通。呜呼！文通，文通，何其不通如是耶？西晋之世，僧徒有竺法雅者，取内典、外书以相拟配，名曰"格义"（"格义"之义详见拙著《支愍度学说考》），实为赤县神州附会中西学说之初祖。即以今日中国文学系之中外文学比较一类之课程言，亦只能就白乐天等在中国及日本之文学上，或佛教故事在印度及中国文学上之影响及演变等问题，互相比较研究，方符合比较研究之真谛。盖此种比较研究方法，必须具有历史演变及系统异同之观念。否则古今中外，人天龙鬼，无一不可取以相与比较。荷马可比屈原，孔子可比歌德，穿凿附会，怪诞百出，莫可追诘，更无所谓研究之可言矣。比较研究方法之义既如此，故今日中国必先将国文文法之"格义"观念摧陷廓清，然后遵循藏、缅等与汉语同系语言比较研究之途径进行，将来自可达到真正中国文法成立之日。但今日之吾辈，既非甚不学之人，故羞以"格义"式之文法自欺欺人，用之为考试之工具；又非甚有学之人，故又不能即时创造一真正中国文法，以为测验之标准。无可奈何，不得已而求一过渡时代救济之方法，以为真正中国文法未成立前之暂时代用品，此方法即为对对子。所对不逾十字，已能表现中国语文特性之多方面。其中有与高中卒业应备之国文常识相关者，亦有汉语汉文特殊优点之所在，可借以测验高材及专攻吾国文学之人，即投考国文学系者。兹略分四条，说明于下。

（甲）对子可以测验应试者能否知分别虚、实字及其应用

此理易解，不待多言。所不解者，清华考试英文，有不能分别动词名词者，必不录取，而国文则可不论。因特拈出此重公案，请公为我一参究之。

（乙）对子可以测验应试者能否分别平仄声

此点最关重要，乃数年阅卷所得之结论。今日中学国文教学，必须注意者也。吾人今日当然不依《文镜秘府论》之学说，以苛试高中卒业生。但平仄声之分别，确为高中卒业生应具之常识。吾国语言之平仄声与古代印度希腊拉丁文同，而与近世西欧语言异。然其关于语言文学之重要则一。今日学校教学英文，亦须讲究其声调之高下，独国文则不然，此乃殖民地之表征也。声调高下与语言迁

变、文法应用之关系，学者早有定论。今日大学本科学生，有欲窥本国音韵训诂之学者，岂待在讲堂始调平仄乎？抑在高中毕业以前，即须知"天子圣哲""灯盏柄曲"耶？又凡中国之韵文诗赋词曲无论矣，即美术性之散文，亦必有适当之声调。若读者不能分平仄，则不能完全欣赏与了解，竟与不读相去无几，遑论仿作与转译。又中国古文之句读，多依声调而决定。印欧语系之标点法，不尽能施用于中国古文。若读者不通平仄声调，则不知其文句起迄。故读古书，往往误解。《大正一切藏经》句读之多讹，即由于此。又汉语既演为单音语，其文法之表现，即依托于语词之次序。昔人下笔偶有违反之者，上古之文姑不论，中古以后之作，多因声调关系，如"听猿实下三声泪"之例。此种句法，虽不必仿效，然读者必须知此句若作"听猿三声实下泪"，则平仄声调不谐和。故不惜违反习惯之语词次序，以迁就声调。此种破例办法之是非利弊，别为一问题，不必于此讨论。但读此诗句之人，若不能分别平仄，则此问题，于彼绝不成问题。盖其人读"听猿实下三声泪"与"听猿三声实下泪"，皆谐和亦皆不谐和，二者俱无分别。讲授文学，而遇此类情形，真有思惟路绝、言语道断之感。此虽末节，无关本题宏旨，所以附论及之者，欲使学校教室中讲授中国文学史及词曲目录学之诸公得知今日大学高中学生，其本国语言文学之普通程度如此。诸公之殚精竭力，高谈博引，岂不徒劳耶？据此，则知平仄声之测验，应列为大学入学国文考试及格之条件，可以利用对子之方法，以实行之。

（丙）对子可以测验读书之多少及语藏之贫富

今日学生所读中国书中，今人之著作太多，古人之著作太少。非谓今人之著作学生不可多读。但就其所读数量言，二者之比例相差过甚，必非合理之教育，亟须矫正。若出一对子，中有专名或成语，而对者能以专名或成语对之，则此人读书之多少及语藏之贫富，可以测知。

（丁）对子可以测验思想条理

凡上等之对子，必具正反合之三阶段。（平生不解黑智儿〔一译"黑格尔"〕之哲学，今论此事，不觉与其说暗合，殊可笑也。）对一对子，其词类、声调皆不适当，则为不对，是为下等，不及格。即使词类、声调皆合，而思想重复，如《燕山外史》中之"斯为美矣，岂不妙哉！"之句，旧日称为"合掌对"者，亦为下等，不及格。因其有正，而无反也。若词类、声调皆适当，即有正，又有反，是为中等，可及格。此类之对子至多，不须举例。若正及反前后二阶段之词类、声调，不但能相当对，而且所表现之意义，复能互相贯通，因得综合组织，别产生一新意义。此新意义，虽不似前之正及反二阶段之意，显著于字句之上，但确可以想象而得之，所谓言外之意是也。此类对子，既能备具第三阶段之合，即对子中最上等者。赵瓯北《诗话》盛称吴梅村歌行中对句之妙。其所举之例，如"南内方看起桂宫，北兵早报临瓜步"等，皆合上等对子之条件，实则不独吴诗为然，古来佳句莫不皆然。岂但诗歌，即六朝文之佳者，其篇中警策之俪句亦莫不如是。惜阳湖当日能略窥其意，而不能畅言其理耳。凡能对上等对子者，其人之思想必通贯而有条理，决非仅知配拟字句者所能企及。故可借之以选拔高才之士也。

　　昔罗马西塞罗 Cicero 辩论之文，为拉丁文中之冠。西土文士自古迄今读之者何限，最近时德人始发见其文含有对偶。拉丁非单音语言，文有对偶，不易察知。故时历千载，犹有待发之覆。今言及此者，非欲助骈骊之文增高其地位。不过借以说明对偶确为中国语文特性之所在，而欲研究此种特性者，不得不研究由此特性所产生之对子。此义当质证于他年中国语言文学特性之研究发展以后。今日言之，徒遭流俗之讥笑。然彼等既昧于世界学术之现状，复不识汉族语文之特性，挟其十九世纪下半世纪"格义"之学，以相非难，正可譬诸白发盈颠之上阳宫女，自矜其天宝末年之时世装束，而不知天地间别有元和新样者在。亦只得任彼等是其所是，而非其所非。吾辈固不必，且无从与之校量也。尊意以为何如？

　　　　　　　（原载一九三二年九月五日天津《大公报》文学副刊）

附　记

　　三十余年前，叔雅先生任清华大学国文系主任。一日过寅恪曰，大学入学考期甚近，请代拟试题。时寅恪已定次日赴北戴河休养，遂匆匆草就普通国文试题，题为"梦游清华园记"。盖曾游清华园者可以写实，未游清华园者可以想象。此即赵彦卫《云麓漫钞》九所谓行卷可以观史才诗笔议论之意。若应试者不被录取，则成一游园惊梦也。一笑！其对子之题为"孙行者"，因苏东坡诗有

"前生恐是卢行者，后学过呼韩退之"一联（见《东坡后集》七《赠虔州术士谢〔晋臣〕君七律》）。"韩卢"为犬名（见《战国策》十《齐策三》"齐欲伐魏"条及《史记》七九《范雎传》），"行"与"退"皆步履进退之动词，"者"与"之"俱为虚字。东坡此联可称极中国对仗文学之能事。冯应榴《苏文忠诗注》四五未知"韩卢"为犬名，岂偶失检耶？抑更有可言者，寅恪所以以"孙行者"为对子之题者，实欲应试者以"胡适之"对"孙行者"。盖猢狲乃猿猴，而"行者"与"适之"意义、音韵皆可相对，此不过一时故作狡猾耳。又正反合之说，当时惟冯友兰君一人能通解者。盖冯君熟研西洋哲学，复新游苏联返国故也。今日冯君尚健在，而刘、胡并登鬼录，思之不禁悯然！是更一游园惊梦矣。

一九六五年岁次乙巳五月七十六叟陈寅恪识

刘叔雅《庄子补正》序

合肥刘叔雅先生文典以所著《庄子补正》示寅恪，曰："姑强为我读之。"寅恪承命读之竟，叹曰："先生之作，可谓天下之至慎矣。其著书之例，虽能确证其有所脱，然无书本可依者，则不之补；虽能确证其有所误，然不详其所以致误之由者，亦不之正。故先生于《庄子》一书，所持胜义犹多蕴而未出，此书殊不足以尽之也。"或问曰："先生此书谨严若是，将无矫枉过正乎？"寅恪应之曰："先生之为是，非得已也。"今日治先秦子史之学，著书名世者甚众。偶闻人言，其间颇有改订旧文，多任己意，而与先生之所为大异者。寅恪平生不能读先秦之书，二者之是非，初亦未敢遽判。继而思之，尝亦能读金圣叹之书矣。其注《水浒传》，凡所删易，辄曰："古本作某，今依古本改正。"夫彼之所谓古本者，非神州历世共传之古本，而苏州金人瑞胸中独具之古本也。由是言之，今日治先秦子史之学，与先生所为大异者，乃以明清放浪之才人，而谈商周邃古之朴学。其所著书，几何不为金圣叹胸中独具之古本，转欲以之留赠后人，焉得不为古人痛哭耶？然则先生此书之刊布，盖将一匡当世之学风，示人以准则，岂仅供治《庄子》者之所必读而已哉！

一九三九年岁次己卯十一月十四日修水陈寅恪
书于昆明靛花巷北京大学研究所宿舍

（原载刘文典《庄子补正》，上海商务印书馆一九四七年六月本）

杨树达《积微居小学金石论丛续稿》序

长沙杨遇夫先生自辰溪湖南大学寄示近著《积微居小学金石论丛续稿》若干卷，命寅恪序之，媵以感事诗一首，有"只有青山来好梦，可怜白发换浮名"之叹。寅恪尝闻当世学者称先生为今日赤县神州训诂小学之第一人。今读是篇，益信其言之不诬也。自昔长于金石之学者，必为深研经史之人，非通经无以释金文，非治史无以证石刻。群经诸史乃古史资料多数之所汇集，金文石刻则其少数脱离之片段，未有不了解多数汇集之资料，而能考释少数脱离之片段不误者。先生平日熟读三代、两汉之书，融会贯通，打成一片。故其解释古代佶屈聱牙晦涩艰深之词句，无不文从字顺，犁然有当于人心。此则读先生之书者自能知之，不待寅恪赘言也。虽然，寅恪于此别有感焉。百年以来，洞庭衡岳之区，其才智之士多以功名著闻于世。先生少日即已肄业于时务学堂，后复游学外国，其同时辈流，颇有遭际世变，以功名显者，独先生讲授于南北诸学校，寂寞勤苦，逾三十年，不少间辍。持短笔，照孤灯，先后著书高数尺，传诵于海内外学术之林，始终未尝一借时会毫末之助，自致于立言不朽之域。与彼假手功名，因得表见者，肥瘠荣悴，固不相同，而孰难孰易，孰得孰失，天下后世当有能辨之者。呜呼！自剖判以来，生民之祸乱，至今日而极矣。物极必反，自然之理也。一旦忽易阴森惨酷之世界，而为清朗和平之宙合，天而不欲遂丧斯文也，则国家必将尊礼先生，以为国老儒宗，使弘宣我华夏民族之文化于京师太学。其时纵有入梦之青山，宁复容先生高隐耶？然则白发者，国老之象征；浮名者，亦儒宗所应具，斯诚可喜之兆也。又何叹哉？又何叹哉？寅恪未尝学问，岂敢于先生之书多所论列，因先生之命，故别陈所感者如此，不识世之读先生书者以为何如也。

一九四二年岁次壬午十二月二十五日陈寅恪谨书于桂林雁山别墅

杨树达 《论语疏证》 序

孔子之生，距今岁将二千五百载，神州士众方谋所以纪念盛事，显扬圣文之道，而长沙杨遇夫先生著《论语疏证》适成，寄书寅恪，命为之序。寅恪平生颇读中华乙部之作，间亦披览天竺释典，然不敢治经。及读先生是书，喜曰：先生治经之法，殆与宋贤治史之法冥会，而与天竺诂经之法形似而实不同也。夫圣人之言，必有为而发，若不取事实以证之，则成无的之矢矣。圣言简奥，若不采意旨相同之语以参之，则为不解之谜矣。既广搜群籍，以参证圣言，其言之矛盾疑滞者，若不考订解释，折衷一是，则圣人之言行，终不可明矣。今先生汇集古籍中事实语言之与《论语》有关者，并间下己意，考订是非，解释疑滞。此司马君实、李仁甫长编考异之法，乃自来诂释《论语》者所未有，诚可为治经者辟一新途径，树一新模楷也。天竺佛藏，其论藏别为一类外，如譬喻之经，诸宗之律，虽广引圣凡行事，以证释佛说，然其文大抵为神话物语，与此土诂经之法大异。《出三藏记集》中，述出《贤愚因缘经》始末云："释昙学、威德等八僧，西行求经，于于阗大寺遇般遮于瑟之会。三藏诸学各弘法宝，说经讲律，依业而教，学等八僧随缘分听，精思通译，各书所闻。还至高昌，乃集为一部。"然则《贤愚经》实当时昙学等听讲经律之笔记。今此经具存，所载悉为神话物语。世之考高昌之壁画、释敦煌之变文者，往往取之以为证释，而天竺诂经之法与此土大异，于此亦可见一例也。南北朝佛教大行于中国，士大夫治学之法亦有受其薰习者。寅恪尝谓裴松之《三国志注》、刘孝标《世说新书注》、郦道元《水经注》、杨衒之《洛阳伽蓝记》等，颇似当日佛典中之合本子注。然此诸书皆属乙部，至经部之著作，其体例则未见有受释氏之影响者。惟皇侃《论语义疏》引论释以解《公冶长章》，殊类天竺《譬喻经》之体。殆六朝儒学之士，渐染于佛教者至深，亦尝袭用其法，以诂孔氏之书耶？但此为旧注中所仅见，可知古人不取此法以诂经也。盖孔子说世间法，故儒家经典必用史学考据，即实事求是之法治之。彼佛教《譬喻》诸经之体例，则形虽似，而实不同，固不能取其法以释儒家经典也。寅恪治史无成，幸见先生是书之出，妄欲攀引先生为同类以自重，不识先生亦笑许之乎？

一九四八年岁次戊子十月七日陈寅恪书于北平清华园不见为净之室

（原载一九四八年十二月十二日香港《星岛日报》"文史"十期）

陈述《辽史补注》序

裴世期之注《三国志》，深受当时内典合本子注之薰习。此盖吾国学术史之一大事，而后代评史者局于所见，仆知古今学术系统之有别流，著述体裁之有变例，以喜聚异同，坐长烦芜为言，其实非也。赵宋史家著述，如《续资治通鉴长编》《三朝北盟会编》《建炎以来系年要录》，最能得昔人合本子注之遗意。诚乙部之杰作，岂庸妄子之书矜诩笔削，自比夏五郭公、断烂朝报者所可企及乎？寅恪侨寓香港，值太平洋之战，扶疾入国，归正首丘。途中得陈玉书先生述寄示所撰《辽史补注》序例，急取读之，见其所论宁详毋略之旨，甚与鄙见符合。若使全书告成，殊可称契丹史事之总集，近日吾国史学不可多得之作也。回忆前在绝岛，苍黄逃死之际，取一巾箱坊本《建炎以来系年要录》，抱持诵读。其汴京围困屈降诸卷，所述人事利害之回环，国论是非之纷错，殆极世态诡变之至奇。然其中颇复有不甚可解者，乃取当日身历目睹之事以相印证，则忽豁然心通意会。平生读史凡四十年，从无似此亲切有味之快感，而死亡饥饿之苦，遂亦置诸度量之外矣。由今思之，倘非其书喜聚异同，取材详备，曷足以臻是耶？况近日营州旧壤，辽陵玉册已出人间。葬地陶瓶，犹挐革橐。不有如释教信徒迦叶、阿难之总持结集，何以免契丹一族千年之往事及其与华夏关系之痛史，不随劫波之火以灰烬。故《辽史补注》之作，尤为今日所不可或缓者。寅恪频岁衰病，于塞外之史、殊族之文，久不敢有所论述。惟尚冀未至此身盖棺之日，获逢是书出版之期，而《补注》之于

《辽史》，亦将如裴《注》之附陈《志》，并重于学术之林，斯则今日发声唱导之时，不胜深愿诚祷者也。

一九四二年岁次壬午十一月十九日陈寅恪书于桂林雁山别墅

（原载一九四二年十二月《读书通讯》第五六期）

陈垣《敦煌劫余录》序

一时代之学术，必有其新材料与新问题。取用此材料以研求问题，则为此时代学术之新潮流。治学之士，得预于此潮流者，谓之预流（借用佛教初果之名）。其未得预者，谓之未入流。此古今学术史之通义，非彼闭门造车之徒所能同喻者也。敦煌学者，今日世界学术之新潮流也。自发见以来，二十余年间，东起日本，西迄法英，诸国学人各就其治学范围，先后咸有所贡献。吾国学者，其撰述得列于世界敦煌学著作之林者，仅三数人而已。夫敦煌在吾国境内，所出经典又以中文为多，吾国敦煌学著作较之他国转独少者，固因国人治学罕具通识，然亦未始非以敦煌所出经典涵括至广，散佚至众，迄无详备之目录，不易检校其内容，学者纵欲有所致力，而凭借未由也。新会陈援庵先生垣，往岁尝取敦煌所出《摩尼教经》，以考证宗教史。其书精博，世皆读而知之矣。今复应中央研究院历史语言研究所之请，就北平图书馆所藏敦煌写本八千余轴，分别部居，稽核同异，编为目录，号曰《敦煌劫余录》，诚治敦煌学者不可缺之工具也。书既成，命寅恪序之。或曰："敦煌者，吾国学术之伤心史也。其发见之佳品，不流入于异国，即秘藏于私家。兹国有之八千余轴，盖当时唾弃之剩余，精华已去，糟粕空存，则此残篇故纸，未必实有系于学术之轻重者在。今日之编斯录也，不过聊以寄其愤慨之思耳！"是说也，寅恪有以知其不然，请举数例以明之。《摩尼教经》之外，如《八婆罗夷经》所载吐蕃乞里提足赞普之诏书，《姓氏录》所载贞观时诸郡著姓等，有关于唐代史事者也。《佛说禅门经》、马鸣菩萨《圆明论》等，有关于佛教教义者也。《佛本行集经演义》《维摩诘经菩萨品演义》《八相成道变》《地狱变》等，有关于小说文学史者也。《佛说孝顺子修行成佛经》《首罗比丘见月光童子经》等，有关于佛教故事者也。《维摩诘经颂》《唐睿宗玄宗赞文》等，有关于唐代诗歌之佚文者也。其他如《佛说诸经杂缘喻因由记》中弥勒之对音，可与中亚发见之古文互证，六朝旧译之原名，借此推知。《破昏怠法》所引《龙树论》，不见于日本石山寺写本《龙树五明论》中，当是旧译别本之佚文。唐蕃翻经大德法成辛酉年（当是唐武宗会昌元年）出麦与人抄录经典，及周广顺八年道宗往西天取经，诸纸背题记等，皆有关于学术之考证者也。但此仅就寅恪所曾读者而言，其为数尚不及全部写本百分之一，而世所未见之奇书佚籍已若是之众，倘综合并世所存敦煌写本，取质、量二者相与互较，而平均通计之，则吾国有之八千余轴，比于异国及私家之所藏，又何多让焉。今后斯《录》既出，国人获兹凭借，宜益能取用材料以研求问题，勉作敦煌学之预流。庶几内可以不负此历劫仅存之国宝，外有以襄进世界之学术于将来，斯则寅恪受命缀词所不胜大愿者也。

（原载一九三〇年六月《历史语言研究所集刊》第一本第二分）

陈垣 《元西域人华化考》 序

有清一代经学号称极盛，而史学则远不逮宋人。论者辄谓爱新觉罗氏以外族入主中国，屡起文字之狱，株连惨酷，学者有所畏避，因而不敢致力于史，是固然矣。然清室所最忌讳者，不过东北一隅之地，晚明、初清数十年间之载记耳。其他历代数千岁之史事，即有所忌讳，亦非甚违碍者。何以三百年间，史学之不振如是？是必别有其故，未可以为悉由当世人主摧毁压抑之所致也。夫义理词章之学及八股之文，与史学本不同物，而治其业者，又别为一类之人，可不取与共论。独清代之经学与史学，俱为考据之学，故治其学者，亦并号为朴学之徒。所差异者，史学之材料大都完整而较备具，其解释亦有所限制，非可人执一说，无从判决其当否也。经学则不然，其材料往往残阙而又寡少，其解释尤不确定，以谨愿之人而治经学，则但能依据文句各别解释，而不能综合贯通，成一有系统之论述。以夸诞之人而治经学，则不甘以片段之论述为满足。因其材料残阙寡少及解释无定之故，转可利用一二细微疑似之单证，以附会其广泛难征之结论。其论既出之后，固不能犁然有当于人心，而人亦不易标举反证以相诘难。譬诸图画鬼物，苟形态略具，则能事已毕，其真状之果肖似与否，画者与观者两皆不知也。往昔经学盛时，为其学者，可不读唐以后书，以求速效。声誉既易致，而利禄亦随之。于是一世才智之士，能为考据之学者，群舍史学而趋于经学之一途。其谨愿者，既止于解释文句，而不能讨论问题。其夸诞者，又流于奇诡悠谬，而不可究诘。虽有研治史学之人，大抵于宦成以后休退之时，始以余力肆及，殆视为文儒老病销愁送日之具。当时史学地位之卑下若此，由今思之，诚可哀矣。

此清代经学发展过甚，所以转致史学之不振也。近二十年来，国人内感民族文化之衰颓，外受世界思潮之激荡，其论史之作，渐能脱除清代经师之旧染，有以合于今日史学之真谛，而新会陈援庵先生之书，尤为中外学人所推服。盖先生之精思博识，吾国学者，自钱晓征以来，未之有也。今复取前所著《元西域人华化考》，刻木印行，命寅恪序之。寅恪不敢观三代两汉之书，而喜谈中古以降民族文化之史，故承命不辞。欲借是略言清代史学所以不振之由，以质正于先生及当世之学者。至于先生是书之材料丰实，条理明辨，分析与综合二者俱极其工力，庶几宋贤著述之规模，则读者自能知之，更无待于寅恪之赘言者也。挚仲洽谓杜元凯《春秋释例》本为《左传》设，而所发明，何但《左传》。今日吾国治学之士，竞言古史。察其持论，间有类乎清季夸诞经学家之所为者。先生是书之所发明，必可示以准绳，匡其趋向。然则是书之重刊流布，关系吾国学术风气之转移者至大，岂仅局于元代西域人华化一事而已哉？

一千九百三十五年岁次乙亥二月陈寅恪谨序

（原载一九三四至三五年励耘书屋丛刻本《元西域人华化考》）

陈垣《明季滇黔佛教考》序

中国史学莫盛于宋，而宋代史家之著述，于宗教往往疏略，此不独由于意执之偏蔽，亦其知见之狭陋有以致之。元、明及清，治史者之学识更不逮宋，故严格言之，中国乙部之中，几无完善之宗教史。然其有之，实自近岁新会陈援庵先生之著述始。先生先后考释摩尼佛教诸文，海内外学者咸已诵读而仰慕之矣。今复以所著《明季滇黔佛教考》远寄寅恪读之，并命缀以一言。寅恪颇喜读内典，又旅居滇地，而于先生是书征引之资料，所未见者，殆十之七八。其搜罗之勤，闻见之博若是。至识断之精，体制之善，亦同先生前此考释宗教诸文，是又读是书者所共知，无待赘言者也。抑寅恪读是书竟，别有感焉。世人或谓宗教与政治不同物，是以二者不可参互合论。然自来史实所昭示，宗教与政治终不能无所关涉。即就先生是书所述者言之，明末永历之世，滇、黔实当日之畿辅，而神州正朔之所在也。故值艰危扰攘之际，以边徼一隅之地，犹略能萃集禹域文化之精英者，盖由于此。及明社既屋，其地之学人端士相率遁逃于禅，以全其志节。今日追述当时政治之变迁，以考其人之出处本末，虽曰宗教史，未尝不可作政治史读也。呜呼！昔晋永嘉之乱，支愍度始欲过江，与一伧道人为侣。谋曰："用旧义往江东，恐不办得食，便共立心无义。"既而此道人不成渡，愍度果讲义积年。后此道人寄语愍度云："心无义那可立？治此计，权救饥耳。无为遂负如来也。"忆丁丑之秋，寅恪别先生于燕京，及抵长沙，而金陵瓦解。乃南驰苍梧瘴海，转徙于滇池、洱海之区，亦将三岁矣。此三岁中，天下之变无穷。先生讲学著书于东北风尘之际，寅恪入城乞食于西南天地之间，南北相望，幸俱未树新义，以负如来。今先生是书刊印将毕，寅恪不获躬执校雠之役于景山北海之旁，仅远自万里海山之外，寄以序言，借告并世之喜读是书者。谁实为之？孰令致之？岂非宗教与政治虽不同物，而终不能无所关涉之一例证欤？

一九四〇年岁次庚辰七月陈寅恪谨序

（原载陈垣《明季滇黔佛教考》一九四〇年八月本）

姚薇元《北朝胡姓考》序

姚君薇元著一论文，题曰《北朝胡姓考》，近欲刊行，遗书来征序引。寅恪以为姚君之学固已与时俱进，然其当日所言迄今犹有他人未能言者。此读者自知之，无待寅恪赘论。惟不能不于此附著一言者，即吾国史乘不止胡姓须考，胡名亦急待研讨是也。凡入居中国之胡人及汉人之染胡化者，兼有本来之胡名及雅译之汉名。如北朝之宇文泰，《周书》《北史》俱称其字为"黑獭"，而《梁书》兰钦、王僧辩、侯景诸传，均目为"黑泰"，可知"泰"即胡语"獭"之对音，亦即"黑獭"之雅译汉名，而"黑獭"则本其胡名，并非其字也。由此推之，胡化汉人高欢，史称其字为"贺六浑"。其实"欢"乃胡语"浑"之对音，亦即"贺六浑"之雅译汉名，而"贺六浑"则本其胡名，并非其字也。此类之名，胡汉雅俗，虽似两歧，实出一源，于史事之考证尚无疑滞，可不深论。又如元代统治中国之君主及诸王之名，其中颇有藏文转译梵名之蒙古对音者，于此虽足以推证其时西番佛教渐染宫廷皇族之势力，然其事显明易见，故亦可不详究也。至于清代史事，则满文名字之考证，殊与推求事实有关，治史者不得置而不究。如清室君主之名，世祖福临之前，本为满洲语之汉文对音，故清世亦不以之避讳。但自圣祖玄烨以降，汉化益深，诸帝之名传于世者，固皆汉文雅名，实则仍别有满文之名，如穆宗汉名"载淳"，翁同龢谓其满文名为"福龄阿"，即是其例。(《翁文恭公日记》同治六年"丁卯二月廿日"条云："上读满字至'福龄阿'，顾谓谙达曰：'此余在热河时，先皇帝以是呼余者也。谙达等退而识之。'"又此条"福龄阿"下原注云："汉文天生有福人。")又传闻翁氏姊婿，即注

《樊南文集补编》之清代学者钱振伦，其中式道光十八年戊戌科二甲十七名进士时，原名福元，后所以改名振伦之故，实出孝钦后意旨。盖清代翰苑简放学政主考等差，由君主朱笔圈出。孝钦垂帘听政，语军机大臣曰："钱福元之名，我何能圈出？"钱公遂易今名。寅恪颇疑此事与穆宗之满名"福龄阿"有关，未知确否？此等满文名仅用于家庭宫禁之中，外间固不得而知也。寅恪曩于北平故宫博物院发一秘箧，外附"敢不在御前开拆者，即行正法"之封纸，内藏康熙朝重要史料。如已刊布之汪景祺《西征随笔》，即其中年羹尧案附件之一。其汉文文件之外，尚有满、蒙文档案，如康熙朝先以贪婪罪罢斥，后坐忤逆罪自尽之两江总督噶礼所上满文奏折多本，中夹一纸片，上书汉文"勿使汗阿妈知及我弟鄂尔弼云云"等语。案，"汗"字源出"可汗"，在满洲语，通常以之当汉文"皇"字，"阿妈"为满洲"父"字之音译，既称"皇父"，兼据其上下语气，此纸疑出废太子胤礽之手，而鄂尔弼当是圣祖诸子之一，如胤禩、胤禵之流。此点实关噶礼之死及皇储之争，惜已不能考知鄂尔弼果为何人。以后来清代诸皇子之名，今所知者亦止其汉文雅名，而不传其满文之名故也。又胤禩、胤禵之改名阿其那、塞思黑，世俗相传以为满洲语猪、狗之义。其说至为不根。无论阿其那、塞思黑非满文猪、狗之音译，且世宗亦决无以猪狗名其同父之人之理。其究为何义，殊难考知。尝闻光绪朝盛伯熙祭酒昱语文芸阁学士廷式，以"塞思黑"之义为"提桶柄"，然"提桶柄"之义亦难索解。寅恪偶检《清文鉴·器具门》，见有满洲语"腰子筐"一词，若缀以系属语尾"衣"字（如"包衣"之"衣"。满洲语

"包"为"家","衣"为"的"），则适与"塞思黑"之音符合。证以《东华录》所载世宗斥塞思黑"痴肥臃肿，弟兄辈亦将伊戏笑轻贱"之语（见《东华录》"雍正四年五月十七日戊申"条），岂其改名本取像于形状之陋劣？而"提桶柄"之说，乃传祭酒之语者，记忆有所未确耶？寅恪怀此疑问，久未能决，因姚君征序，遂附陈考证胡名之说，以求教于世之博通君子。

　　一九四三年岁次癸未四月二十五日陈寅恪书于桂林雁山别墅

（原载一九四三年七月《读书通讯》六九期）

邓广铭 《宋史职官志考证》 序

吾国近年之学术，如考古、历史、文艺及思想史等，以世局激荡及外缘薰习之故，咸有显著之变迁。将来所止之境，今固未敢断论。惟可一言蔽之，曰：宋代学术之复兴，或新宋学之建立是已。华夏民族之文化，历数千载之演进，造极于赵宋之世。后渐衰微，终必复振。譬诸冬季之树木，虽已凋落，而本根未死，阳春气暖，萌芽日长，及至盛夏，枝叶扶疏，亭亭如车盖，又可庇荫百十人矣。由是言之，宋代之史事，乃今日所亟应致力者。此为世人所共知，然亦谈何容易耶？盖天水一朝之史料，曾汇集于元修之《宋史》。自来所谓正史者，皆不能无所阙误，而《宋史》尤甚。若欲补其阙遗，正其讹误，必先精研本书，然后始有增订工事之可言。《宋史》一书，于诸正史中，卷帙最为繁多。数百年来，真能熟读之者，实无几人。更何论探索其根据，比较其同异，借为改创之资乎？邓恭三先生广铭夙治《宋史》，欲著《宋史校正》一书，先以《宋史职官志考证》一篇刊布于世。其用力之勤，持论之慎，并世治《宋史》者未能或之先也。寅恪前居旧京时，获读先生考辨辛稼轩事迹之文，深服其精博，愿得一见为幸。及南来后，同寓昆明青园学舍，而寅恪病榻呻吟，救死不暇，固难与之论学论史，但当时亦见先生甚为尘俗琐杂所困，疑其必鲜余力可以从事著述。殊不意其拨冗偷闲，竟成此篇。是其神思之缜密，志愿之果毅，逾越等伦。他日新宋学之建立，先生当为最有功之一人，可以无疑也。噫！先生与稼轩生同乡土，遭际国难，间关南渡，尤复似之。然稼轩本功名之士，仕宦颇显达矣，仍郁郁不得志，遂有斜阳烟柳之句。先生则始终殚力竭智，以建立新宋学为务，不屑同于假手功名之士，而能自致于不朽之域。其乡土踪迹虽不异前贤，独佣书养亲，自甘寂寞，乃迥不相同。故身历目睹，有所不乐者，辄以达观遣之。然则今日即有稼轩所感之事，岂必遽兴稼轩当日之叹哉？寅恪承先生之命，为是篇弁言，惧其羁泊西南，胸次或如稼轩之郁郁，因并论古今世变及功名学术之同异，以慰释之。庶几益得专一于校史之工事，而全书遂可早日写定欤？

一九四三年岁次壬午一月二十七日陈寅恪书于桂林雁山别墅

（原载一九四三年三月《读书通讯》六二期）

冯友兰《中国哲学史》上册审查报告

窃查此书，取材谨严，持论精确，允宜列入《清华丛书》，以贡献于学界。兹将其优点概括言之。凡著中国古代哲学史者，其对于古人之学说，应具了解之同情，方可下笔。盖古人著书立说，皆有所为而发。故其所处之环境、所受之背景，非完全明了，则其学说不易评论，而古代哲学家去今数千年，其时代之真相极难推知。吾人今日可依据之材料，仅为当时所遗存最小之一部，欲借此残余断片，以窥测其全部结构，必须备艺术家欣赏古代绘画雕刻之眼光及精神，然后古人立说之用意与对象始可以真了解。所谓真了解者，必神游冥想，与立说之古人处于同一境界，而对于其持论所以不得不如是之苦心孤诣，表一种之同情，始能批评其学说之是非得失，而无隔阂肤廓之论。否则数千年前之陈言旧说，与今日之情势迥殊，何一不可以可笑可怪目之乎？但此种同情之态度，最易流于穿凿傅会之恶习。因今日所得见之古代材料，或散佚而仅存，或晦涩而难解，非经过解释及排比之程序，绝无哲学史之可言。然若加以联贯综合之搜集及统系条理之整理，则著者有意无意之间，往往依其自身所遭际之时代、所居处之环境、所薰染之学说，以推测解释古人之意志。由此之故，今日之谈中国古代哲学者，大抵即谈其今日自身之哲学者也。所著之中国哲学史者，即其今日自身之哲学史者也。其言论愈有条理统系，则去古人学说之真相愈远。此弊至今日之谈墨学而极矣。今日之墨学者，任何古书古字，绝无依据，亦可随其一时偶然兴会，而为之改移，几若善博者能呼"卢"成卢，喝"雉"成雉之比。此近日中国号称整理国故之普通状况，诚可为长叹息者也。今欲求一中国古代哲学史，能矫傅会之恶习，而具了解之同情者，则冯君此作庶几近之。所以宜加以表扬，为之流布者，其理由实在于是。至于冯君之书，其取用材料亦具通识，请略言之。以中国今日之考据学，已足辨别古书之真伪。然真伪者不过相对问题，而最要在能审定伪材料之时代及作者，而利用之。盖伪材料亦有时与真材料同一可贵。如某种伪材料，若径认为其所依托之时代及作者之真产物，固不可也。但能考出其作伪时代及作者，即据以说明此时代及作者之思想，则变为一真材料矣。中国古代史之材料，如儒家及诸子等经典，皆非一时代一作者之产物。昔人笼统认为一人一时之作，其误固不俟论。今人能知其非一人一时之所作，而不知以纵贯之眼光，视为一种学术之丛书，或一宗传灯之语录，而断断致辩于其横切方面。此亦缺乏史学之通识所致。而冯君之书独能于此别具特识，利用材料，此亦应为表章者也。若推此意而及于中国之史学，则史论者，治史者皆认为无关史学，而且有害者也。然史论之作者，或有意，或无意，其发为言论之时，即已印入作者及其时代之环境背景，实无异于今日新闻纸之社论时评。若善用之，皆有助于考史。故苏子瞻之史论，北宋之政论也；胡致堂之史论，南宋之政论也；王船山之史论，明末之政论也。今日取诸人论史之文，与旧史互证，当日政治社会情势益可借此增加了解，此所谓废物利用，盖不仅能供习文者之摹拟练习而已也。若更推论及于文艺批评，如纪晓岚之批评古人诗集，辄加涂抹，诋为不通。初怪其何以狂妄至是，后读《清高宗御制诗集》，颇疑有其所为而发。此事固难证明，或亦间接与时代性有关，斯又利用材料之别一例也。寅恪承命审查冯君之作，谨具报告书，并附著推论之余义于后，以求教正焉。

（原载一九三一年三月《学衡》第七四期，

一九三四年八月商务印书馆冯友兰《中国哲学史》）

冯友兰《中国哲学史》下册审查报告

此书上册寅恪曾任审查，认为取材精审，持论正确。自刊布以来，评论赞许，以为实近年吾国思想史之有数著作，而信寅恪前言之非阿私所好。今此书继续完成，体例宗旨仍复与前册一贯。允宜速行刊布，以满足已读前册者之希望，而使《清华丛书》中得一美备之著作。是否有当，尚乞鉴定是幸！寅恪于审查此书之余，并略述所感，以求教正。

佛教经典言："佛为一大事因缘出现于世。"中国自秦以后，迄于今日，其思想之演变历程至繁至久。要之，只为一大事因缘，即新儒学之产生，及其传衍而已。此书于朱子之学多所发明。昔阎百诗在清初以辨伪观念，陈兰甫在清季以考据观念，而治朱子之学，皆有所创获。今此书作者取西洋哲学观念，以阐明紫阳之学，宜其成系统而多新解。然新儒家之产生，关于道教之方面，如新安之学说，其所受影响甚深且远，自来述之者皆无惬意之作。近日常盘大定推论儒、道之关系，所说甚繁（东洋文库本），仍多未能解决之问题。盖道藏之秘籍迄今无专治之人，而晋南北朝隋唐五代数百年间，道教变迁传衍之始末及其与儒、佛二家互相关系之事实，尚有待于研究。此则吾国思想史上前修所遗之缺憾，更有俟于后贤之追补者也。南北朝时，即有儒、释、道三教之目（北周卫元嵩撰《齐三教论》七卷，见《旧唐书》四七《经籍志下》），至李唐之世，遂成固定之制度。如国家有庆典，则召集三教之学士，讲论于殿廷，是其一例。故自晋至今，言中国之思想，可以儒、释、道三教代表之。此虽通俗之谈，然稽之旧史之事实，验以今世之人情，则三教之说要为不易之论。儒者在古代本为典章学术所寄托之专家。

李斯受荀卿之学，佐成秦治。秦之法制实儒家一派学说之所附系。《中庸》之"车同轨，书同文，行同伦"（即太史公所谓"至始皇乃能并冠带之伦"之"伦"）为儒家理想之制度，而于秦始皇之身而得以实现之也。汉承秦业，其官制法律亦袭用前朝。遗传至晋以后，法律与《礼经》并称，儒家《周官》之学说悉采入法典。夫政治社会一切公私行动，莫不与法典相关，而法典为儒家学说具体之实现。故二千年来华夏民族所受儒家学说之影响，最深最巨者，实在制度法律公私生活之方面，而关于学说思想之方面，或转有不如佛、道二教者。如六朝士大夫号称旷达，而夷考其实，往往笃孝义之行，严家讳之禁。此皆儒家之教训，固无预于佛、老之玄风者也。释迦之教义，无父无君，与吾国传统之学说、存在之制度，无一不相冲突。输入之后，若久不变易，则绝难保持。是以佛教学说能于吾国思想史上，发生重大久远之影响者，皆经国人吸收改造之过程。其忠实输入不改本来面目者，若玄奘唯识之学，虽震动一时之人心，而卒归于消沉歇绝。近虽有人焉，欲然其死灰，疑终不能复振。其故匪他，以性质与环境互相方圆凿枘，势不得不然也。六朝以后之道教，包罗至广，演变至繁，不似儒教之偏重政治社会制度，故思想上尤易融贯吸收。凡新儒家之学说，几无不有道教，或与道教有关之佛教为之先导。如天台宗者，佛教宗派中道教意义最富之一宗也。（其创造者慧思所作《誓愿文》，最足表现其思想。至于北宋真宗时，日本传来之《大乘止观法门》一书，乃依据《大乘起信论》者，恐系华严宗盛后，天台宗伪托南岳而作。故此书只可认为天台宗后来受华严宗影响之史料，而不能据以论南岳之思想也。）其宗徒梁敬之与李习之之关系，实启新儒家开创之动机。北宋之智圆提倡中庸，甚至以僧徒而号中庸子，并自为传以述其义（《孤山闲居编》）。其年代犹在司马君实作《中庸广义》之前，（孤山卒于宋真宗乾兴元年，年四十七。）似亦于宋代新儒家为先觉。二者之间，其关系如何，且不详论。然举此一例，已足见新儒家产生之问题犹有未发之覆在也。至道教对输入之思想，如佛教摩尼教等，无不尽量吸收，然仍不忘其本来民族之地位。既融成一家之说以后，则坚持夷夏之论，以排斥外来之教义。此种思想上之态度，自六朝时亦已如此。虽似相反，而实足以相成。从来新儒家即继承此种遗业而能大成者。窃疑中国自今日以后，即使能忠实输入北美或东欧之思想，其结局当亦等于玄奘唯识之学，在吾国思想史上，既不能居最高之地位，且亦终归于歇绝者。其真能于思想上自成系统，有所创获者，必须一方面吸收输入外来之学说，一方面不忘本来民族之地位。此二种相反而适相成之态度，乃道教之真精神，新儒家之旧途径，而二千年吾民族与他民族思想接触史之所昭示者也。寅恪平生为不古不今之学，思想囿于咸丰、同治之世，议论近乎湘乡、南皮之间，承审查此书，草此报告，陈述所见，殆所谓"以新瓶而装旧酒"者。诚知旧酒味酸，而人莫肯酤，姑注于新瓶之底，以求一尝，可乎？

（原载一九三四年八月商务印书馆冯友兰《中国哲学史》）

《先君致邓子竹丈手札二通》书后

右先君致邓子竹丈手书二通。光绪九年先祖以张幼樵副宪追论河南王树汶案,解浙江提刑任。旋奉廷旨,交湖南巡抚庞际云差遣。先祖不乐居湘,遂出游粤、豫,数年后,始返潭州。其间先君侍先祖母寄寓长沙,二札即此数年间所作也。书中"云秋"指湘乡杜丈俞。"石帅"指闽浙总督杨昌濬。"叔舆"指袁丈树钦,长沙人,清末官户部主事。"弥之"即武岗邓辅纶先生,其子为湘潭王闿运先生婿。湘绮手札中引《聊斋志异·嘉平公子》篇鬼妓之语,所谓"有婿如此,不如为娼"者也。弥之、葆之兄弟与先祖有科举同年之谊。先祖任河北道时,创设致用精舍,聘葆之先生为主讲。"子竹"即葆之子。杜丈在河北道幕中二人相识,故语及之。邓氏既为世好,两家子弟颇相往还。近四十余载,久不通闻问,疑有不可究诘者。呜呼!八十年间,天下之变多矣。元礼、文举之通家,随五铢白水之旧朝,同其蜕革,又奚足异哉!又奚足道哉!寅恪过岭倏逾十稔,乞仙令之残砂,守伧僧之旧义,颓龄废疾,将何所成!玉清教授出示此二札,海桑屡改,纸墨犹存,受而读之,益不胜死生今昔之感已。

一九六五年岁次乙巳四月廿八日寅恪谨书

《大乘稻芉经随听疏》跋

法成《大乘稻芉经随听疏》一卷，江杜君校集京师图书馆及傅增湘君所藏敦煌石室佛经各残卷而成。案法成之名不见于支那佛教载记，其译经始末无可考。敦煌石室写本《大乘四法经论》及《广释开决记》有法成"癸丑年八月沙州永康寺集毕"记，《诸星母陀罗尼经》有法成甘州修多寺译题字，《瑜伽师地论》卷三十九，五十二，有法成弟子智慧山手书大中年月；又法兰西伯希和君曾见法成著述中自称大蕃国人（*Journal Asiatique*, Série 11, Tome 4，P. 143），据此四事，综合推计，知其人为吐蕃沙门，生当唐文宗太和之世，译经于沙州、甘州。其译著之书，今所知者，中文则有敦煌石室发见之《大乘稻芉经随听疏》《般若波罗蜜多心经》《诸星母陀罗尼经》《瑜伽论附分门记》《萨婆多宗五事论》《释迦如来像法灭尽之记》《叹如来无染着功德赞》等。藏文则有西藏文正藏中之《善恶因果经》、义净译《金光明最胜王经重译本》及关于观世音菩萨神咒三种（柏林图书馆所藏《西藏文正藏目录》第一百二十三页第五号、第一百二十四页第一号及第五号）等（详见*Journal Asiatique*, Série 11, Tome 4，《史林》第八卷第一号，《支那学》第三卷第五号，伯希和及日本羽田亨、石滨纯太郎诸君考证文中）。予又检阅北京本《西藏文续藏满蒙汉藏四体目录》，见第四十一函《契经解》中，有经部《深微宗旨确释广大疏》一种，震旦律师温峘个撰，答哩麻悉谛译。"答哩麻悉谛"之名本自蒙古文音译而来，盖蒙文目录，此疏译主之名，依据梵文作 Dharma-Siddhi，即藏文 Chos-grub，中文"法成"之意译。"温峘个"者，"圆测"二字之讹译。是书实玄奘弟子圆测《解深密经疏》之藏文译本。

《西明疏》为法相宗宝笈，中文原本今已残阙，若自藏文译补，俾千年古籍，复成完书，亦快事也。《稻芉经随听疏》博大而精审，非此土寻常经疏可及。颇疑其别有依据。《西藏文续藏》第三十三函《菩提路灯品》有龙树菩萨《圣稻𦼯经章句》，第三十四函《随念三宝义旨》中，有龙树菩萨《稻芉喻经广大演》一百十二品。法成当日为《稻芉经》作疏，或已见此二书。又第三十七函《十地论释》中，有伛麻剌尸剌（Kamalçīla）《稻芉喻经广大疏》，其书与《随听疏》第五《解释门·释本文》文中所分五门，七门，章句次第，文字诠释，适相符合。伛麻剌尸剌不知为印度何时人，《广大疏》译为藏文年代亦未能确定。即使后于法成作《随听疏》时，然《随听疏·解释门·释本文》一节，亦必本诸法成以前吐蕃所译天竺旧注，而与《广大疏》同出一源，否则中、藏两疏，不能如是暗合也。予因此并疑今日所见中文经论注疏，凡号为法成所撰集者，实皆译自藏文，但以当时所据原书今多亡逸，故不易详究其所从出耳。昔玄奘为西土诸僧译中文《大乘起信论》为梵文。道宣记述其事，赞之曰："法化之缘，东西互举。"夫成公之于吐蕃，亦犹慈恩之于震旦；今天下莫不知有玄奘，法成则名字湮没者且千载，迄至今日，钩索故籍，仅乃得之。同为沟通东西学术，一代文化所托命之人，而其后世声闻之显晦，殊异若此，殆有幸有不幸欤！读法成《随听疏》竟，为考其著述概略，并举南山律师之语，持较慈恩，以见其不幸焉。

（原载一九二七年九月清华学校研究院《国学论丛》第一卷第二号）

《忏悔灭罪金光明经冥报传》 跋

合肥张氏藏敦煌写本《金光明经残卷》卷首有《冥报传》，载温州治中张居道入冥事。日本人所藏敦煌写经亦有之（日文原报告未见，仅见一千九百十一年安南远东法兰西学校报告第十一卷第一百七十八及一百八十六页所引）。予虽未见其原文，以意揣之，当与此无异。案此传今无足本。明僧受汰《金光明经科注》卷四之末附《金光明经感应记》中有"冤家自择"及"冤化为人"二条，皆略记张居道事。又宋僧非浊《三宝感应要略》中卷第二十九《温州治中张居道冥路中发愿造金光明经四卷愿感应》亦略记此事，题下注："出《灭罪传》。"其末又注"更有安固县丞妻脱苦缘繁故不述之"等语。然则明代受汰《金光明经感应记》所载，虽不知采自何书，而宋时非浊《三宝感应要略》所集明言出自《灭罪传》，是此《传》足本宋代犹存之证也。近年俄罗斯人 C. E. Malov 君肃州得一《金光明经》之突厥系文本，（俄国科学院《佛教丛书》第十七种一千九百十三年出版）张居道入冥及安固县丞妻二事均译载卷首，其体制与敦煌写经之冠以《灭罪传》者适相符合。予又见德意志人近年于土鲁番所获之吐蕃文断简，其中有类似《灭罪》《冥报传》之残本（见 A. H. Francke, *Sitzungsberichte der Preussischen Akademie der Wissenschaften*, Mai, 1924）。内容述及《金刚经》，殆冠于《金刚经》之首者，惜太残阙，无由确证。是佛经之首冠以感应、冥报、传记，实为西北昔年一时风尚。今则世代迁移，当时旧俗渺不可稽，而其迹象仍留于外族重翻之本。征考佛典编纂之体裁者犹赖之以为旁证，岂不异哉？《金光明经》诸本，予所知者，梵文本之外（梵文本已刊者有 Sarat Chandra 本及 A. F. Rudolf Hoernle, *Manuscript Remains of Buddhist Literature found in Eastern Turkestan* 所载之本，余详见《宗教研究》第五卷第三号泉芳璟君《读梵文〈金光明经〉》论文），其余他种文字译本尚存于今日者，中文则有北凉昙无谶译之四卷本，隋宝贵之合部八卷本，唐义净之十卷本。西藏文则有三本（见《支那学》第四卷第四号樱部文镜《蒙文〈金光明经〉断篇考补笺》），其一为法成重译之中文义净本。蒙古文及 Kalmuk 文（予曾钞一本）均有译本。满文《大藏经》译自中文当有《金光明经》，但予未得见。突厥系文则有德意志土鲁番考察团所获之残本（F. W. K. Müller, *Uigurica*, 1908）及俄国科学院《佛教丛书》本（见前）。东伊兰文亦有残阙之本，（见 P. Pelliot, *Etudes Linguistiques sur les Documents de la Mission Pelliot*, 1913 及 E. Leumann, *Abhandlungen für die Kunde des Morgenlandes*, XV, 2, 1920）据此诸种文字译本之数，即知此经于佛教大乘经典中流通为独广，以其义主忏悔，最易动人故也。至灭罪、冥报、传之作，意在显扬感应，劝奖流通，远托法句《譬喻经》之体裁，近启《太上感应篇》之注释，本为佛教经典之附庸，渐成小说文学之大国。盖中国小说虽号称富于长篇巨制，然一察其内容结构，往往为数种感应、冥报、传记杂糅而成。若能取此类果报文学详稽而广证之，或亦可为治中国小说史者之一助欤。因考张居道事，并附论之于此。

戊辰四月义宁陈寅恪

（原载一九二八年六月《北京图书馆月刊》第一卷第二号）

敦煌本《十诵比丘尼波罗提木叉》跋

日本西本龙山君影印敦煌本《十诵比丘尼波罗提木叉》并附以解说，广征详证，至为精审。盖毗奈耶比较学之佳著也。往岁德意志林冶君 Ernst Waldschmidt 校译《说一切有部梵文比丘尼波罗提木叉》残本 Bruchstücke des Bhikṣunī-Prātimokṣa der Sarvāstivādins，予适游柏林，偶与之讨论。今读西本君书，心服之余，略缀数语，倘亦佛教之所谓因缘者欤？

此本不著译主姓名，西本君考定为鸠摩罗什所译。鸠摩罗什之译有《十诵比丘尼戒本》，历代佛典目录《开元释教录》而外，（《武周刊定众经目录》有鸠摩罗什译《十诵律比丘尼戒本》，乃《十诵比丘戒本》之误，西本君已言之。）皆无明文，然西本君颇能言之成理，但仍有不可解者。兹就《高僧传》所载什公翻译《十诵律始末》为根据，而推论之。

《高僧传》二《鸠摩罗什传》略云："〔什临终〕与众僧告别，曰：凡所出经论三百余卷，唯《十诵》一部，未及删烦，存其本旨，必无差失。"又同卷《昙摩流支传》云："〔流支〕与什共译《十诵》都毕，研详考覆，条制审定，而什犹恨文烦未善，既而什化，不获删治。"据此可推知什公所译经论，《十诵》大本外，皆已删烦。《十诵比丘尼波罗提木叉》若为什公所译，必与其他经论同经删治。此可以推知者一。

《高僧传》一一《僧业传》云："昔什公在关，未出《十诵》〔大部〕，乃先译戒本，及流支入秦，方传大部。故戒心之与大本，其意正同，在言或异，业乃改正，一依大本。今之传诵，二本双行。"予取《十诵》大本以校今所传什译《十诵比丘戒本》，其文句仍有异同。据此可推知今所传什译《十诵比丘戒本》，乃什公原译，而非僧业依大本改易之本，此可以推知者二。

《高僧传》二《弗若多罗传》云："弘始六年十月十七日，集义学僧数百余人于长安中寺，延请多罗诵出《十诵》梵本，罗什译为晋文。"又同卷《昙摩流支传》略云："流支以弘始七年秋，达自关中。初弗若多罗诵出《十诵》，未竟而亡。庐山释慧远闻支既善毗尼，希得究竟律部，乃遣书通好。曰：顷有西域道士弗若多罗，是罽宾人。其讽《十诵》梵本，有罗什法师通才博见，为之传译。《十诵》之中，文始过半。多罗早丧，中途而寝，不得究竟大业，慨恨良深。传闻仁者赍此经自随，若能为律学之徒毕此经本，则惠深德厚，人神同感矣。"据此可推知什公与多罗共译之大本，乃多罗口自诵出者。其与流支共译之大本，乃流支赍以自随者。什公之不独译大本，虽有他故，而未赍大本自随，又不能口自诵出，亦必一主因。以此例之，则其所译之《十诵比丘戒本》，及假定为其所译之《十诵比丘尼波罗提木叉》，当为俱赍以自随，或皆能口自诵出，或一自随而一诵出之本。夫此二戒本皆为《十诵律》部中单行之一种，复同经一人之手携或口诵，必为共出一源之梵本，其体裁结构理应相同。此可以推知者三。

此三事既已推定，然后述不可解之二点：

今取敦煌《十诵比丘尼波罗提木叉》与法颖自《十诵律》大本撰出之《十诵比丘尼戒本》，较其繁简，虽彼此详略各有不同；然敦煌本有而法颖本缺者，计波逸提法八条，众学法二十二条，共为三十条。夫法颖所据者为未经什公删治之繁本，敦煌本若果为什公所译，乃与其他经论同经删治之简本，故必敦煌本简而法颖本繁，始合于事理，今适得其反。此不可解者一也。

又取敦煌《十诵比丘尼波罗提木叉》与《十诵比丘尼戒本》，较其异同，则敦煌《十诵比丘尼波罗提木叉》之末"七佛偈"阙七佛名及所化众数，其不同之点最为显著。若敦煌本果为什公所译，则与《十诵比丘尼戒本》皆为同一律部中单行之一种，实共出于一源之梵本，复经同一人之所翻译及删治；而今日流传之《十诵比丘尼戒本》，又为未经改易之原书，何以二本体裁结构彼此互异？此不可解者二也。

总而言之，考据之学本为材料所制限。敦煌本是否为鸠摩罗什所译，尚待他日新材料之证明。今日固不能为绝对否定之论，亦不敢为绝对肯定之论，似为学术上应持之审慎态度也。

又西本君校刊此书，附以原写本之音写写误及异体文字表，虽其中颇有习见之体，不烦标列者，然此为考古学文字学重要事业，前人鲜注意及之者。若能搜集敦煌写本中六朝唐代之异文俗字，编为一书，于吾国古籍之校订必有裨益。予久蓄是念，今读西本君之书，因附著其意，以质世之治考古学文字学者。

（原载一九二九年五月北平《北海图书馆月刊》第二卷第五号）

『蓟丘之植，植於汶篁』之最简易解释

乐毅《报燕惠王书》"蓟丘之植，植於汶篁"句不甚易解。自来解之者不一。而以俞曲园先生樾及杨遇夫先生树达之说为最精确。俞先生以此为倒句成文之例。其所著《古书疑义举例·倒句例》引此句云：

《索隐》曰："蓟丘，燕所都之地也。"言燕之蓟丘所植，皆植齐王汶上之竹也。按，此亦倒句。若顺言之，当云"汶篁之植，植於蓟丘"耳。宋人言宣和事云"夷门之植，植於燕云"，便不及古人语妙矣。

杨先生所著《词诠》九"'於'与'以'同义"条引《韩非子·解老篇》"慈，於战则胜，以守则固"，而《老子》作"以战则胜，以守则固"，及此句为证。其意盖释为"蓟丘之植，植以汶篁"也。

寅恪按：若依小司马之说及普通文义言，亦可释为"蓟丘之所植乃曾植於汶篁者"。似不必以为倒句妙语。尝见敦煌写本"於"字往往作"相"。如上虞罗氏《鸣沙石室佚书》中太公家教"是以人相知於道行。鱼□（相）望於江湖"句之第一"於"字，及《敦煌零拾》中佛曲第三种之"有相夫人"多讹作"有於夫人"，皆是其例。故古写本"於"字若遭磨损失其左半，则与"㠯"字形极近似。不知《词诠》"於""以"同义条所举证例，其中是否亦有原为字形之误？或即就"於"字本义可通，而不必改训为"以"者？寅恪于训诂之学无所通解，不敢妄说。惟读《齐民要术》四《种枣第三十三》云：

青州有乐氏枣，肌细核小，多膏肥美，为天下第一。父老相传云："乐毅破齐时，从燕赍来所种也。"

战胜者收取战败者之珠玉财宝车甲珍器，送于战胜者之本土。或又以兵卒屯驻于战败者之土地。战胜者本土之蔬果，则以其为出征远戍之兵卒凤所习用嗜好之故，辄相随而移植于战败者之土地。以曾目睹者言之，太平天国金陵之败，洪杨库藏多辇致于衡湘诸将之家。而南京菜市冬苋紫菜等蔬，皆出自湘人之移植。清室圆明园之珍藏陈列于欧西名都之博物馆，而旧京西郊静明园玉泉中所生水菜，据称为外国联军破北京时所播种。此为古今中外战胜者与战败者，其所有物产互相交换之通例。燕齐之胜败，何独不如是乎？考《史记》八十《乐毅传》云：

乐毅留徇齐五岁，下齐七十余城，皆为郡县，以属燕。

据此，五年之久，蓟丘之植，自可随留徇齐地之燕军而移植于汶篁。青州父老所传乐氏种枣之由来，未尝不可征信，而据之以类推也。然则"蓟丘之植，植於汶篁"既非倒句之妙语，亦不必释"於"与"以"同义。惟"篁"字应依《说文》训为"竹田"耳。可参考段懋堂《说文解字注》及曾涤生《经史百家杂钞》卷十四解释此句之说。夫解释古书，其谨严方法，在不改原有之字，仍用习见之义。故解释之愈简易者，亦愈近真谛。并须旁采史实人情，以为参证。不可仅于文句之间反覆研求，遂谓已尽其涵义也。又自来读乐毅此书者，似皆泥于上文"珠玉财宝车甲珍器尽收入於燕"之语，谓此句仅与"齐器设於宁台""大吕陈於元英"等句同例，而曲为之解。殊不知植物非财宝重器，可以"收入於燕"之语概括之。其实此句专为"故鼎反乎磨室"句之对文。故"故鼎"句及此句之次序当依《史记》八十《乐毅传》之文，先后联接。而不应依《战国策》三十《燕策二》及《新序三》《杂事三》之所载，二句之间隔以"齐器设於宁台"之句，以致文气语意微有不贯。盖昌国君意谓前日之鼎由齐而返乎燕，后日之植由燕而移于齐。故鼎新植一往一返之间，而家国之兴亡胜败，其变幻有如是之甚者。并列前后异同之迹象，所以光昭先王之伟烈，而己身之与有勋劳，亦因以附见焉。此二句情深而词美，最易感人。若依曲园先生之说，古人果有妙语不可及者，或转在此等处，而不在其所谓倒句成文者欤？

（原载一九三一年六月十五日《清华中国文学会月刊》第一卷第三期）

庾信《哀江南赋》与杜甫《咏怀古迹》诗

昔人论杜子美《重经昭陵》诗之"风尘三尺剑，社稷一戎衣"，出于庾子山《周祀宗庙歌皇夏》之"终封三尺剑，长卷一戎衣"。若此类者，可谓之以庾解杜。予今反之，以杜解庾。请举一例，以求教于读庾赋杜诗者。至庾赋中有关之史事，皆载在旧籍，人所习知。故兹篇仅就大意为之说明，不复多所征引。

庾子山《哀江南赋》末一节凡八句云：

天地之大德曰生，圣人之大宝曰位。用无赖之子弟，举江东而全弃。惜天下之一家，遭东南之反气。以鹑首而赐秦，天何为而此醉。

《庾子山集》倪璠《注》以此八句指萧詧而言，略谓"天地大德""圣人大宝"二语为下文"江东全弃""鹑首赐秦"张本。"无赖子弟"谓陈霸先，"江东全弃"谓丹阳诸郡皆为陈有也。萧詧既伤好生之心，又失大宝之位，使雍州西去，建业东亡。

案：萧詧既终天年，复保尊位，而丹阳诸郡本非其所能有，何得谓用无赖之陈霸先悉举而弃之乎？征诸史实，鲁玉之说近于曲解，殊不可通。

又曾国藩《经史百家杂钞·词赋类》上三《哀江南赋》此八句下注云：

以上追咎武帝不能豫教子弟而乱生。

案：梁武帝身死国亡，由于纳侯景之降，而不在其不能豫教子弟。乱生之因既不在不教子弟，则何所用其追咎？且梁武帝子弟之中，其所最重视者，宜无过于简文及元帝。一则选为储贰，而弃昭明太子统之诸子不立。一则授以大镇，使之雄据上游。兹二人者，又皆子山所曾北面亲事之君也。岂有暮年作赋，追纪宗邦之沦覆，于旧国旧君，极致其哀慕不忘之情，而忍以无赖之语加诸故主之身乎？故知湘乡之说非但于当日情事更不可通，兼亦昧于立言之体矣。

然则此八句之真解如何？

案：杜工部《咏怀古迹》第一首第五句云"羯胡事主终无赖"，羯胡指安禄山，亦即以之比侯景也。杜公此诗实一《哀江南赋》之缩本。其中以己身比庾信，以玄宗比梁武，以安禄山比侯景。今以无赖之语属之羯胡，则知杜公之意庾赋中"无赖子弟"一语乃指侯景而言。证以当日情事，实为切当不移。请引申其旨意而解释之。

此赋八句乃总论萧梁一代之兴亡。前四句指武帝，后四句指元帝。盖有梁一代实仅武帝、元帝二主。简文、敬帝则徒拥虚位，可以不计。后梁则北朝附庸，而又子山故主之仇雠，自不视为继承兰陵之正统者。故止举武、元二世，即足以概括萧梁一朝也。此八句之大旨既明，兹复逐句略诠其意于下：

"天地之大德曰生"，谓武帝享八十六岁之高年也。"圣人之大宝曰位"，谓武帝居南朝天子之尊位也。"用无赖之子弟"，谓用侯景也。考《孟子·告子篇上》："富岁子弟多赖。"赵《注》："子弟，凡人之子弟也。赖，善。"《史记·吴王濞传》："吴所诱皆无赖子弟，亡命铸钱奸人，故相率以反。"可知子弟亦泛称，不必以为专指武帝之子弟，如曾涤生之所说也。"举江东而全弃"，谓武帝失国也。此前四句之意综合言之，则谓武帝以享国最久之帝王，而用无赖之侯景，卒致丧生失位，尽弃其江东之王业也。"惜天下之一家""遭东南之反气"二句，指河东王誉事也。汉吴王濞为高祖兄仲之子。河东王誉亦为元帝兄昭明太子统之子。誉反于湘州，其地适在江陵之东南。以亲族关系及郡邑方向言，可称切当。庾公之意，盖谓元帝能平侯景，可以为中兴之主，何期天下同姓一家，而遭湘州之反，遂致灭亡之祸，此诚堪深惜者也。"以鹑首而赐秦""天何为而此醉"二句，谓以河东王誉之故，岳阳王詧乃乞援于西魏，于谨遂陷江陵，而灭梁室也。据《隋书·地理志》，荆州之分野为鹑首之次。故鹑首即指江陵。此用鹑首赐秦故事，以譬西魏之取江陵，准之地望，至为适合。倪氏以为指襄阳为魏有而言，所解已嫌迂远不切。至又以"鹑首赐秦"谓指周太祖资萧詧以江陵空城，置兵防守，是詧亦失鹑首之次之南郡。信如其后说，则非"以鹑首赐秦"乃"秦赐以鹑首也"。较之前说，尤为费解，其不可通明矣。此后四句之意综合言之，则谓可惜元帝以天下一家之局，遭河东王誉反于湘州，卒致江陵为西魏所陷没，天何为此梦梦耶？

据上所述，知《哀江南赋》必用《咏怀古迹》诗之解，始可通。是之谓以杜解庾。

（原载一九三一年四月十五日《清华中国文学会月刊》第一卷第一期）

东晋南朝之吴语

近日友人多研究东晋南北朝音韵问题，甚可喜也。寅恪颇欲参加讨论，而苦于音韵之学绝无通解，不敢妄说。兹仅就读史所及，关涉东晋南朝之吴语者，择录数事，略附诠释，以供研究此问题者之参证。虽吴语、吴音二名词涵义不尽相同，史籍所载又颇混用，不易辨析，但与东晋南朝古音之考证有关则一也。

《宋书》八一《顾琛传》（《南史》三五《顾琛传》同）云：

> 先是，宋世江东贵达者，会稽孔季恭，季恭子灵符，吴兴丘渊之及琛，吴音不变。

寅恪案：史言江东贵达者，唯此数人吴音不变，则其余士族，虽本吴人，亦不操吴音，断可知矣。

《南齐书》四一《张融传》（《南史》三二《张邵传》附融传同）略云：

> 张融，吴郡吴人也。出为封溪令。广越嶂崄，獠贼执融，将杀食之，融神色不动，方作洛生咏，贼异之而不害也。

寅恪案：《世说新语·雅量篇》略云：

> 桓公伏甲设馔，广延朝士，因此欲诛谢安、王坦之。谢之宽容，愈表于貌，望阶趋席，方作洛生咏，讽"浩浩洪流"，桓惮其旷远，乃趣解兵。

刘《注》引宋明帝《文章志》曰：

> 安能作洛下书生咏，而少有鼻疾，语音浊。后名流多学其咏，弗能及，手掩鼻而吟焉（《晋书》七九《谢安传》同）。

据此，则江东士族不独操中原之音，且亦学洛下之咏。张融本吴人，而临危难仍能作"洛生咏"，虽由于其心神镇定，异乎常人，要必平日北音习熟，否则决难致此无疑也。

《颜氏家训·音辞篇》云：

> 易服而与之谈，南方士庶，数言可辩。隔垣而听其语，北方朝
> 野，终日难分。

寅恪案：南北所以有如此不同者，盖江左士族操北语，而庶人操吴语；河北则社会阶级虽殊，而语音无别故也。

《南史》四五《王敬则传》略云：

> 王敬则，临淮射阳人也。侨居晋陵南沙县。母为女巫。后与王
> 俭俱即本号开府仪同三司。时徐孝嗣于崇礼门候俭，因嘲之
> 曰："今日可谓连璧。"俭曰："不意老子遂与韩非同传。"人
> 以告敬则，敬则欣然曰："我南沙县吏，微幸得细铠左右，逮
> 风云以至于此。遂与王卫军同日拜三公，王敬则复何恨。"了
> 无恨色，朝士以此多之。

《南齐书》二六《王敬则传》略云：

> 敬则名位虽达，不以富贵自遇，危拱傍遑，略不衿裾，接士庶
> 皆吴语，而殷勤周悉。世祖御座赋诗，敬则执纸曰："臣几落
> 此奴度内。"世祖问："此何言？"敬则曰："臣若知书，不过
> 作尚书都令史耳，那得今日？"

寅恪案：敬则原籍临淮，后徙晋陵，其先世本来是否北人，姑不必考。但其居晋陵既久，口操吴语，则不容疑。据敬则传，有二事可注意者：东晋南朝官吏接士人则用北语，庶人则用吴语，是士人皆北语阶级，而庶人皆吴语阶级，得以推知，此点可与《颜氏家训·音辞篇》所言者参证，此其一也。敬则属于庶人阶级，故交接士庶

概用吴语，故亦不能作诗。若张融者，虽为吴人，但属于士族阶级，故将死犹作北咏。至于王俭，则本为北人，又为士族，纵屡世侨居江左，谅亦能以吴语接待庶族，而其赋诗，不依吴音押韵，断然可知，此其二也。

《魏书》五九《刘昶传》（《北史》二九《刘昶传》同）略云：

> 诃詈童仆，音杂夷夏。

> 史臣曰：昶诸子尪疏，丧其家业。〔萧〕宝夤背恩忘义，枭獍其心。此亦戎夷影狄轻薄之常事也。

《南史》一四《晋熙王昶传》略云：

> 昶知事不捷，乃夜开门奔魏。在道慷慨为断句曰："白云满鄣来，黄尘半天起。关山四面绝，故乡几千里。"

寅恪案：刘昶、萧宝夤皆南朝宋、齐皇子，同为北人之后裔，而世居于江左，俱以家难奔北者。昶之"音杂夷夏"之"夷"，据魏收所作传论"戎夷影狄轻薄"之语，知是指江左而言，盖以夏目北魏为对文也。然则所谓"音杂夷夏"即是音杂吴北。魏收欲极意形容刘昶之鄙俚无文，而不知其童仆之中必有庶族吴人，昶之用吴语诃詈童仆，正是江东以吴语接庶族之通例。至其作诗押韵，自附风雅，谅必仍用北音，如道中所作断句用"起""里"二韵，与西晋北人如齐国左思之《吴都赋》及东晋北人如河东郭璞之《巫咸山赋》、《山海经图》"大泽赞""吉良赞"用韵正复相同（俱见于海晏先生《汉魏六朝韵谱》第二册第六八页下），可资参证，且仅二韵，故尤难据以论证昶之作诗用吴音押韵也。

《世说新语·排调篇》云：

> 刘真长始见王丞相，时盛暑之月，丞相以腹熨弹棋局曰："何乃渹！"刘既出，人问："见王公云何？"刘曰："未见他异，唯闻作吴语耳！"

寅恪案：琅邪王导本北人，沛国刘惔亦是北人，而又皆上族。然则导何故用吴语接之？盖东晋之初，基业未固，导欲笼络江东之人心，作吴语者，乃其开济政策之一端也，观《世说新语·政事篇》所载：

> 王丞相拜扬州，宾客数百人，并加沾接，人人有说色。唯有临海一客姓任及数胡人为未洽。公因便还到过任边云："君出，临海便无复人。"任大喜说。因过胡人前弹指云："兰阇！兰阇！"（寅恪疑"兰阇"与庾信之小字"兰成"同是一语，参考陈思《小字录》引陆龟蒙《小名录》。）群胡同笑，四坐并欢。

之条，则知导接胡人尚操胡语。临海任客当是吴人，虽其属于何等社会阶级，不可考知，但值东晋创业之初，王导用事之际，即使任是士流，当亦用吴语接待。然此不过一时之权略，自不可执以为江左三百载之常规明矣。今传世有王导《麈尾铭》一篇，载于《北堂书钞》一三四、《艺文类聚》六九、《太平御览》七〇四等卷，以理子俟为韵，与西晋北人如齐国左思之《白发赋》、谯国曹摅之《思友人》诗其用韵正同（俱见于海晏先生《汉魏六朝韵谱》第二册第六十八页下），至其文之是否真出于王导，及为导渡江以前或以后所作，皆不可考知，然足征导虽极力提倡吴语，以身作则，但终未发见其作韵语时，以吴音押韵之特征也。

据上引史籍之所记载，除民间谣谚之未经文人删改润色者以外，凡东晋南朝之士大夫以及寒人之能作韵者，依其籍贯，纵属吴人，而所作之韵语则通常不用吴音，盖东晋南朝吴人之属于士族阶级语者，其在朝廷论议、社会交际之时尚且不操吴语，岂得于其摹拟古昔典雅丽则之韵语转用土音乎？至于吴之寒人既作典雅之韵语，亦必依仿胜流，同用北音，以冒充士族，则更宜力避吴音而不敢用。故今日东晋南朝士大夫以及寒人所遗传之诗文虽篇什颇众，却不能据以研究东晋南朝吴音与北音异同及韵部分合诸问题也。

或问曰：信如子言，东晋南朝诗文其用韵无吴、北籍贯之别，则何以同一时代，而诗文用韵间或不同？（见《清华学报》第一卷第三期王力先生《南北朝诗人用韵考》第七、八、九页）其中岂亦有因吴、北籍贯之异，而致参差不齐者耶？

应之曰：永嘉南渡之士族其北方原籍虽各有不同，然大抵操洛阳近傍之方言，似无疑义。故吴人之仿效北语，亦当同是洛阳近傍之方言，如"洛生咏"即其一证也。由此推论，东晋南朝疆域之内其士大夫无论属于北籍，抑属于吴籍，大抵操西晋末年洛阳近傍之方言，其生值同时，而用韵宽严互异者，既非吴音与北音之问题，亦非东晋南朝疆域内北方方言之问题，乃是作者个人审音之标准有宽有严，及关于当时流行之审音学说或从或违之问题也，故执此不足以难鄙说。

（原载一九三六年十二月《历史语言研究所集刊》第七本第一分）

李唐武周先世事迹杂考

寅恪前数年曾据《宋书》七七《柳元景传》及《新唐书》七〇上《宗室世系表》，推证李唐为李初古拔之后裔（刊载本《集刊》第三本第一分），自信或不致甚远于事实。然窃疑昔人应有论及之者，但以寅恪之孤陋寡闻，迄今尚未发现。夫昔人读史，其精审百倍于寅恪，纵为时代所限，不敢议及李唐先世问题，而《柳元景传》疑窦甚多，岂能一无所觉？若得知前贤偶然随笔，间接涉及此点者，亦可引以相助，为浅学臆说之旁证，不亦善乎？今岁偶缮卢文弨《读史札记》（刘世珩《楼盦丛刊》）"《南史·柳元景传》"条云：

> 《南史·柳元景传》殊不成文。如以为后人转写讹落，则可；若出延寿所删，此手何可作史？书北侵事，删削过多，节次全不明晓，书庞法起军"去弘农城五里"，便诎然而止。若得弘农可不书，则此"去弘农城五里"之语亦属孤赘。又云"魏城临河为固，恃险自守，季明、安都、方平各列阵于城东南以待之"云云，中间脱去魏洛州刺史张是提率众二万度崤来救一段，则所云待者，不知何指，岂以延寿而如此愦愦乎？

寅恪案：全部《南史》何以独柳元景一传"殊不成文"？何以柳元景全传独书北侵一事"删削过多，节次全不明晓"？李延寿作史必不如此愦愦，卢氏于此致疑，诚有特识。但若以为由于"后人转写讹落"，则后人转写之时，于全部《南史》何以独于柳元景一传，而于柳元景全传何以独于北侵一事，讹落若是之多且甚乎？是真事理之不可通，而别有其故，断可知矣。盖李氏作《南史》时，其

《柳元景传》本据《宋书·柳元景传》。其书北侵事必与《宋书》相同，悉载李初古拔父子被擒杀之始末。（《宋书》七七《柳元景传》云："生擒李初古拔父子二人。"又云："共攻金门坞，屠之，杀戍主李买得，古拔子也。"《南史》三八《柳元景传》适将此节删去。）逮书成以后，奏闻之际，或行世之时，忽发觉李初古拔即当代皇室之祖先，故急遽抽削，以避忌讳，而事出仓卒，自不及重修，复无暇详改，遂留此罅穴疵病，如抱经先生所摘发者也。至于抽削《南史·柳元景传》者是否即延寿本身，抑出于其子孙或他人之手？其事既难确知，亦无关宏旨，姑不深考。仅著李初古拔父子事迹所以不见于南北史之故（《魏书》六一《薛安都传》记李拔即李初古拔事，而《南史》四〇《北史》三九《薛安都传》亦俱不载），并足以证鄙说虽甚创，而实不诬也。世有谓《新唐书·宗室世系表》中"复为宋将薛安都所陷"之语乃宋人臆增者，请以此质之。

二

《周书》四《明帝纪》（《北史》九《周本纪》同）云：

〔二年三月〕庚申诏曰：三十六国九十九姓自魏氏南徙，皆称河南之民。今周室既都关中，宜改称京兆人。

《隋书》三三《经籍志·史部》"谱系类"序云：

后魏迁洛，有八氏十姓，咸出帝族。又有三十六族，则诸国之从魏者；九十二姓，世为部落大人者。并为河南洛阳人。其中国士人，则第其门阀。有四海大姓，郡姓，州姓，县姓。及周太祖入关，诸姓子孙有功者，并令为其宗长。仍撰谱录，纪其所承。又以关内诸州为其本望。

寅恪案：李唐之称西凉嫡裔，即所谓"为其宗长，仍撰谱录，纪其所承"。其由赵郡改称陇西，即所谓"以关内诸州为其本望"，鄙说于此似皆一一证实矣！考据之业，其旧文新说若是之符合无间者，或不多见，兹特标出，敬求疑难鄙说者教正。总之，寅恪之设此假说，意不仅在解决李唐氏族问题，凡北朝、隋、唐史事与此有关者，俱欲依之以为推证，以其所系者至广且巨，故时历数载，文成万言，有误必改，无证不从，庶几因此得以渐近事理之真相，倘更承博识通人之训诲，尤所欣幸也。

三

武曌为吾国历史之怪杰，其先世事迹实无可考，其母系则寅恪曾于《武曌与佛教》一文中略言之矣（载本《集刊》第五本第一三七至一四七页）。至其父武士彟，《旧唐书》五八、《新唐书》二〇六《外戚传》皆有其传，而其起家之始末皆不能详。仅载其"家富于财，颇好交结，高祖初行军于汾晋，休止其家，因蒙顾接"（此《旧传》之文，《新传》亦同）而已。

又《旧传》论曰：

武士彟首参起义，例封功臣，无截难之劳，有因人之迹，载窥他传，过为襄词，虑当武后之朝，佞出敬宗之笔，凡涉虚美，削而不书。

据此，足证史臣当日作士彟传时虽知许敬宗所作之原本不可征信，但亦无他书可据，以资补充。即宋子京重修《唐书》，于《士彟传》悉同《旧书》，仅文词有删易，而事迹则无所增补。然则史迹久晦，殆真不可考矣。惟《太平广记》一三七《征应门》"武士彟"条，引太原事迹云：

唐武士彟，太原文水县人。微时与邑人许文宝以鬻材为事。常聚材木数万茎，一旦化为丛林森茂，因致大富。士彟与文宝读书林下，自称为厚材，文宝自称枯木，私言必当大贵。及高祖起义兵，以铠胄从入关，故乡人云："士彟以鬻材之故，果逢构夏之秋。"及士彟贵达，文宝依之，位终刺史（据谈恺本）。

又《分门古今类事》一五"士彟丛林"条（据《十万卷楼丛书》本）亦引太原事迹，语句与《太平广记》微有不同。如《广记》之"读书林下"，则作"会林下"，及《广记》之"自称为厚材，文宝自称枯木"，则作"自言枯木成林"，似较今本《广记》为明了易解也。考《新唐书》五八《艺文志·乙部史录》地理类载有李璋《太原事迹记》十四卷，当即《太平广记》及《分门古今类事》之所从出。其书所载枯木成林事固妄诞不足置信，然必出于当日地方乡土之传述，而士彟之初本以鬻材致富，因是交结权贵，则似非全无根据。《隋书》三《炀帝纪》（《北史》一二同）云：

〔大业元年〕三月丁未诏尚书令杨素、纳言杨达、将作大匠宇文恺营建东京。

又同书四三《观德王雄传》附弟达传(《北史》六八《杨绍传》附子达传同)云：

> 献皇后及高祖山陵制度，达并参豫焉。炀帝嗣位，转纳言，仍领营东都副监。

寅恪案：隋室文、炀二帝之世皆有巨大工程，而炀帝尤好兴土木，士䜣值此时势，故能以鬻材致巨富。其为投机善贾之流，盖可知也。武曌之母即达之女（见拙著《武曌与佛教》所引史料）。士䜣之娶曌母疑在唐武德时，但其所以与杨氏通婚，殆由达屡次参豫隋世营建工事，士䜣以鬻材之故，特相习近，迨达死隋亡，而士䜣变为新贵，遂娶其家女欤？此虽揣测之说，未得确证，然于武曌父系先世之事迹即士䜣所以起家之由，实可借此残阙之史料窥见一二，以前人尚未有言及者，遂为申论之如此。

四

拙著《三论李唐氏族问题》一文其论李虎追封唐国公之时，谓在周初受魏禅之际（见本《集刊》第五本第一七七页）。盖据《册府元龟》一《帝王部·帝系门》所载：

> 〔太祖景皇帝虎〕封赵郡公，徙封陇西公，周受魏禅，录佐命功，居第一，追封唐国公。

之语。其实误会史文也。考《周书》五《武帝纪上》略云：

〔保定〕四年九月丁巳，封开府李昞为唐国公，若干凤为徐
国公。

又同书一七《若干惠传》（《北史》六五《若干惠传》略同）略云：

子凤嗣。保定四年追录佐命之功，封凤徐国公。

又《通鉴》一六九《陈纪》略云：

〔天嘉〕五年九月丁巳追录佐命元功，封开府仪同三司陇西公
李昞为唐公，大驭中大夫长乐公若干凤为徐公。昞，虎之子；
凤，惠之子也。

据此，则李虎之追封唐国公实在保定四年，上距周初受魏禅之
时，已八年矣。故拙著前文所推论者，皆应依此改计。特著于此，
以正其误，兼识疏忽之过云尔。

（原载一九三六年十二月《历史语言研究所集刊》第六本第四分）

论李怀光之叛

唐代朱泚之乱，李怀光以赴难之功臣，忽变为通贼之叛将，自来论者多归咎于卢杞阻怀光之入觐，遂启其疑怨，有以致之，是固然矣。而于神策军与朔方军粮赐之不均一事，则未甚注意，特为节录史传，草此短篇，以表出之。至唐代兵饷问题非兹篇范围及其主旨之所在，故置不论。

《旧唐书》一三三《李晟传》（《新唐书》一五四《李晟传》及《资治通鉴》二三〇"兴元元年二月"条同）云：

晟兵（寅恪案：即神策军）军于朔方军（寅恪案：即朔方节度使李怀光军）北，每晟与〔李〕怀光同至城下，怀光军辄虏驱牛马，百姓苦之。晟军无所犯。怀光军恶其独善，乃分所获与之，晟军不敢受。久之，怀光将谋沮晟军，计未有所出。时神策军以旧例给赐厚于诸军，怀光奏曰："贼寇未平，军中给赐，咸宜均一，今神策独厚，诸军皆以为言，臣无以止之，惟陛下裁处。"怀光计欲因是令晟自署侵削己军，以挠破之。德宗忧之，欲以诸军同神策，则财赋不给，无可奈何，乃遣翰林学士陆贽往怀光军宣谕，仍令怀光与晟参议所宜以闻。贽、晟俱会于怀光军，怀光言曰："军士禀赐不均，何以令战？"贽未有言，数顾晟，晟曰："公为元帅，弛张号令皆得专之，晟当将一军，唯公所指，以效死命，至于增损衣食，公当裁之！"怀光默然，无以难晟，又不欲侵刻神策军发于自己，乃止。

寅恪案：《新唐书》五〇《兵志》述贞元时事云：

时边兵衣饷多不赡，而戍卒屯防，药茗蔬酱之给最厚，诸将务为诡辞，请遥隶神策军，禀赐遂赢旧三倍，繇是塞上往往称

"神策行营"，皆内统于中人矣！其军乃至十五万。

夫李晟所统之神策军者，当时中央政府直辖之禁军也，李怀光所统之朔方军者，别一系统之军队也，两者禀赐之额既相差若此，复同驻咸阳一隅之地，同战朱泚一党之人，而望别一系统之军队，其士卒不以是而不平，其将领不因之而变叛，岂不难哉！岂不难哉！观怀光军特取其所虏驱之牛马分与晟军者，盖可借是寓其"贼寇未平，军中给赐咸宜均一"之意，欲持此"不患寡而患不均"之主义，以启发神策军兵士之情志也，史言怀光军之纪律不及晟军，恶晟军独善，故分与所获，使之同恶，果如所言，则朔方军之心计甚为迂曲，与其军主"粗厉疏愎之性"（见《旧唐书》一二一《新唐书》二二四上《李怀光传》及《通鉴》二二九"建中四年十一月"条）尤不相似，颇疑史氏之说，于当日朔方军士共同之心理，尚有所未能通解也。

又胡三省论此事（《通鉴》二三〇"兴元元年二月条"胡《注》）云：

李晟之答怀光，气和而辞正，故能伐其谋。

则殊不知晟之得为正辞者，以怀光适兼拥元帅之虚号故耳。假使禀赐独厚之神策军其主将复真任元帅者，又将何辞以对耶？然则怀光之所以能激变军心，与之同叛者，必别有一涉及全军共同利害之事实，足以供其发动，不止其个人与卢杞之关系而已。故神策军与朔方军禀赐之不均要为此大事变之一主因，读史者不可尽信旧记之文，谓两军禀赐不均仅为怀光"谋沮晟军"所借口之细事而忽视之也。

（原载一九三七年七月《清华学报》第十二卷第三期）

李唐氏族之推测

（甲）引　言

李唐氏族问题，近人颇有讨论。寅恪讲授清华，适课唐史，亦诠次旧籍，写成短篇。其所征引，不出习见之书。凡关系疏远之证据、事实引申之议论，虽多可喜可观者，以限于体裁，不能详及。极知浅陋简略，无当于著述之旨。然此文本意仅在备讲堂之遗忘，资同学之商榷。间有臆测之说，固未可信为定论，尤不敢自矜有所创获。倘承博洽君子，不以为不可教诲而教诲之，实所深幸焉！

（乙）李唐自称西凉后裔之可疑

李唐自称为西凉李暠后裔。然详检载记，颇多反对之证据。兹择其最强有力，及足以解人颐者，各一事，移录于下：

《魏书》一八《广阳王深传》（《北史》一六《广阳王深传》同），《论六镇疏》云：

> 昔皇始以移防为重，盛简亲贤，拥麾作镇，配以高门子弟，以死防遏。不但不废仕宦，至乃偏得复除。当时人物，忻慕为之。及太和在历，仆射李冲当官任事，凉州土人悉免厮役，丰沛旧门仍防边戍。自非得罪当世，莫肯与之为伍。征镇驱使，但为虞候白直，一生推迁，不过军主。然其往世房分留居京

者，得上品通官。在镇者便为清途所隔。或投彼有北，以御魑魅，多复逃胡乡。乃峻边兵之格，镇人浮游在外，皆听流兵捉之。于是少年不得从师，长者不得游宦，独为匪人，言者流涕。

按：《旧唐书》一《高祖本纪》（《新唐书》一《高祖本纪》略同）云：

重耳生熙，为金门镇将，领豪杰镇武川，因家焉。

今依李冲世系（《魏书》三九《李宝传》、五三《李冲传》，《北史》一〇〇《序传》）及唐室自称之世系（《两唐书》一《高祖本纪》及《新唐书》七〇上《宗室世系表》等），综合推计，列为一表。以见其亲族关系：

李暠 ┬ 歆 —— 重耳 —— 熙
　　 └ 翻 —— 宝 —— 冲

据此，则重耳与宝为共祖兄弟，熙与冲为共曾祖兄弟，血统甚近。魏太和之世，冲宗族贵显，一时无比。（《新唐书》九五《高俭传》云："后魏太和中定四海望族，以〔陇西李〕宝等为冠。"）熙既与冲为共曾祖兄弟，所生时代前后相差必不能甚远。当太和之世，六镇边戍乃"莫肯与之为伍"之人。李熙一族留家武川，则非"凉州土人"，而为"丰沛旧门"可知。是李冲即陇西李氏，不认之为同宗，自无疑义。李唐自称为西凉后裔之反对证据中，此其最强有力者也。

又唐释彦悰《唐护法沙门法琳别传》下载法琳对太宗之言曰：

窃以拓拔元魏，北代神君。达阇（即大野）达系，阴山贵种。

经云：以金易鍮石，以绢易缕褐，如舍宝女与婢交通，陛下即其人也。弃北代而认陇西，陛下即其事也。（此条女师大《学术季刊》第一卷第四期刘盼遂先生《李唐为蕃姓考》所引较详，可参阅。）

据此，可知唐初人固知其皇室氏族冒认陇西，此李唐自称为西凉后裔之别一反对证据，而又可以解人颐者也。

（丙）李唐疑是李初古拔之后裔

李唐世系之纪述，其见于新旧《唐书》一《高祖本纪》，《北史》一〇〇《序传》，《晋书》八七《凉武昭王传》，林宝《元和姓纂》等书者，皆不及《新唐书》七〇上《宗室世系表》所载之详备。今即依据此《表》与其他史料比较讨论之。《表》云：

歆字士业，西凉后主。八子：勖，绍，重耳，弘之，崇明，崇产，崇庸，崇祐。重耳字景顺，以国亡奔宋，为汝南太守。后魏克豫州，以地归之，拜恒农太守。复为宋将薛安都所陷。后魏安南将军，豫州刺史。生献祖宣皇帝熙，字孟良，后魏金门镇将。生懿祖光皇帝，讳天赐，字德真。三子：长曰起头，长安侯，生达摩，后周羽林监、太子洗马、长安县伯；次曰太祖；次乞豆。

此《表》所载必为唐室自述其宗系之旧文。兹就其所纪李重耳、李熙父子事实，分析其内容，除去其为西凉后裔一事以外，尚有七事。条列于下：

（一）其氏为李。

（二）父为宋汝南太守。

（三）后魏克豫州。父以地归之。

（四）父为后魏恒农太守。

（五）父为宋将薛安都所陷。

（六）父为后魏安南将军、豫州刺史。

（七）子为后魏金门镇将。

考《宋书》五《文帝纪》云：

> 〔元嘉二十七年二月〕辛丑，索虏寇汝南诸郡，陈南顿二郡太
> 守郑琨、汝阳颍川二郡太守郭道隐委守走。索虏攻悬瓠城，行
> 汝南郡事陈宪拒之。

又《宋书》七二《南平穆王铄传》云：

> 索虏大帅拓跋焘南侵陈颍，遂围汝南悬瓠城。行汝南太守陈宪
> 保城自固。

又《宋书》七七《柳元景传》云：

> 〔元嘉〕二十七年八月，〔随王〕诞遣振威将军尹显祖出赀谷，
> 奋武将军鲁方平、建武将军薛安都、略阳太守庞法起入卢氏。
> （中略）闰〔十〕月法起、安都、方平诸军入卢氏。（中略）
> 法起诸军进次方伯堆，去弘农城五里。（中略）诸军造攻具，
> 进兵城下。伪弘农太守李初古拔婴城自固。法起、安都、方平
> 诸军鼓噪以陵城。（中略）安都军副谭金、薛系孝率众先登，
> 生禽李初古拔父子二人。（中略）殿中将军邓盛、幢主刘骖乱

使人入荒田，招宜阳人刘宽纠，率合义徒二千余人，共攻金门坞，屠之。杀戍主李买得，古拔子也，为虏永昌王长史，勇冠戎类。永昌闻其死，若失左右手。

又《宋书》九五《索虏传》云：

〔元嘉〕二十七年，焘自率步骑十万寇汝南。（中略）宣威将军陈南顿二郡太守郑绲（《文帝纪》作"琨"）、绥远将军汝南颍川二郡太守郭道隐并弃城奔走。虏掠抄淮西六郡，杀戮甚多。攻围悬瓠城，城内战士不满千人。先是汝南新蔡二郡太守徐遵之去郡，南平王铄时镇寿阳，遣左军行参军陈宪行郡事。宪婴城固守。（中略）焘遣从弟永昌王库仁真步骑万余，将所略六郡口，北屯汝阳。（中略）太祖嘉宪固守，诏曰："右军行参军、行汝南新蔡二郡军事陈宪，尽力捍御，全城摧寇，忠敢之效，宜加显擢。可龙骧将军、汝南新蔡二郡太守！"

又《魏书》六一《薛安都传》云：

后自卢氏入寇弘农，执太守李拔等，遂逼陕城。时秦州刺史杜道生讨安都。仍执拔等南遁，及世祖临江，拔乃得还。

据上引史实，则父称李初古拔，子称李买得。名虽类胡名，姓则为汉姓。但其氏为李，则不待言，是与第一条适合。李初古拔为后魏弘农太守，弘农即恒农，以避讳改字，是与第四条适合。李初古拔为宋将薛安都所禽，是与第五条适合。《宋书·柳元景传》言"生禽李初古拔父子"，《魏书·薛安都传》言"安都禽李拔等"，"仍执拔等南遁，世祖临江，拔乃得还"，则李初古拔必不止一子。或买得死难以弟代领其职，或《唐书·高祖纪》称李熙领豪杰镇武川，因而留居之记载，经后人修改，今不能悬决。但李熙为金门镇将，李买得亦为金门坞戍主，地理专名，如是巧同，亦可谓与第七条适合。至第二条李重耳为宋汝南太守一事，征诸上引史实，绝不可能。盖既言为宋将薛安都所陷，其时必在元嘉二十七年。当时前后宋之汝南太守，其姓名皆可考知。郭道隐则弃城走，徐遵之则去郡，陈宪则先行郡事，后以功擢补实官，故依据时日先后，排比推计，实无李重耳可为宋汝南太守之余地。据《宋书·柳元景传》言李买得为"永昌王长史，永昌闻其死，若失左右手"，则李氏父子与永昌王关系密切可知。《宋书·索虏传》又言"永昌王北屯汝阳"。考《资治通鉴》系永昌王屯汝阳事于元嘉二十七年三月，系李初古拔被禽事于元嘉二十七年闰十月，而汝阳县本属汝南郡，后分为汝阳郡者，故以时日先后，地域接近，及人事之关系论，李初古拔殆于未被禽以前，曾随永昌王屯兵豫州之境，故因有汝南太守之授。然则此汝南太守非宋之汝南太守，乃魏之汝南太守也。第六条之安南将军，豫州刺史，当即与第二条汝南太守有关之职衔。第三条所谓后魏克豫州，以其地归之者，亦与第二条为宋汝南太守相关，同与上引史文冲突，实为不可能之事，无待详辩。《魏书·薛安都传》言安都"执李拔等南通，及世祖临江，拔乃得还"，是李初古拔原有由北遁南，复由南归北一段因缘。李唐自述先世故实，或因此加以修改傅会，幸赖其与他种记载矛盾，留此罅隙，千载而后，遂得以发其覆耳。

又《魏书·薛安都传》之李拔即《宋书·柳元景传》李初古拔之省称。《梁书》五六《侯景传》景祖名周，《南史》八〇《侯景传》作"乙羽周",与此同例。盖边荒杂类,其名字每多繁复,殊异乎华夏之雅称,后人于属文时因施删略。昔侯景称帝,七世庙讳,父祖之外,皆王伟追造(事见《梁书》《南史》侯景传),天下后世传为笑谈。岂知李唐自述先世之名字亦与此相类乎?夫侯汉、李唐俱出自六镇(侯氏怀朔镇人。李氏武川镇人),虽其后荣辱悬绝,不可并言,但祖宗名字皆经改造,则正复相同。考史者应具有通识,不可局于成败之见,以论事论人也。

总而言之,前所列七条,第一、第四、第五、第七,四条中,李重耳父子事实,皆与李初古拔父子事实适合。第六条乃第二条之附属,无独立性质,可不别论。第二条、第三条实为互相关联之一条。第五条既言"为宋将薛安都所陷",则元嘉二十七年南北交兵之际,李氏父子必属于北,而不属于南,否则何能为宋将所禽?故易刘宋为后魏,则第二条、第三条之事实,不独不与其他诸条事实相反,而且适与之相成。况此其他诸条中涵有"元嘉二十七年"一定之时日,"李氏""薛安都"之人名专名,"弘农""金门"之地域专名,而竟能两相符应,天地间似无如此偶然巧值之事。故疑李唐为李初古拔之后裔,或不至甚穿凿武断也。

(丁)李唐先世与大野部之关系

李唐先世与大野部之关系,以今日史料之缺乏,甚不易知。姑就其可以间接推测者言之:李虎曾赐姓大野氏,或疑所谓赐姓者,实即复姓之意（见女师大《学术季刊》第二卷第二期王桐龄先生《杨隋李唐先世系统考》第四页）。寅恪请举一事，以明其不然。《隋书》五五《北史》七三《周摇传》云：

> 其先与后魏同源。初为普乃氏。及居洛阳，改为周氏。（中略）周闵帝受禅，赐姓车非氏。

据此，若赐姓果即复姓，则周摇应赐姓普乃氏，而非车非氏矣。故知赐姓即复姓之说非也。然则李虎何以赐姓大野氏？李氏与大野氏之关系究何如乎？今考李虎之外，李氏而有赐姓者，如李弼之赐姓徒何氏（《周书》一五《北史》六〇《李弼传》）。李穆则赐姓拓拔氏（《北史》卷五九《李贤传》。又见《容斋三笔》卷三"元魏改功臣姓氏"条。洪氏谓"〔宇文〕泰方以时俗文敝，命苏绰仿《周书》作《大诰》。又悉改官名，复周六卿之制。顾乃如是，殆不可晓"。是亦不解赐姓为兴灭国继绝世之大典，正所以摹仿成周封建制度之意者也），是同一李氏，而赐以不同之姓矣。又曾赐姓大野氏者，李虎以外，尚有阎庆〔见《周书》二〇《北史》六一《阎庆传》、《新唐书》七三下《宰相世系表》、《通志》二九《氏族略五》、邓名世《古今姓氏书辩证》三一等。又郑氏、邓氏书皆言"后魏龙骧将军谢懿赐姓大野氏"，王氏《金石萃编》二七载魏孝文《吊比干文》碑阴题名有"骁骧将军臣河南郡大野懿（？）"。钱氏《潜研堂金石文跋尾》二作"大野□"。寅恪见缪氏艺风堂所藏拓本，亦不清晰，以字形推之，及证以龙骧将军官名，当是"懿"字。即此谢懿也。然魏孝文乃改代姓为汉姓者，岂有转赐汉姓之人以代姓之理？颇疑实大野氏改为谢氏，以野、谢音近之故。

《魏书·官氏志》中此例甚多。后人误于西魏末年赐姓之事，因谓谢懿赐姓大野氏矣。待考。]是不同汉姓之人，亦赐以同一之大野氏矣。其间关系复杂纠纷，殊不易简单说明。考《魏书》一《序纪》（《北史》一《魏本纪》略同）云：

> 积六十七世至成皇帝，讳毛立。聪明武略，远近所推。统国三十六，大姓九十九。

又《魏书》一一三《官氏志》云：

> 初，安帝统国，诸部有九十九姓。至献帝时，七分国人，使诸兄弟各摄领之。

又《周书》一七《北史》六五《若干惠传》云：

> 若干惠，字惠保，代郡武川人也。其先与魏氏俱起，以国为姓。

据此则代北之姓，代表其国名。所谓国者，质言之，即部落也。《周书》二《文帝纪下》西魏恭帝元年纪赐姓事。其文云：

> 魏氏之初，统国三十六，大姓九十九，后多绝灭。至是以诸将功高者为三十六国后，次功者为九十九姓后。所统军人亦改从其姓。

宇文黑獭锐意复古，信用苏绰、卢辩之流，摹拟成周封建之制，赐姓功臣之举，乃其所谓兴灭国继绝世之盛典也。《资治通鉴》载此事于一六五"梁纪元帝承圣三年正月"，而删去"为三十六国后"及"为九十九姓后"之文，使赐姓大典之原意不能明显，遂启后人诸种臆测之说。今依"为后"之文解释，则赐李虎以大野氏者，其意即以李虎为大野氏之后。又依"所统军人亦改从其姓"之文解释，则其意部主与部属必应同一姓氏。当时既以大野之姓赐与李虎，则李虎先世或为大野部之部曲亦未可知。若李虎果为李初古拔之后裔，则南朝元嘉、北朝太平真君之时已姓李氏，似本汉人。譬诸后来清室之制，辽东汉人包衣有以外戚抬旗故，而升为满洲本旗，并改为满姓之例。李虎之赐姓大野氏，或亦与之有相似者欤？李唐先世与大野部之关系所能推测者，仅止于此，实非决定之结论也。

（戊）李重耳南奔之说似后人所伪造

前于（丙）章已言当元嘉二十七年南北交兵之际，李重耳无为宋汝南太守之可能。假使果有其事，而其为李唐先世与否，又为一问题，尚须别论。寅恪则并疑凡李重耳南奔之事，载在唐修《晋书·凉武昭王传》、《北史·序传》，两唐书《高祖纪》、《新唐书·宗室世系表》等者，皆依据唐室自述宗系之言，原非真实史迹。乃由后人修改，傅会李初古拔被禽，入宋后复归魏之事而成。兼以李重耳之奔宋，与李宝之归魏，互相对映也。何以知其然？因《世说新语·言语篇》云：

> 张天锡为凉州刺史，称制西隅。既为苻坚所禽，用为侍中，后于寿阳俱败。至都，为孝武所器。每入言论，无不竟日。

又《晋书》八六《张轨传》载张天锡归晋后事云：

> 又诏曰：故太尉西平公张轨著德遐域，（中略）拔迹登朝。先祀沦替，用增矜慨。可复天锡西平郡公爵！俄拜金紫光禄大夫。天锡少有文才，流誉远近。及归朝，甚被恩遇。

又僧祐《出三藏记集》一四《沮渠安阳侯传》（慧皎《高僧传》卷二《昙无谶传》略同）云：

> 沮渠安阳侯者，河西王蒙逊之从弟也。魏虏托拔焘伐凉州，安阳宗国殄灭，遂南奔于宋。从容法侣，宣通经典，是以京邑白黑咸敬而嘉焉。

夫前、西二凉，俱系出汉族，遥奉江东。沮渠虽为戎类，而宰制西隅，事侔张李。故国亡之后，其宗胤南奔者咸见钦崇。即使李重耳声望不及张公纯嘏，学行不及沮渠京声，然既已致位郡守，御敌边疆，而南朝当日公私记载，一字无征，揆诸情事，宁有斯理？故举张氏沮渠同类之例，以相比喻，足知李重耳南奔之说实出后人所伪造。《魏书》九九《私署凉王李暠传》本不载重耳南奔事，汤球《十六国春秋辑补》所录重耳南奔事，亦取之唐修《晋书》，而不知其不可信也。（汤氏书《叙例》云："此书于《十六国春秋纂录》所删节处，以《晋书》张轨、李暠等传及刘渊诸载记补足。"寅恪案：今《十六国春秋纂录》六《西凉录》无重耳南奔事，故汤氏从唐修《晋书·李暠传》补足之。至若伪本《十六国春秋》之载重耳南奔事，必录自唐修《晋书》，更无足论矣。）

（己）唐太宗重修《晋书》及敕撰《氏族志》之推论

李唐先世疑出边荒杂类，必非华夏世家，已于前（丙）（丁）二章言之矣。知此，而后李唐一代三百年，其政治社会制度风气变迁兴革所以然之故，始可得而推论。以其范围非本篇所及，兹仅就太宗重修《晋书》及敕撰《氏族志》二事，简略言之：

唐以前诸家《晋书》，可称美备。而太宗复重修之者，其故安在？昔汉世古文经学者于《左氏春秋》中窜入汉承尧后之文（见《左传·鲁文公十三年》、《孔氏正义》及《后汉书》六六《贾逵传》），唐代重修《晋书》特取张轨为同类陪宾，不以前凉、西凉列于载记，而于八七《凉武昭王传》中亦窜入"士业子重耳脱身奔于江左，仕于宋，后归魏为恒农太守"一节，皆借此以欺天下后世。夫刘汉经师，李唐帝室，人殊代隔，迥不相关。而其择术用心，遥遥符应，有如是者，岂不异哉！李延寿于《北史》一〇〇《序传》中，虽亦载李重耳奔宋归魏之事，然于《南史》三八《柳元景传》、四〇《薛安都传》、《北史》三九《薛安都传》关于《宋书》《魏书》所载李初古拔父子事，皆删弃不录，或者唐初史家犹能灼知皇室先世真实渊源，因有所忌讳，不敢直书耶？其有与重修《晋书》相似者，则为敕撰《氏族志》一事。盖重修《晋书》所以尊扬皇室，证明先世之渊源。敕撰《氏族志》，虽言以此矫正当时之弊俗，实则专为摧抑中原甲姓之工具。故此二事皆同一用心，诚可谓具有一贯之政策者也。《新唐书》九五《高俭传》（参观《旧唐书》六五《高士廉传》、《唐会要》三六《氏族门》、八三《嫁娶门》、《贞观政要》七《论礼乐篇》"贞观六年太宗谓房玄龄"条、《资治通鉴》一九五"贞观十二年"条）云：

初，太宗尝以山东士人尚阀阅，后虽衰，子孙犹负世望，嫁娶必多取资，故人谓之卖昏。由是诏士廉与韦挺、岑文本、令狐德棻责天下谱谍，参考史传，检正真伪，进忠贤，退悖恶，先宗室，后外戚，退新门，进旧望，右膏粱，左寒畯，合二百九十三姓，千六百五十一家，为九等，号曰《氏族志》，而崔干仍居第一。帝曰："我于崔、卢、李、郑无嫌，顾其世衰，不复冠冕，犹恃旧地以取资，不肖子偃然自高，贩鬻松槚，不解人间何为贵之？齐据河北，梁、陈在江南，虽有人物，偏方下国，无可贵者，故以崔、卢、王、谢为重。今谋士劳臣以忠孝学艺从我定天下者，何容纳货旧门，向声背实，买昏为荣耶？（中略）朕以今日冠冕为等级高下。"遂以崔干为第三姓，班其书天下。高宗时许敬宗以不叙武后世，又李义府耻其家无名，更以孔志约、杨仁卿、史玄道、吕才等十二人刊定之，裁广类例，合二百三十五姓，二千二百八十七家。帝自叙所以然。以四后姓、酅公、介公及三公、太子、三师、开府仪同三司、尚书、仆射为第一姓，文武二品及知政事三品为第二姓，各以品位高下叙之，凡九等，取身及昆弟子孙，余属不入，改为《姓氏录》。当时军功入五品者皆升谱限，缙绅耻焉，目为"勋格"。义府奏悉索《氏族志》烧之。又诏后魏陇西李宝，太原王琼，荥阳郑温，范阳卢子迁、卢浑、卢辅，清河崔宗伯、崔元孙，前燕博陵崔懿，晋赵郡李楷，凡七姓十家，不得自为昏。三品以上纳币不得过三百匹，四品五品二百，六品七品百，悉为归装夫氏，禁受陪门财。先是，后魏太和中定四海望族，以宝等为冠。其后矜尚门地，故《氏族志》一切降之。王妃、主婿皆取当世勋贵名臣家，未尝尚山东旧族。后房玄龄、魏徵、李勣复与昏，故望不减。然每姓第其房望，虽一姓中，高下悬隔。李义府为子求昏，不得，始奏禁焉。其后天下衰宗落谱，昭穆所不齿者，皆称禁昏家，益自贵，凡男女皆潜相聘娶，天子不能禁。世以为敝云。

又《旧唐书》七八《张行成传》（《新唐书》一〇四《张行成传》、《资治通鉴》一九二《唐纪》"贞观元年"条同）云：

太宗尝言及山东、关中人，意有同异。行成正侍宴，跪而奏曰："臣闻天子以四海为家，不当以东西为限。若如是，则示人以隘狭。"

观此，可知对于中原甲姓压抑摧毁，其事创始于太宗，而高宗继述之（详见《旧唐书》八二《新唐书》二二三上《李义府传》、《太平广记》一八四《氏族类》"七姓"条等），遂成李唐帝室传统之政略。魏晋以来门第之政治社会制度风气，以是而渐次颓坏毁灭，实古今世局转移升降枢机之所在，其事之影响于当时及后世者至深且久。兹考李唐氏族所出，因略推论其因果关系，附于篇末，以为治唐史者之一助。至其他演绎之说，多轶出本文范围之外，故不旁及焉。

（原载一九三一年八月《历史语言研究所集刊》第三本第一分）

《李唐氏族之推测》后记

三年前寅恪曾作《李唐氏族之推测》一文，刊载本《集刊》第三本第一分中，尚有剩义，兹补论之于此。其关于李唐疑是李初古拔后裔，及其自称西凉李暠嫡裔必非史实二点，前篇已详言之，兹不重述。故此篇复就其自称源出陇西及家于武川二事，取资旁证，别为辩释，然后唐室伪造先世宗系，其先后变迁所经历之轨迹略能推寻，"天可汗"氏族之信史或者亦可因是而考定也。《唐会要》一《帝号上》云：

> 献祖宣皇帝讳熙（凉武昭王暠曾孙，嗣凉王歆孙，弘农太守重耳之子也），武德元年六月二十二日追尊为宣简公，咸亨五年八月十五日追尊宣皇帝，庙号献祖，葬建初陵（在赵州昭陵〔庆〕县界，仪凤二年五〔?〕月一日追封为建昌陵，开元二十八年七月十八日诏改为建初陵）。

> 懿祖光皇帝讳天赐（宣皇帝长子），武德元年六月二十二日追尊懿王，咸亨五年八月十五日追尊光皇帝，庙号懿祖，葬启运陵（在赵州昭庆县界，仪凤二年三〔?〕月一日追封为延光陵，开元二十八年七月十八日诏改为启运陵）。

《元和郡县图志》一七（《岱南阁丛书》本。又参阅《旧唐书》三九《地理志》及《新唐书》三九《地理志》"赵州昭庆县"条）略云：

> 赵州。

> 昭庆县。本汉广阿县，属钜鹿郡。

> 皇十三代祖宣皇帝建六〔初〕陵，高四丈，周回八十丈。

> 皇十二代祖光皇帝启运陵，高四丈，周回六十步。二陵共

茔，周回一百五十六步，在县西南二十里。

《册府元龟》一《帝王部·帝系门》略云：

> 唐高祖神尧帝，姓李氏，陇西狄道人。其先出自李暠，是为凉武昭王，薨，子歆嗣位，为沮渠蒙逊所灭。歆子重耳奔于江南，仕宋为汝南郡守，复归于魏，拜弘农太守，赠豫州刺史。生熙，起家金门镇将，后以良家子镇于武川，都督军戎百姓之务，终于位，因遂家焉。生天赐，仕魏为幢主，大统时追赠司空公。生太祖景皇帝虎，封赵郡公，徙封陇西公，周受魏禅，录佐命功，居第一，追封唐国公。生世祖元皇帝昞，在位十七年，封汝阳县伯，袭封陇西公。周受禅，袭封唐国公。高祖即元皇帝之世子，母曰元贞皇后，七岁袭封唐国公，义宁二年受隋禅。

今河北省隆平县尚存唐光业寺碑。碑文为开元十三年宣义郎前行象城县尉杨晋所撰，中央研究院历史语言研究所藏有拓本，颇残阙不可读。兹取与黄彭年等修《畿辅通志》一七四《古迹略》所载碑文相参校，而节录其最有关之数语于下：

> （上略）皇祖瀛州刺史宣简公谨追上尊号，谥宣皇帝。皇祖妣夫人张氏谨追上尊号，谥宣庄皇后。皇祖懿王谨追上尊号，谥光皇帝。皇祖妣妃贾氏谨追上尊号，谥光懿皇后。（中略）词曰：维王桑梓，本际城池。（下略）

案：李熙、天赐父子共茔而葬，光业寺碑颂词有"维王桑梓"之语，则李氏累代所葬之地，即其家世居住之地，绝无疑义。据《魏书》一〇六上《地形志》"南赵郡广阿县"条、《隋书》三〇

《地理志》"赵郡大陆县"条及《元和郡县图志》一七"赵州昭庆县"条等，是李氏父子葬地旧属钜鹿郡，与山东著姓赵郡李氏居住之旧常山郡壤地邻接，李虎之封赵郡公，即由于此。又《汉书》二八《地理志》载中山国唐县有尧山，《魏书·地形志》载南赵郡广阿县即李氏父子葬地又有尧台，李虎死后追封唐国公，其唐国之名盖止取义于中山钜鹿等地所流传之放勋遗迹，并非如通常广义，兼该太原而言也。至《大唐创业起居注》上略云：

> 初，帝奉诏为太原道安抚大使，帝以太原黎庶陶唐旧民，奉使安抚，不逾本封，因私喜此行，以为天授。

则为后来依附通常广义之解释，殊与周初追封李虎为唐国公时，暗示其与赵郡李氏关系之本旨不同也。

据上所言，李唐岂真出于赵郡李氏耶？若果为赵郡李氏，是亦华夏名家也。又何必自称出于陇西耶？考《元和郡县图志》一五略云：

> 邢州。
>
> 尧山县。本曰柏人，春秋时晋邑，战国时属赵，秦灭赵，属钜鹿郡，后魏改"人"为"仁"，天宝元年改为尧山县。

又同书一七略云：

> 赵州。
>
> 平棘县。本春秋时晋棘蒲邑，汉初为棘蒲，后改为平棘也，属常山郡。
>
> 李左车墓，县西南七里。
>
> 赵郡李氏旧宅，在县西南二十里，即后汉、魏以来山东旧

族也，亦谓之三巷李家云。东祖居巷之东，南祖居巷之南，西祖居巷之西，亦曰三祖宅巷也。三祖李氏亦有地属高邑县。

元氏县。本赵公子元之封邑，汉于此置元氏县，属常山郡，两汉常山太守皆理于元氏。

开业寺，在县西北十五里，即后魏车骑大将军陕定二州刺史、尚书令、司徒公赵郡李徽伯之旧宅也。

柏乡县。本春秋时晋鄗邑之地，汉以为县，属常山郡，后汉改曰高邑，属常山国，高齐天保七年，移高邑县于汉房子县东北界，今高邑县是也。

高邑故城，在县北二十一里，本汉鄗县也。

高邑县。本六国时赵房子邑之地，汉以为县，属常山郡。

赞皇县。本汉鄗邑县之地，属常山郡。

百陵岗，在县东十里，即赵郡李氏之别业于此岗下也。岗上亦有李氏茔冢甚多。

昭庆县。本汉广阿县，属钜鹿郡。

皇十三代祖宣皇帝建初陵。

皇十二代祖光皇帝启运陵。二陵共茔，在县西南二十里。

（"昭庆县"条前已引及，因便于解说，特重出其概略于此。）

《元和郡县图志》著者李吉甫出于赵郡李氏，故关于其宗族之先茔旧宅皆详记之。若取其分布之地域核之，则赵郡李氏其显著支派所遗留之故迹，俱不出旧常山郡之范围。据此，则赵郡李氏显著支派当时居地可以推知也。但其衰微支派则亦有居旧钜鹿郡故疆者。考《新唐书》七二上《宰相世系表》"赵郡李氏"条（邓名世

《古今姓氏书辩证》二一同），略云：

> 〔楷〕避赵王伦之难，徙居常山。〔楷〕子辑。辑子慎敦，居
> 柏仁，子孙甚微。

案：柏仁、广阿二县后魏时俱属南赵郡，土壤邻接，原是同一
地域。赵郡李氏子孙甚微之一支，其徙居柏仁之时代虽未能确定，
然李楷避西晋赵王伦之难，下数至其孙慎敦，仅有二代，则李慎敦
徙居柏仁约在南朝东晋之时，李熙父子俱葬于广阿，计其生时，亦
约当南朝宋齐之世。故以地域邻接及年代先后二者之关系综合推
论，颇疑李唐先世本为赵郡李氏柏仁一支之子孙。或者虽不与赵郡
李氏之居柏仁者同族，而以同居一地，同姓一姓之故，遂因缘攀
附，自托于赵郡之高门，衡以南北朝庶姓冒托士族之惯例，亦为可
能之事。总而言之，据可信之材料，依常识之判断，李唐先世若非
赵郡李氏之"破落户"，即是赵郡李氏之"假冒牌"。至于有唐一
代之官书，其记述皇室渊源，间亦保存原来真实之事迹，但其大半
尽属后人讳饰夸诞之语，治史者自不应漫无辨别，遽尔全部信
从也。

又《魏书》九七《岛夷刘裕传》略云：

> 岛夷刘裕，晋陵丹徒人也。其先不知所出，自云本彭城彭城
> 人，故其与丛亭安上诸刘了无宗次。

《宋书》七八《刘延孙传》云：

> 延孙与帝室虽同是彭城人，别属吕县。刘氏居彭城县者，又分
> 为三里：帝室居绥舆里，左将军刘怀肃居安上里，豫州刺史刘
> 怀武居丛亭里。及吕县，凡四刘。虽同出楚元王，由来不序昭

穆，延孙于帝室本非同宗。

《南齐书》三七《刘悛传》略云：

> 刘悛，彭城安上里人也。彭城刘同出楚元王，分为三里，以别
> 宋氏帝族。

据此，则附会同姓之显望，南北朝之皇室莫不如此。若取刘宋
故事以与李唐相比，则京口之于彭城，亦犹广阿之于赵郡欤？所不
同者，唐李后来忽否认赵郡，改托陇西耳。至其所以否认改托之
故，亦可借一类似之例以为解释，请引李弼之成事言之：李弼与李
虎同为周室佐命元勋。《周书》一五《李弼传》及《新唐书》七二
上《宰相世系表》俱以弼为辽东襄平人，《唐书表》又载弼封陇西
公，与《周书》及《北史》六〇《李弼传》之仅言弼封赵国公者不
同。《唐书表》多歧误，姑不深考。但《北史》以弼为陇西成纪
人，则必依据弼家当日所自称无疑。盖贺拔岳、宇文泰初入关之
时，其徒党姓望犹系山东旧郡之名，迨其后东西分立之局既成，内
外轻重之见转甚，遂使昔日之远附山东旧望者，皆一变而改称关右
名家矣。此李唐所以先称赵郡，后改陇西之故也。又考《北史》一
〇〇《序传》载李抗（即李暠曾孙韶之从祖）自凉州渡江，仕宋
历任三郡太守，其子思穆于魏太和十七年北归，位至营州刺史。然
则西凉同族固有支孙由北奔南，又由南返北之一段故实。李唐既改
称陇西之后，或见李抗、思穆父子之遭际与其先世李初古拔、买得
父子之事迹适相类似，因而涂附，自托于西凉李暠之嫡裔耶（参阅
前篇）？又据《册府元龟》之所引，知李重耳之豫州刺史乃追赠之
衔，则光业寺碑所载李熙瀛州刺史之号，疑亦后来所追赠者也。至

若《册府元龟》一《帝系门》所载李天赐起家金门镇将一节，必是附会李买得曾为金门戍主之事，作为夸大之词。考《魏书·地形志》有两金门：一为金门郡，兴和中置，一为宜阳郡属之金门县，亦兴和中置。《宋书·柳元景传》载李买得为金门戍主（详见前篇），依当日南北战争所经由之路线推之，自是宜阳郡属之金门县。但当北朝太平真君之世，其地尚未置县，何从而有镇？后魏镇将位极尊崇，李天赐更何从起家而得为此高官乎？前篇疑李买得既已战死，何能复镇武川，又家于其地？今知李氏父子皆葬广阿，实无家于武川之事，然则李唐之自称来自武川者，或是睹贺拔岳、宇文泰皆家世武川，因亦诡托于关西霸主乡邑之旧耶？以李唐世系改易伪托之多端，则此来自武川一事之非史实，亦不足为异矣。

据以上所推证，则李唐氏族或出于赵郡李氏衰微之支派，或出于邻居同姓之攀援，虽皆不能确知，而其本为汉族，似不容疑。李熙、天赐父子二世所娶张氏及贾氏又俱为汉姓，则其血统于娶独孤、窦氏等胡姓之前，恐亦未尝与胡族相混杂也。假使李唐先世本为纯粹之汉族，其与大野部之关系果何如乎？前篇已言宇文泰之赐胡姓，实为继绝之义，而非复姓之旨。考《周故开府仪同贺屯公墓志》（即侯植之墓志，《周书》二九、《北史》六六皆有《侯植传》，陆增祥《八琼室金石补正》二三亦载此志。又承赵万里先生以李宗莲《怀珉精舍金石跋尾》中此志跋文及此志拓印本见示）云：

> 魏前二年十二月中太祖文皇帝以公忠效累彰，宜加旌异，爰命史官，赐姓贺屯氏，时推姓首，寔〔实〕主宗祀。

此志文中"时推姓首，实主宗祀"之语最关重要，盖宇文泰之赐姓，原欲恢复鲜卑部落之旧制，故命军人从其所统主将之姓。夫一军之中，既同姓一姓，则同姓之人数必众，不可无一姓首，而姓首即主宗祀之统将也。但姓首不必尽为塞外异族，如《庚子山集》一三《周太子太保步陆逞神道碑》（参考同集一六《周谯国夫人步陆孤氏墓志铭》）略云：

> 公讳逞，本姓陆，吴郡吴人也。曾祖载，为宋王司马，留镇关中，赫连之乱，仗剑魏室，今为河南洛阳人也。高祖（疑误倒）冠军将军营州刺史，吴人有降附者，悉领为别军，自是官帅拥铎，更为吴越之兵，君子习流，别有楼船之阵。

又《周书》三二《陆通附弟逞传》（《北史》六九同）略云：

> 父政，其母吴人，好食鱼，北土鱼少，政求之，常苦难。后宅侧忽有泉出，而有鱼，遂得以供膳，时人以为孝感所致，因谓其泉为孝鱼泉。通赐姓步六孤氏。

案：陆通、陆逞兄弟之为汉人，确无疑义，且其祖母又为吴人，则亦未与胡族血统混杂。其祖统领降附吴人别为水军，盖清初黄梧、施琅一流人物。然宇文泰赐通以胡姓，专统一军，是以通为降附吴人之姓首，而主塞外鲜卑步陆孤部之宗祀也。据此可以推知，即汉人与塞外鲜卑部落绝无关涉者，亦得赐胡姓，且为主宗祀之姓首。然则李虎虽赐姓大野氏，亦可以与塞外大野部落绝无关涉。近人往往因李唐曾赐姓大野，遂据以推论，疑其本为塞外异族，今既证明其先世不家于武川，而家于南赵郡，则李熙父子（即李初古拔父子）与陆通兄弟又何以相异乎？故关于李唐氏族问题，综合前后二篇之主旨，假设一结论于下：

李唐先世本为汉族，或为赵郡李氏徙居柏仁之"破落户"，或为邻邑广阿庶姓李氏之"假冒牌"，既非华盛之宗门，故渐染胡俗，名不雅驯。于北朝太平真君、南朝元嘉之世，曾参与弘农之战，其后并无移镇及家于武川之事。迨李虎入关，东西分立之局既定，始改赵郡之姓望而为陇西，因李抗父子事迹与其先世类似之故，遂由改托陇西更进一步，而伪称西凉嫡裔。又因宇文氏之故，复诡言家于武川，其初之血统亦未与外族混杂。总而言之，李唐氏族若仅就其男系论，固一纯粹之汉人也。

若上所假设者大体不谬，则李唐一族之所以崛兴，盖取塞外野蛮精悍之血，注入中原文化颓废之躯，旧染既除，新机重启，扩大恢张，遂能别创空前之世局。故欲通解李唐一代三百年之全史，其氏族问题实为最要之关键。吾国昔时学者固未尝留意于此，近人虽有撰著，亦与鄙见多所异同，因据与此问题有关之史籍及石刻，约略推论其伪造世系先后演变之历程如此。

（原载一九三三年《历史语言研究所集刊》第三本第四分）

三论李唐氏族问题

寅恪于本《集刊》第三本第一分《李唐氏族之推测》及第四分《李唐氏族之推测后记》两文中先后讨论李唐氏族问题，仍有未尽之意，本欲复有所申论，以求教于治唐史之学者。近又见日本东北帝国大学文科会编辑之文化第二卷第六号载有金井之忠氏《李唐源流出于夷狄考》一文，其中涉及拙作，有所辩难，故作此篇，略述鄙见，条列于后。夫考证之业譬诸积薪，后来者居上，自无胶守所见，一成不变之理。寅恪数年以来关于此问题先后所见亦有不同，按之前作二文，即已可知。但必发见确实之证据，然后始能改易其主张，不敢固执，亦不敢轻改，惟偏蔽之务去，真理之是从。或者李唐氏族问题之研讨因此辨论，得有更进一程之发展乎？此则寅恪之所甚希望者也。

（甲）李唐之李必非代北叱李部所改

金井氏据郑樵《通志》三○《氏族略·变夷篇》记代北之人随后魏迁河南改胡姓为汉姓事，其中有"叱李之为李"一语，及邓名世《古今姓氏书辩证》二一"河南李氏　后魏《官氏志》有叱李氏改为李氏"之文，作一结论，谓李唐源出于叱李氏。寅恪案：无论今《魏书》一一三《官氏志》无"叱李氏改为李氏"之语，郑、邓之书未详其何所依据。但此点无关宏旨，可置不论。

《魏书》七下《高祖纪》（参阅《北史》三《魏本纪》、《资治通鉴》一四○《齐纪》"建武二年六月"条）云：

〔太和十九年〕丙辰，诏迁洛之民死葬河南，不得还北。

又《北史》一九《广川王谐传》（今《魏书》二○即取《北史》此卷所补者。并参阅《通鉴》一四○《齐纪》"建武二年六月"

条）云：

> 诏曰："迁洛之人，自兹厥后，悉可归骸邙岭，皆不得就茔恒代。"

据此，李虎之祖熙及其父天赐死于何年，固不能定，但如金井氏之说，既是代人迁洛之改姓者，则其所葬之地实为解决此问题之关键。假使熙及天赐父子二人俱死于太和十九年六月丙辰以前，则应俱葬于恒代。假使父子二人俱死于太和十九年六月丙辰以后，则父子二人俱应葬于邙岭。假使父子二人一死于太和十九年六月丙辰以前，一死于太和十九年六月丙辰以后，则应一葬于恒代，一葬于邙岭。今则其所葬之地北不在恒代，南不在邙岭，乃在后魏南赵郡之广阿，唐代赵州之昭庆，而又父子共茔，显是族葬之遗迹。然则李唐先世果如金井氏之说，出于代北叱李部迁洛后改为李氏者欤？抑如寅恪之说，其初本为赵郡李氏之"破落户"或"假冒牌"者欤？孰非孰是，何去何从，治史者自能别择，不待详辨也。

（乙）李唐在李渊以前其血统似未与胡族混杂

开元十三年象城县尉杨晋撰《光业寺碑》（碑文详见前篇）云：

> 皇祖瀛州刺史宣简公谨追上尊号，谥宣皇帝。皇祖妣夫人张氏谨追上尊号，谥宣庄皇后。皇祖懿王谨追上尊号，谥光皇帝。皇祖妣妃贾氏谨追上尊号，谥光懿皇后。

又巴黎国民图书馆藏敦煌写本伯希和号第二千五百四《唐代祖宗忌日表》云：

> 皇六代祖景皇帝。
>
> 皇后梁氏。　　　　　五月九日忌。

今《唐会要》一《帝号门上》及二三《忌日门》俱缺载张氏、贾氏、梁氏三代女系。据此，张、贾皆是汉姓，其为汉族，当无可疑。梁氏如梁御之例，虽亦有出自胡族之嫌疑（见《周书》一七及《北史》五九《梁御传》。又《魏书》一一三《官氏志》云"拔列氏后改为梁氏"），但梁氏本为汉姓，大部分皆是汉族，未可以其中间有少数例外出自胡族之故，遽概括推定凡以梁为氏者皆属胡族也。故李虎妻梁氏在未能确切证明其氏族所出以前，仍目之为汉族，似较妥慎。然则李唐血统其初本是华夏，其与胡夷混杂，乃一较晚之事实欤？兹取今日新获得之资料，补作一李唐血统世系表，起自李熙，迄于世民，以供研究李唐氏族问题者之参考。至李重耳则疑本无其人，或是李初古拔之化身，已详前篇，兹不赘论。故兹表只就今日能确切考知及有实物能证明者为限。其女统确知为汉族者，标以□符号。确知为胡族者，标以～～符号。虽有胡族嫌疑，但在未能确切证明前，姑仍认为汉族者，则标以……符号。

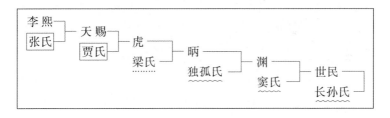

（丙）推测李虎所以追封唐国公之故

前篇谓周初追封李虎为唐国公暗示其与赵郡之关系者，实指当时拟此封号者联想李氏与赵郡之关系而言。盖李虎生前初封之赵郡公及徙封之陇西公，皆郡公也。郡公进一等则为国公。（参考《周书》四〇《北史》六二《尉迟运传》、《隋书》二八《百官志下》等。）凡依等进封，以能保留元封之名为原则，故其取名多从元封地名所隶属之较大区域中求之。若不得已，则于元封地名相近之较大区域中求之。若犹无适当之名，则尽弃与元封有关之名，别择一新号。考李虎之追封唐国公，当在周初受魏禅，大封佐命功臣之时，即与孝闵帝元年春正月乙卯进封赵郡公李弼、中山〔郡〕公宇文护等为赵国公、晋国公等同时。（见《周书》三《孝闵帝纪》、一一《晋荡公护传》、一五《李弼传》及《北史》五七《邵惠公颢传》附子护传、六〇《李弼传》等。）赵为郡名，亦古国名。故李弼即由赵郡公进封赵国公，同时自不得以赵国公追封李虎。陇西只是郡名，而非国名，不可作国公之封号。于是当日之拟封号者不得不联想及于与赵郡及陇西郡有关之古代国名。《通典》一七四《州郡典》略云：

> 天水郡。秦州，古西戎之地，秦国始封之邑，领县五。成纪。
>
> 陇西郡。渭州，春秋为羌戎之居。秦置陇西郡。

同书一七八《州郡典》云：

> 赵郡。赵州，春秋时晋地，战国时属赵，领县九。昭庆（寅恪案：《魏书》一〇六上《地形志》"南赵郡广阿县"即昭庆，有尧台）。
>
> 博陵郡。定州，帝尧始封唐国之地，战国初为中山国，后为魏所并，后又属赵，秦为上谷、钜鹿二郡之地，汉高帝置中山郡，景帝改为中山国，后汉因之，晋亦不改，后燕慕容垂移都于此，（都中山，置中山郡。至慕容宝为后魏所陷。）后魏为中

山郡，领县十一。望都。（尧始封于此，尧山在北，尧母庆都山在南。）

据此，与陇西郡有关之古代国名为秦。与赵郡有关之古代国名为赵、魏、中山、晋及唐。魏为拓拔氏之国号，自不可以封。中山之名在后魏为郡王爵封号，亦为郡公封号。但通称则省郡字，如中山王、中山公之例。北周在明帝武成元年八月改天王称皇帝以前，国公为人臣最高之封爵。故宇文护由中山郡公进封国公时，不以为中山国公者，虽因晋国较中山为大名，实亦受魏制习惯影响，盖欲以表示区别。是中山复不可为进封国公之号。（见《魏书》一一三《官氏志》，《魏书》一五《北史》一五《秦王翰传》附《中山王纂传》，《魏书》一九下《北史》一八《南安王桢传》附《中山王英传》，《周书》三《孝闵帝纪》、四《明帝纪》、三五《崔猷传》，《北史》九《周本纪》、三二《崔挺传》附猷传，《通鉴》一六六及一六七等。）当追封李虎之时，西魏恭帝仅于数月前即恭帝之三年秋七月封宇文直为秦郡公。（见《周书》二《文帝纪下》、一三《卫剌王直传》及《北史》五八《卫剌王直传》等。）故为宇文直地，亦不能以秦为追封李虎之国号。而晋国则又已封宇文护矣。夫赵国之号，既以李弼之故不可取用，秦国、晋国复以宇文直、宇文秦之故不能进封，魏及中山又皆不可用为封号，然则当时司勋拟号之官若不别择一新号，而尚欲于旧时封地之名有所保存联系者，则舍唐国莫属。此李虎所以追封唐国公之故也。

又李德裕《会昌一品集》一八《请改封卫国公状》云：

臣今日蒙恩进封赵国公，承命哀惶，不任感涕。臣亡父先臣宪宗宠封赵国，先臣与嫡孙宽中小名三赵，意在传嫡嗣，不及支庶。臣前年恩例进封，合是赵郡，臣以宽中之故，改就中山。亡祖先臣曾居卫州汲县，解进士及第。倘蒙圣恩，改封卫国，遂臣私诚，庶代受殊荣，免违先志。

据此，李德裕合封赵郡，而改就中山，则赵郡之与中山为互相平等及互相关联之封号，可以确实证明。中山相传为帝尧始封唐国之地，唐朝之宰辅李德裕自不能由中山进封唐国，只能进封赵国。周代之元勋李虎曾封赵郡，以李弼之故不能进封赵国，遂得进封唐国。故取此二事，以相比证，李虎所以追封唐国公之故，更可豁然通解矣。至德裕之请免封赵国，改封卫国，即前文所谓尽弃与元封有关之名。别择一新号者，而犹以其祖曾居卫州汲县之故，请改封卫国，则唐人心目中封号与居地之关系，亦可想见也。兹以李德裕由中山进封赵国之例，时代虽晚，然足资比证，因并附记之，以供参考。（附识：李虎、熙、天赐妻姓氏俱见《唐会要》三《皇后门》。前文失检，特此补正。）

（原载一九三五年十二月《历史语言研究所集刊》第五本第二分）

敦煌本《维摩诘经问疾品演义》书后

予读此品演义，至"狮子骨仑前后引"之句，初不得其解。后检义净《南海寄归内法传》卷四《西方学法章》自注云："然而骨仑速利尚能总读梵经"及义净《大唐西域求法高僧传》下《贞固传》附载其弟子孟怀业事云"至佛逝国，解骨仑语"。

据此，则"骨仑"即"昆仑"之异译，自无待言。考《太平广记》三四〇引《通幽录》云：

〔卢顼〕夜梦一老人骑大狮子，狮子如文殊所乘。毛彩奋迅，不可视。旁有二昆仑奴操辔。

然则文殊之骑狮子固有昆仑奴二人，以为侍从。与所谓"狮子骨仑前后引"之事情略同，而"骨仑"二字之确诂于此可推得也。予前数年已为此演义作长跋，载《历史语言研究所集刊》第二本第一分中。尚有剩义，久未写出。师仲公老而健忘，于讲授时尤甚。因并附书于后，以备教室之用云。

（原载一九三二年五月《清华周刊》第三十七卷第九、十期）

与妹书（节录）

我前见中国报纸告白，商务印书馆重印日本刻《大藏经》出售，其预约券价约四五百元。他日恐不易得，即有，恐价亦更贵。不知何处能代我筹借一笔款，为购此书。因我现必需之书甚多，总价约万金。最要者即西藏文正、续《藏》两部，及日本印中文正、续《大藏》，其他零星字典及西洋类书百种而已。若不得之，则不能求学，我之久在外国，一半因外国图书馆藏有此项书籍，一归中国，非但不能再研究，并将初着手之学亦弃之矣。我现甚欲筹得一宗巨款购书，购就即归国。此款此时何能得，只可空想，岂不可怜？我前年在美洲写一信与甘肃宁夏道尹，托其购藏文《大藏》一部，此信不知能达否。即能达，所费太多，渠知我穷，不付现钱，亦不肯代垫也。西藏文《藏经》，多龙树、马鸣著作而中国未译者。即已译者，亦可对勘异同。我今学藏文甚有兴趣，因藏文与中文系同一系文字，如梵文之与希腊拉丁及英俄德法等之同属一系。以此之故，音韵训诂上大有发明。因藏文数千年已用梵音字母拼写，其变迁源流较中文为明显。如以西洋语言科学之法，为中藏文比较之学，则成效当较乾嘉诸老更上一层。然此非我所注意也。我所注意者有二：一历史（唐史、西夏），西藏即吐蕃，藏文之关系不待言。一佛教，大乘经典，印度极少，新疆出土者亦零碎。及小乘律之类，与佛教史有关者多。中国所译，又颇难解。我偶取《金刚经》对勘一过，其注解自晋、唐起至俞曲园止，其间数十百家，误解不知其数。我以为除印度西域外国人外，中国人则晋朝、唐朝和尚能通梵文，当能得正确之解，其余多是望文生义，不足道也。隋智者大师，天台宗之祖师。其解"悉檀"二字，错得可笑（见《法华玄义》)。好在台宗乃儒家《五经正义》二疏之体。说佛经，与禅宗之自成一派。与印度无关者相同。亦不要紧也。（禅宗自谓由迦叶传心，系据《护法因缘传》。现此书已证明为伪造。达磨之说我甚疑之。）旧藏文既一时不能得，中国《大藏》，吾颇不欲失此机会，惟无可如何耳。又蒙古、满洲、回文书，我皆欲得。可寄此函至北京，如北京有满、蒙、回、藏文书，价廉者，请大哥五哥代我收购，久后恐益难得矣。

（原载一九二三年八月《学衡》二十期文录）

与董彦堂论《殷历谱》书

大著病中匆匆拜读一过，不朽之盛业，惟有合掌赞叹而已。改正朔一端，为前在昆明承教时所未及，尤觉精确新颖。冬至为太阳至南回归线之点，故后一月，即建丑月为岁首，最与自然界相符合。其次为包含冬至之建子月，周继殷以子月代丑月为正月，亦与事理适合。若如传统之说，夏在商前何以转取寅月为正月似难解释。故周代文献中，虽有以寅月为正之实证，但是否果为夏代所遗，犹有问题也。《豳风·七月》诗中历法不一致，极可注意，其"一之日""二之日"，是"一月之日""二月之日"之旧称否？又与《左传》孔子"火犹西流，司历过也"参校，则疑以寅月为正，乃民间历久而误失闰之通行历法。遂以"托古"而属之夏欤？

（民国三十三年）十一月二十七日

读《通志·柳元景沈攸之传》书后

郑渔仲《通志·列传类》，其南北朝诸列传即取之《南北史》，世所习知者也。丁丑之冬时居北平，将南渡江左，临发之前夕陈援庵先生垣见过，谓寅恪曰："《通志·柳元景传》中纪元景北征事，亦载李初古拔始末，与《宋书·柳元景传》相同，惟仅及首段而止。又李初古拔作李初古为异耳。"岂旧本《南史·柳元景传》其纪李初古拔事，元与《宋书·柳元景传》同，而今本《南史》有脱文，渔仲所见尚是未甚残阙者耶？寅恪当时行色匆匆，未敢遽对。及抵长沙，而金陵瓦解，乃南驰苍梧瘴海，转徙至于蒙自。忧患疾苦之中，无书可读。偶访邻舍，得见坊本《通志》，因一披阅之，其卷一三〇《列传》四九《沈攸之传》云：

沈攸之，字仲达，司空庆之从父兄子也。

归检《南史》三七《沈庆之传》附攸之传云：

攸之，字仲达，庆之从父兄子也。

又检《宋书》七四《沈攸之传》云：

沈攸之，字仲达，吴兴武康人，司空庆之从父兄子也。

夫渔仲之作《通志》，其南北朝诸列传虽径取《南北史》之本文，但《南北史》以家世为主，不以朝代为断限。渔仲著书时，于李书稍有移割，其《沈攸之传》文虽取之《南史》，而于攸之名上冠之以姓，此著述之体应尔，自不待言。然《南史》比传本文元无"司空"二字，《通志》忽于《南史》元文"庆之"二字之上增"司空"二字，其为从《宋书·沈攸之传》之元文采入，而非渔仲所见之《南史》多此"司空"二字无疑也。据此推论，《通志》中南北朝诸列传虽取之《南北史》，其间亦旁采断代之史，如《宋书》以补苴之，其《沈攸之传》既杂糅，则其《柳元景传》亦何尝不可如是乎？惟渔仲元文是否即已如是？抑或后来写刻遂致杂糅？初以无从获校旧本《通志》，未敢遽断，后得见友人钞示之至治本《通志·沈攸之传》"庆之"之下多一"之"字外，余皆与坊本不异，据此颇疑杂糅沈、李二书即出于郑氏之手，殆以李唐多所删削，故略取沈书以补之欤？

一九三八年

论许地山先生宗教史之学

寅恪昔年略治佛、道二家之学，然于道教仅取以供史事之补证，于佛教亦止比较原文与诸译本字句之异同，至其微言大义之所在，则未能言之也。后读许地山先生所著佛、道二教史论文，关于教义本体俱有精深之评述，心服之余，弥用自愧，遂捐弃故技，不敢复谈此事矣。今马季明先生属寅恪为《地山先生纪念刊》缀一言。因念地山先生学问通博，非浅识所得备论，特就所能知者言之如此，借应季明先生之命，并举以告世之学者。

（原载一九四一年九月《追悼许地山先生纪念特刊》）

吾国学术之现状及清华之职责

二十年以前之清华，不待予言。请略陈吾国之现状，及清华今后之责任。吾国大学之职责，在求本国学术之独立，此今日之公论也。若将此意以观全国学术现状，则自然科学，凡近年新发明之学理，新出版之图籍，吾国学人能知其概要，举其名目，已复不易。虽地质、生物、气象等学，可称尚有相当贡献，实乃地域材料关系所使然。古人所谓"慰情聊胜无"者，要不可遽以此而自足。西洋文学、哲学、艺术、历史等，苟输入传达，不失其真，即为难能可贵，遑问其有所创获。社会科学则本国政治、社会、财政、经济之情况，非乞灵于外人之调查统计，几无以为研求讨论之资。教育学则与政治相通，子夏曰"仕而优则学，学而优则仕"，今日中国多数教育学者庶几近之。至于本国史学、文学、思想、艺术史等，疑若可以几于独立者，察其实际，亦复不然。近年中国古代及近代史料发见虽多，而具有统系与不涉傅会之整理，犹待今后之努力。今日全国大学未必有人焉，能授本国通史，或一代专史，而胜任愉快者。东洲邻国以三十年来学术锐进之故，其关于吾国历史之著作，非复国人所能追步。昔元裕之、危太朴、钱受之、万季野诸人，其品格之隆污，学术之歧异，不可以一概论；然其心意中有一共同观念，即国可亡，而史不可灭。今日国虽幸存，而国史已失其正统，若起先民于地下，其感慨如何？今日与支那语同系诸语言，犹无精密之调查研究，故难以测定国语之地位，及辨别其源流，治国语学者又多无暇为历史之探讨，及方言之调查，论其现状，似尚注重宣传方面。国文则全国大学所研究者，皆不求通解及剖析吾民族所承受文化之内容，为一种人文主义之教育，虽有贤者，势不能不以创造文学为旨归。殊不知外国大学之治其国文者，趋向固有异于是也。近年国内本国思想史之著作，几尽为先秦及两汉诸子之论文，殆皆师法昔贤"非三代两汉之书不敢观者"。何国人之好古，一至于斯也。关于本国艺术史材料，其佳者多遭毁损，或流散于东西诸国，或秘藏于权豪之家，国人闻见尚且不能，更何从得而研究？其仅存于公家博物馆者，则高其入览券之价，实等于半公开，又因经费不充，展列匪易，以致艺术珍品不分时代，不别宗派，纷然杂陈，恍惚置身于厂甸之商肆，安能供研究者之参考？但此缺点，经费稍裕，犹易改良。独至通国无一精善之印刷工厂，则虽保有国宝，而乏传真之工具，何以普及国人，资其研究？故本国艺术史学若俟其发达，犹邈不可期。最后则图书馆事业，虽历年会议，建议之案至多，而所收之书仍少，今日国中几无论为何种专门研究，皆苦图书馆所藏之材料不足；盖今世治学以世界为范围，重在知彼，绝非闭户造车之比。况中西目录版本之学问，既不易讲求，购置搜罗之经费精神复多所制限。近年以来，奇书珍本虽多发见，其入于外国人手者固非国人之得所窥，其幸而见收于本国私家者，类皆视为奇货，秘不示人，或且待善价而沽之异国，彼辈既不能利用，或无暇利用，不唯孤负此种新材料，直为中国学术独立之罪人而已。夫吾国学术之现状如此，全国大学皆有责焉，而清华为全国所最属望，以谓大可有为之大学，故其职责尤独重，因于其二十周年纪念时，直质不讳，拈出此重公案，实系吾民族精神上生死一大事者，与清华及全国学术有关诸君试一参究之。以为如何？

（原载一九三一年五月《国立清华大学二十周年纪念特刊》）

《陈寅恪合集》补记

一九六七年四月二日，陈寅恪在由唐筼代笔的《我的声明》中说："我生平没有办过不利于人民的事情。我教书四十年，只是教书和著作，从未实际办过事。"［《陈寅恪先生编年事辑》（增订本）一九六七年谱］可见在陈寅恪的心目中，教书是他的第一使命，著作次之。

据陈寅恪的女儿回忆："父亲去课堂授课，不提皮箧或书包，总用双层布缝制的包袱皮包裹着书本，大多是线装书。用不同颜色的包袱皮儿，以示不同类别的书籍。工作归来，通常仍会伏案至深夜。我们长大后，父亲多次对我们说，即使每年开同以前一样的课程，每届讲授内容都必须有更新，加入新的研究成果、新的发现，绝不能一成不变"；"父亲备课、上课发给学生的讲义主要是讲授时援引的史料原文，这些史料都是从常见史书中所摘取，至于如何考证史料真伪，如何层层剖析讲解这些材料而不断章取义、歪曲武断，做到水到渠成地提出他的观点，则全装在自己脑中，未见他写过讲稿。"（《也同欢乐也同愁》）陈氏著作的雏形大多形成于其教学过程，基本是他在教学之余积累撰写的。

西南联大外文系学员许渊冲旁听过陈寅恪先生的讲课，他在晚年回忆道："他说研究生提问不可太幼稚，如'狮子颔下铃谁解得'，解铃当然还是系铃人了（笑声）。问题也不可以太大，如两个和尚望着'孤帆远影'，一个说帆在动，另一个说是心在动，心如不动，如何知道帆动（笑声）？心动帆动之争问题就太大了。问题要提得精，要注意承上启下的关键，如研究隋唐史要注意杨贵妃的问题，因为'玉颜自古关兴废'嘛。"（《追忆似水年华》）可见治学严谨的陈寅恪在授课时也不失幽默。

一九四六年，双眼失明的陈寅恪重返清华大学，梅贻琦校长专门为陈氏配备了三名助手，王永兴为其中一位。据王永兴回忆，梅校长派历史系主任雷海宗先生来看老师，"劝他暂不要开课，先休养一段时间，搞搞个人研究。寅恪先生马上说：'我是教书匠，不教书怎么能叫教书匠呢？我要开课，至于个人研究，那是次要的事情。我每个月薪水不少，怎么能光拿钱不干活呢？'当时我站在老师身旁，看到老师说这些话时虽是笑着，但神情严肃且坚决。"（《纪念陈寅恪教授国际学术讨论会文集》）

一九五〇年，岭南大学的及门弟子胡守为选修了陈寅恪所开"唐代乐府"一课，学生仅他一人。胡守为回忆说："陈先生绝不因为选课学生的多少影响他的讲课质量。令我尤为感动的是，当时夏天他身着唐装在助手协助下在楼下工作，每当学生到家里听课，他都要自挂杖扶梯缓步上楼改换夏布长衫，然后才下来上课"；"这件事对我教育很深，这就是为人师表啊！"（同上）

一九六七年，"文化大革命"高潮期间，"本年底红卫兵要抬先生去大礼堂批斗，师母阻止，被推倒在地。结果，由前历史系主任刘节代表先生去挨斗。会上有人问刘有何感想，刘答：我能代表老师挨批斗，感到很光荣！"［《陈寅恪先生编年事辑》（增订本）一九六七年谱］

蒋天枢，清华研究院三期学员，陈寅恪晚年最知心的弟子。一九六四年五六月间陈寅恪向蒋天枢作了一生事业的"生命之托"，即将其晚年编定的著作整理出版全权委托蒋天枢。陈寅恪赠诗云：

"草间偷活欲何为，圣籍神皋寄所思。拟就罪言盈百万，藏山付托不须辞。"（《陈寅恪诗集》）蒋天枢没有辜负恩师的重托。他晚年放弃了自己学术成果的整理，全力校订编辑陈寅恪遗稿，终于在一九八〇年出版了近二百万言的《陈寅恪文集》，此《文集》基本保持了陈寅恪生前所编定的著作原貌。

我们选编的这套《陈寅恪合集》，正是以蒋天枢先生编辑的《陈寅恪文集》为底本略作调整而成。在此套《合集》付梓出版之时，谨向蒋先生致以崇高敬意。

二〇一九年十月江奇勇补记

本《合集》以"经纬陈寅恪，走进陈寅恪"为选编宗旨，以为"更多读者接近陈寅恪，阅读其著，体悟其思"提供好版本为目标。《合集》中"史集"与"别集"的区分，体现其编排的独创性，符合《著作权法》第十四条之规定，其著作权由汇编人享有。汇编过程中，我们并不是简单地将繁体字竖排转换为简体字横排。而是勘对底本文字，径改文字讹误，异体字改通行正字；对底本的原标点做必要的调整，尽可能全面、正确地添加书名号。其汇编过程亦整理过程：无论是繁体字转简体字、异体字改通行正字，还是添加书名号，均耗时费力考籍核典，殚精竭虑决定取舍，以尽其意，以求准确。其汇编过程中产生的整理权符合《著作权法》第十二条之规定，其著作权由整理人享有。本《合集》的汇编作品著作权和整理权均受法律保护，不容他人侵犯，特此声明。

二〇二〇年元旦又补